古代歷史文化 研究輯刊

二 編

王 明 蓀 主編

第 30 冊

清末自開商埠之研究（1898～1911）

張 建 俅 著

國家圖書館出版品預行編目資料

清末自開商埠之研究（1898～1911）／張建俅 著 — 初版 —
台北縣永和市：花木蘭文化出版社，2009〔民98〕
目 4+200 面；19×26 公分
（古代歷史文化研究輯刊 二編；第 30 冊）
ISBN：978-986-254-007-7（精裝）
1. 國際貿易史　2. 商港　3. 清史
558.09207　　　　　　　　　　　　　　　　98014723

ISBN - 978-986-254-007-7

古代歷史文化研究輯刊
二 編　第三十冊　　　　　　ISBN：978-986-254-007-7

清末自開商埠之研究（1898～1911）

作　　者	張建俅
主　　編	王明蓀
總 編 輯	杜潔祥
出　　版	花木蘭文化出版社
發 行 所	花木蘭文化出版社
發 行 人	高小娟
聯絡地址	台北縣永和市中正路五九五號七樓之三
	電話：02-2923-1455／傳眞：02-2923-1452
網　　址	http://www.huamulan.tw 信箱 sut81518@ms59.hinet.net
印　　刷	普羅文化出版廣告事業
初　　版	2009 年 9 月
定　　價	二編 30 冊（精裝）新台幣 46,000 元

清末自開商埠之研究（1898～1911）

張建俅　著

作者簡介

張健俅

國立中正大學歷史系副教授

國立政治大學歷史系博士

中央研究院近代史研究所博士後研究

中央研究院台灣史研究所訪問學員

中華民國斐陶斐學會榮譽會員

中國近代史學會會員

曾著有關於紅十字會、戰後台胞、租界史等近二十篇論文分別刊登於《中央研究院近代史研究所集刊》、《台灣史研究》、《近代史研究》等核心期刊，曾參與編纂《民國山東通志》、《深坑鄉志》、《中華民國紅十字會會史》、《嘉義縣志經濟志》、《七美鄉志》等，撰寫「台灣人文研究中心」計畫得教育部五年五百億專案補助。

提　要

　　自鴉片戰爭以來，開放通商口岸成為晚清政府應對外人要求通商的常見模式，由此亦引發外人在口岸租地及玉租界的流弊，直至光緒二十四年（1898）清廷始發展出自開商埠這種新的模式，也就是由清廷自行宣佈將某地開放通商，如此便可避免過去由約開口岸而來的弊端。自開商埠形成的背景有三：均勢思想、門戶開放思想、主權意識的提昇；此外苦干個案如寧波、蘇州、杭州等地也提供了例證。於是從光緒二十四年至清亡，共計開埠三十七處。自開商埠對近代中國的影響，至少有二：一在保守主權的前提下，自開商埠由中國主動加以經營，以自行管理地方行政事務、自行管理治安、自行徵稅、限制外人居住租賃等作法，矯正以往租界的弊病；其次自開商埠由於由中國自辦，使得中國朝野不再以過去對待約開口岸的派外心態與作法，加諸其上，於是商埠及其所代表的西方經營方式、制度，得以擴大其影響力，更可以較為順利的為中國社會所吸收，從而有利於中國現代化的過程。

目

次

表　次

圖　次

附　錄

謝　　詞

　　原來本所的學位論文，少有在前冠以謝詞或自序，但因自覺這篇論文的完成，滿載許多親人、師友的關懷與祝福，不得不藉此機會，略表心中的感激。

　　首先要感謝我的父母，二十多年來始終如一的關愛照拂他們最小的兒子，並給我最寬廣的空間去發展自己的興趣，他們是我生命中最大的支柱，也是我最摯愛的人。為人子者，慚愧的是，將屆而立之年，竟無一絲一毫可以報答父母。

　　其次要感謝我的指導教授張玉法老師，從論文構思、觀點啟發、章節大綱的擬定、研究取向確立等過程直到口試，老師都細心的指導，特別是我的資質平庸，老師不但不嫌棄，更不厭其煩的多方啟發，此外，更在生活上給多照顧。老師的諄諄善誘，實令學生如沐春風，終生不敢或忘。

　　感謝王爾敏、李國祁兩位老師在論文口試時提供的寶貴意見，使我在從事修改時得以有所遵循。感謝林明德、莊吉發、張存武三位老師在資料方向上有所提示。

　　感謝北京大學古典文獻學研究所所長孫欽善教授，孫老師不但熱心安排我在北京的食宿，更多方介紹各種資料管道，我旅居北京兩個月期間，曾多次打擾孫老師家，孫師母精心烹飪各種菜餚、麵食，至今仍令人難忘，在此一併致謝。

　　感謝阮忠仁、何萍、施志汶三位學長、學姐曾提供重要觀點，指引迷津。特別是阮忠仁學長，在我論文題目難產，最彷惶無助時，他曾連續好幾天陪我討論，最後他熱心提供的方向雖然我沒有採用，但在討論過程中我深感獲益良多，阮學長的提攜之情，我一直銘記在心。

感謝李順民學長在服兵役期間，抽空幫我校讀初稿，李學長提供的重要資料，亦直接對本文的完成有所幫助。在我四年研究所生活中，最難忘的就是研一研二時，和李順民學長一道留在所裏寫報告，那時研究所還在分部，我們常常在研到難題時，偷偷進入書庫，一邊點著臘燭，一邊動手動腳找東西，就算有再大的難題，好像都能在彼此的辯難和資料的舉證下迎刃而解。那時，我深深體會到追求知識的快樂。而李學長的博聞多才，亦不時給我指引，當然不只是學術方面。

感謝北京王凌小姐協助介紹我進入北京第一歷史檔案館閱讀檔案，也祝她在日本求學順利。

台北中央研究院近代史研究所檔案館、郭廷以圖書館、史語所傅斯年圖書館在我蒐集資料時提供許多方便。北京第一歷史檔案館，特別是利用組諸位女士小姐給我許多幫忙。煙台圖書館辛老先生和王燕小姐，以及青島招福源伯父和張威，北大史研所張明帥曾代爲蒐尋資料，在此一併致謝。

感謝師大史研倪正心、陳香杏、張環顯、游重義、涂錦城、韓靜蘭，東海史研楊志遠等諸位學弟、學妹幫我校稿。

感謝致隆資料多位工作人員，尤其吳先生、廖先生兩位不眠不休的幫忙，若沒有他們二位的鼎力協助，初稿將無法如期完成。

特別感謝東海史研陳依俤學弟，這篇論文所附地圖幾乎全部是他照原圖摹繪而成，他前後幫我畫了將近三十幅地圖，稱得上是一絲不苟，幾可亂眞，非常辛勞，在此特別謝謝他。

要感謝的人很多，或有遺漏，請原諒我的疏忽，並對所有關心我的親人、師長、朋友致十二萬分的謝意。

最後謹將此論文敬獻給

先　祖父　顏山公諱宗桂暨先　七伯父　蘭言公諱緒譜

他們生前熱心贊助文教，對子弟期盼尤深，希望這篇論文的完成，沒有辜負他們的期盼。

張建俅 1991.7.25 於台北

謹藉出版機會，以本書紀念母親張林美津女士

張建俅 2009.8 於台北

第一章　緒　論

　　中國自鴉片戰爭戰敗，開啓數千年未有的變局，被迫訂約放五口通商，外力的衝擊，如經濟、宗教、文化等各層面，都是以各通商口岸爲據點，逐漸影響到廣大內地。一般對開埠的印象是列強強迫中國訂約開放或者租借。事實上，清政府在面對瓜分危機時，曾發展出一種新的應對方式，由中國主動宣布一些地區自行開爲商埠對外貿易，不設立租界，和以往約開通商口岸有明顯的區別。以這種方式開放的商埠，即稱爲自開商埠。學者大多認爲通商口岸對於中國的現代化貢獻很大，但是由於係約定開放或租借，遂限制了貢獻的進一步擴大。自開商埠的出現，解決了通商口岸的內在局限，更加有效的促進了中國現代化的過程。

　　「自開商埠」一詞，亦可稱「自開口岸」，惟口岸有近水之義，涵義較窄，故以前者較爲切合實際。本文所使用「自開商埠」的定義如下：一、須有一定面積、固定界限的區域，提供華洋商人在界內居住貿易，且該區域的選擇、經營和管理由中國地方當局或人民主動爲之；二、在開放程序上，開埠時間由中國外交主管部門自行宣布或照會各國公使；三、如載入條約，則約內條文須註明係中國自行開埠通商，或註明開埠章程由中國自定，有關工程、警察等事由中國自辦。

　　自開商埠的出現，不僅是基於政治、經濟、外交上的實際考量，它更代表了自西力東漸以後，中國知識分子求變圖存思想的實踐。從魏源的「師夷之長技以制夷」，到陳虬的「開新埠」主張；從曾紀澤主張以修約收回主權；再加上商戰、收回利權等觀念，自開商埠將它們作了實際的體現。

　　開放自開商埠的作法一直持續到民國建立以後，開放地區也由沿江沿海

的港口，擴展到內陸的鐵路要點，甚至省會。由於自開商埠對於保守主權確實有效，中國政府乃以這種新作法來抵制外人的侵略，結果自開商埠便成為清末民初開放通商的主要形式。根據張玉法先生的統計，清朝在鴉片戰後七十年間所開的九十八個商埠中，有五十二個開於光緒二十四年（1898）以後的十二年，四十個開於光緒三十年（1904）以後的六年，且絕大多數為自動開埠，而非條約開埠。〔註1〕自開商埠既為一九○四年以後開埠的主流，若欲了解清廷回應西力衝擊的種種努力，自有必要自開商埠加以深入研究。

最早對自開商埠加以探討的，當推英人馬士（H. B. Morse）。馬士曾任岳州稅務司，並且參與過岳州開埠的規畫，在他一九○七年出版的「中國的貿易與行政」（*The Trade and Administration of the Chinese Empire*）一書裡，曾經對中國自開（was open voluntarily by China）岳州、三都澳這一點有所描述。由於他對岳州的熟悉，使他較為詳細的介紹岳州開埠的特點，此外，他也提出三都澳開埠的主要原因是為了避免遭到列強租借所致。然而馬士寫作的時間畢竟距離史實太近，又偏重設立海關的口岸，這使他的視野受到限制，如與岳州、三都澳同時開埠的吳淞、秦皇島並沒有受到他的注意。後來他在一九一八年出版的《中國的國際關係》（*The International Relations of The Chinese Empire*）第三冊中，補充了秦皇島的開埠，但對自開商埠的探討，並未超越前述一九○七年的著作。

在馬士之後，討論自開商埠問題的英文著作，有一九一二年顧維鈞（Wellington Koo）在哥倫比亞大學所寫的博士論文：《外人在華地位》（*The Status of Aliens in China*）；一九一七年刁敏謙（M. T. Z. Tyau）的《中國國際條約義務論》（*The Legal Obligation Arising out of treaty Relation between China and Other States*）；一九一八年 En-Sai Tai 的《通商口岸在中國：一個外交上的研究》（*Treaty Ports in China: A Study in Diplomacy*）；Westel W. Willoughby 的《外人在華特權和利益》（*Foreign rights and Interests in China*）。其中最為重要的當推顧維鈞的著作，他首先將外人在華居留地區分五類，分別是通商口岸（Treaty Port）、自開商埠（Ports voluntarily opened by China）、租借地（Lease Ports）、起下貨物處所（Ports of Call）、北京使館區（The Legation Quarter in Peking），這樣的分類為以後有關中國對外關係及外人在華特權方面的著作所

〔註1〕 張玉法，《中國現代化的區域究——山東省（1860～1916）》（台北，中央研究院近代史研究所，民國76年再版），頁171。

沿用。他對自開商埠提出較爲周延的定義，並以濟南商埠作爲重要的例證；他並且運用英國的藍皮書，敘述了三都澳碼頭稅事件。在同時期相關的著作裡，顧維鈞對自開商埠的探討最爲深入，其掌握的資料包括許多國家的外交文書，可說非常廣泛。但是就自開商埠問題本身而言，顧約鈞並未進一步深入討論。

　　同時期的日文著作有一九三九年植田捷雄的《在支列國權益概說》，曾經對自開商埠問題加以敘述。植田處理的個案較顧維鈞多，惟明顯的錯誤亦多，如將吳淞開埠繫於光緒二十三年（1896），其他時間倒錯，甚至無中生有的情形不一而足。此外，植田對自開商埠的探討，除了受顧維鈞著作的影響外，更站在日本民族主義立場，堅持日本人在自開商埠的特權應與在其他通商口岸一致。同時期中文著作甚多，但多帶有民族主義情緒，較爲相關的有民國十七年（1928）劉彥的《被侵害之中國》，民國十四年（1925）漆樹芬的《經濟侵略下之中國》，但劉書被認爲是輾轉傳抄之作，尙難稱之爲外交史的學術著作，〔註2〕漆書亦深受民族主義觀點影響。

　　檢討一九四九年以前的中英日文著作，或著重個別自開商埠的開放時間、特殊事件的敘述，或者帶有濃厚的民族主義觀點，除了顧維鈞對自開商埠提出較爲周延的定義與觀察外，未有對自開商埠作深入探討者。此外，在本時期的相關著作裡，自開商埠的論述僅爲次要的重點，並未受到重視。

　　一九四九年以後有關自開商埠的英文著作，首推 John E. Schrecker 一九七一年出版的「帝國主義與中國民族主義：德國在山東」（*Imperialism and Chinese Nationalism: Germany in Shantung*）（Harvard University Press, 1971）。該書在研究德國劃山東爲勢力範圍期間山東官紳與德國勢力競爭狀況之餘，對自開商埠的起源與發展，作出較以往更爲詳細的敘述。Schrecker 不但結合前人研究成果，更廣泛使用已出版的中文資料，如《清實錄》、《光緒朝東華錄》、《戊戌變法檔案史料》，此外還有部分海關資料，這些使他對於自開商埠的觀察超越前人。其次包德威（David D. Buck）對於近代濟南發展的研究「中國的都市變遷：山東濟南的政治與發展」（*Urban Change in China: Politics and Development in Tsinan*）（The University of Wisconsin Press, 1978），書中對濟南商埠區的發展情形及其與舊城區的關係都有深入的分析。

〔註2〕李恩涵，〈中國外交史的研究〉，收入《六十年來的中國近代史研究》（台北，中央研究院近代史研究所，民國77年）上冊，頁53～54。

　　至於一九四九年以後有關自開商埠的中文著作，大陸地區，重要的有嚴中平等編《中國近代經濟史統計資料》（北京，科學出版社，1957 年），該書將所有商埠按開埠時間列表，方便查索，惟因約開與自開混雜，以及列表方式本身的局限，不易看出自開商埠發展的過程。其次，袁繼成的《近代中國租界史稿》（北京，中國財政經濟出版社，1988 年）從自開商埠章程與上海等租界章程之間的差異，發現自開商埠係由愛國主義精神指導，繼而出之以實際行動，袁氏研究成果雖時間最晚，但未見有超越前人之處。

　　在臺灣地區，劉光華、黃俊彥根據中文官書記載，從總理衙門的職掌和甲午戰後籌還外債辦法等方面，來敘述自開商埠的設立。〔註3〕在一九七〇年前後，中央研究院近代研究所進行「中國現代化的區域研究」（1860～1916）集體研究計劃部分研究成果相繼出版，其中張玉法的「山東省」（台北，中研院近史所，民國 71 年初版，民國 76 年再版）、張朋園的「湖南省」（台北，中研院近史所，民國 73 年）以及王樹魂的「江蘇省」三本著作都曾運用近史所收藏的外交檔案、已刊官書、報紙及相關研究成果對三省的自開商埠作出較前更爲詳細完整的論述。除了上述研究之外，一九四九年後臺灣地區尙有許多其他研究成果，對建構自開商埠發展的背景、過程提供重要論據，如王爾敏對於近代思想史以及港埠都市的研究，王樹槐的《外人與戊戌變法》，李國祁的《張之洞的外交政策》，李恩涵有關收回利權運動著作等。

　　一九四九年以後，有關自開商埠的研究以往前有長足的進步，特別是在區域研究方面，取得豐碩成果。但是對於自開商埠形成的背景，自開商埠政策的形成等有關自開商埠整體發展的問題，仍付闕如。

　　綜觀以上對於既有研究的成果，可以發現自馬士以來學者對自開商埠的存在及其與約開口岸的差異已有認知，部分區域研究如 Buck 及張玉法、張朋園、王樹槐等人的著作，對各區域內的自開商埠爲專門研究主題，從事初步研究者。本文希望在前人研究基礎之上，以自開商埠爲研究主題，加以整體的觀察，期能有所補充。

　　本文擬以自開商埠爲研究對象，並提出以下幾個問題：（一）自開商埠形

〔註3〕劉光華，〈清季總理衙門的職掌〉，收入《近代現代史論集》，第七編，自強運動（二）外交，（台北，商務，民國 74 年）頁 264～265；黃俊彥，〈甲午戰後籌還外債與財政的變革（1895～1900）〉，收入《中國近代現代史論集》第十一編，中日甲午戰爭（台北，商務，民國 75 年），頁 718～719。

成的背景如何？（二）自開商埠的設立及其發展過程如何？（三）自開商埠的實際運作情形如何？（四）自開商埠的歷史意義與影響如何？（五）自開商埠的局限如何？本文希望透過對於自開商埠的研究，能夠更深入了解商埠在中國現代化過程中所扮演的角色，並予以適當定位，其次，也希望證明代表西方的通商口岸與代表中國傳統的內地之間並非完全對立，二者之間有對話與溝通的可能。最後，則希望提出自開商埠的出現所代表的歷史意義。

　　本文研究斷限上自光緒二十四年（1898），下至宣統三年（1911）。文中將其分爲三個時期，分別是光緒二十四年～光緒二十五年（1898～1899）、光緒二十六年～光緒三十年（1900～1904）、光緒二十一年～宣統三年（1905～1911）。第一個時期是光緒二十四年～光緒二十五年（1898～1899），光緒二十四年（1898）是自開商埠最早出現的時間，由於第一批自開商埠設立以後，適逢百日維新與戊戌政變，而在政變以後，清政府對設立自開商埠的態度有明顯的轉變，故第一個時期止於戊戌政變的光緒二十五年（1899）。第二個時期是光緒二十六年～光緒三十年（1900～1904），光緒二十六年（1900）八國聯軍之役，清廷倉皇出走，東南各省督撫發動自保運動，湖廣總督張之洞於此時奏准自開武昌爲口岸，上海閘北亦有紳商辦理自闢商場；光緒二十八年～光緒二十九年（1902～1903）中外商約的談判，直接促成了光緒三十年（1904）長沙以及光緒三十二年（1906）奉天、安東的開埠；光緒二十九年（1903）清廷再度諭令各省督撫廣闢口岸；光緒三十年（1904）山東濟南、濰縣、周村開埠，以上都是自開商埠在第二個時期重要的事件。第三個時期是光緒三十一年～宣統三年（1905～1911），光緒三十一年（1905）的日俄戰爭帶來許多重大的改變，如收回利權運動與東三省開放通商都是第三個時期內重要的事件。本文之所以將宣統三年（1911）作爲下限，實以清政府作爲行使自開商埠政策的主體，其次在資料上，以清代結束作爲蒐集斷限，較爲方便。

　　本文在結構上除第一章緒論、第七章結論外，共分五章，第二章「自開商埠形成的背景」，主要敘述自開商埠在主觀的思想背景與客觀的政治、外交等背景交錯影響下，如何形成具體的政策。第三章至第五章將自開商埠從設立至清亡間發展的過程，分爲三個時期來探討，各章最末一節，敘述各時期自開商埠的實際辦理情形。第六章則檢討自開商埠的歷史意義，從政治、外交、社會、經濟、財政各方面探討，並且論述自開商埠的具體影響及其局限。

第二章　自開商埠思想與政策的形成

　　自開商埠的出現，實有其思想和現實環境的背景，何以清政府會採行自開商埠政策？其考量的因素為何？以上即本章希望探討的問題。以下共分四節，前三節分別以均勢政策的興起、開放通商思想的演變、主權意識的提昇作為討論重點，希望從思想背景的演變著手，瞭解自開商埠形成的內在理路；最後一節則針對自開商埠形成前國際局勢的變化、當時朝野的討論，以至自開商埠政策形成的經過，作一敍述。

第一節　均勢政策的興起

　　中國自鴉片戰爭戰後，被迫訂約開埠通商，從此面對新的外交環境；可是由於缺乏外交知識，又拋不開天朝本位，乃使中外之間糾紛不斷。雖然有部份官紳體認到國際局勢的變化，逐漸醞釀思考新的外交觀念，但外人已憑藉着一紙紙的不平等條約，侵害中國各項主權與利權。

　　曾有論者認為，甲午戰爭以前清廷無所謂外交政策，若有，亦不過是「以夷制夷」。以夷制夷的淵源可遠溯自漢代，千餘年來已經深入士大夫的思想之中，在清道咸兩朝時，即有不少知名之士主張以通商利益通好諸夷，如魏源提出「聽互市各國以款夷」的口號，他又曾主張：

> 今英夷既以據香港擁厚貲，驕色於諸夷；又以開各埠裁各費，德色於諸夷，與其使英夷德之以廣其黨羽，曷若自我德之以收其指臂。
>
> 〔註1〕

〔註 1〕 魏源，《海國圖志》（台北，珪庭，民國 67 年），卷二，籌海篇三，議戰，頁 2。

又如夏燮亦曾針對當時廣東問題，提出：

> 若使防衛依然，祇須嚴守內洋，大張通市之諭，則制夷兵者即在夷
> 人，彼英人豈梗阻，以自速其寇讎邪！〔註2〕

到了晚清，更實際運用在對外關係。〔註3〕而以夷制夷觀念的進一步發展，則是聯合政策與結盟政策；〔註4〕簡單的說，就是聯結一個強國來抵抗另一個強國。在馬關條約簽訂後，因為俄國代索遼東，又參與擔保一萬萬兩貸款作為對日賠款之用，於是清廷對俄國產生好感，「聯俄制日」論於焉形成。〔註5〕中俄密約便在這樣的背景簽訂，消息傳來，固然引起很多反對，但聯俄已成為當時既定的政策，反對終歸無效。

　　聯俄政策在光緒二十三年（1897）以後逐漸開始變化。是年德國藉口山東鉅野教案，出兵侵占膠州灣，當時中國希望俄國出面調解，不料俄國趁機勒索，強租旅大。清廷既無力作戰，外交上又無法可施，只好承認德國租借膠州灣，山東為德國勢力範圍，俄國租借旅大，東北為其勢力範圍。從此，各國相繼效尤，〔註6〕中國瓜分之禍，迫在眉睫。顯然俄國並不是可靠的盟友，中國朝野的聯俄政策，發生動搖。相對而言，英國似乎比較沒有領土野心，於是聯英的主張又被提出，不但維新派主張聯英，〔註7〕過去主張聯俄的疆吏如劉坤一、張之洞也都改變了觀點。〔註8〕為了避免被瓜分，能符合英國商務

〔註2〕 夏燮，《中西紀事》（台北，文海重印，收入《近代中國史料叢刊》第十一輯），卷三，頁22～23。

〔註3〕 關於以夷制夷觀念的討論，參見王爾敏，〈十九世紀中國國際觀念之演變〉，收入《中國近代現代史論集》第七編，自強運動（二）外交（台北，商務，民國74年10月），頁79～80；王爾敏，〈晚清外思想的形成〉，收入氏著《晚清政治思想史論》（台北，學生，民國58年9月），頁205～206；而以夷制夷策略，在道咸朝便已產生，見王爾敏，〈道咸兩朝中國朝野的外交知識〉，《晚清政治思想史論》頁179～180。

〔註4〕 王爾敏，〈晚清外交思想的形成〉，同上書，頁206。

〔註5〕 李國祁，〈一八九五年列強對中國償日戰債借款的競爭〉，收入《中國近代現代史論集》，第十一編，中日甲午戰爭（台北，商務，民國75年）頁651～668；傅啓學，《中國外交史》（台北，商務，民國76年10月改訂五版）頁145～146。

〔註6〕 只有意大利的要求遭到拒絕，此外，這次瓜分危機，除了意大利要求三門灣外，都發生在光緒二十四年（1898）。同上註，頁152～159。

〔註7〕 吳相湘，〈戊戌政變的國際背景〉，收入氏著《晚清宮庭與人物》第一冊（台北，傳記文學，民國59年12月），頁157～178；王樹槐，《外人與戊戌變法》（台北，中研院近史所，民國54年11月），頁95～99，頁154。

〔註8〕 李國祁，《張之洞的外交政策》（台北，中研院近史所，民國59年11月）頁95～99；王樹槐，前引書，頁154。

利益的門戶開放政策，似乎也是較有利於中國的選擇。在這個大前提下，過去痛恨而現在變法成效卓著且和英國結盟的日本，也可以被納入聯合的對象。〔註9〕

　　為了希望造成一個均勢局面，中國知識份子開始有人從前述聯俄制日論轉向聯英、美、日。其實很早就有人主張聯英美，〔註10〕因為這兩個國家距離較遠，注重通商，比較沒有領土野心。在光緒二十四年（1898）前後，中國遭遇瓜分危機時，此時尋求和英美勢力結合，似乎是合理的選擇。其時正鼓吹變法的維新派，便抱持這樣的看法。如康有為於三月代麥孟華草「呈請代奏仡力拒俄請眾公保疏」：

> ……上焉拒俄請以聯英日，次焉求公保以絕俄交，然後發憤圖強，力求自強。……〔註11〕

康廣仁有「聯英策」，以英國對中國領土野心最小，英俄之間矛盾，而主張聯英：

> ……今日計將安先？圖存生先曰：吾不早圖內治而謀外交也難矣。無已，其聯英乎？夫英地褊四洲，屬土四十二，其加拿大、印度、澳洲，皆日思自主，英人鞭長莫及，故持盈保泰，不必急闢地之心，故其覬覦中國也，最在諸國之後……英國不可專倚也，但知其畏俄忌俄之心，有不可並立者，則其必助我無疑也。〔註12〕

關於其他維新派和地方督撫主張與英日聯盟的理由、方法，王樹槐教授在《外人與戊戌變法》裡曾加研究，此處不擬贅述。〔註13〕王氏在同書中又提出在華英美人士和英日武員的鼓吹游說，也有利於與英日聯盟的形成。雖然聯英日的聲勢浩大，可是總署並不認為聯英比聯俄更有信心，因為英國也於此時對中國有所需索。〔註14〕

〔註9〕 如盛宣懷、張之洞都主張透過日本聯絡英國，李國祁，前引書，頁102；此外，維新份子欲聯英日，首先須消除國人對日本的復仇心理，力闡中日解仇之義，甚至不惜曲解中日甲午戰爭，為日人辯護，王樹槐，前引書，頁167～169。

〔註10〕 如鄭觀應、薛福成主張聯美，王韜、張煥綸主張聯英，楊毓輝主張並聯英日，見王爾敏，〈十九世紀中國國際觀念之演變〉，前引書，頁82～83。

〔註11〕 見光緒二十四年三月十三日國聞報，《皇朝蓄艾文編》卷四，轉引自黃彰健編，《康有為戊戌真奏議》（台北，中研院史語所，民國63年3月）頁10～12。

〔註12〕 見光緒二十四年二月十一日知新報第四十五冊，轉引自中國史學會主編《戊戌變法》第三冊（上海，神州國光社，1953年），頁92～94。

〔註13〕 參見王樹槐，前引書，頁147～175。

〔註14〕 李國祁，前引書，頁105～106。

　　在光緒二十三年至二十四年（1897～1898）間，由英日人士策動，維新派人士鼓吹，劉坤一、張之洞表示贊成的聯英日高潮，雖然僅維持半年便漸趨沈靜，但是這股親英日的熱情並沒有消散。國際情勢的演變，瓜分之禍近在眼前，使得中國必須曲意迎合英美等國的商業利益，以抵制俄、德等國的領土野心。

　　以夷制夷思想的另一發展，則是均勢思想。〔註15〕和前述聯結強國作法相比，均勢思想更為消極；前者是積極爭取外交上的主動，企圖抵制某一特定對象，後者則只希望藉列強相持不下的均勢關係，以達成中國苟延殘喘，不至亡國的命運。李國祁教授在他的研究裡，曾經對均勢思想的淵源及其演變，作過一番探討，他認為均勢思想和「以大制小型的以夷制夷」在本質上極為相近，都是利用他人來保護自己，但在方法和目的上，則大不相同。〔註16〕他認為均勢思想在甲午戰前即已存在，但其真正發生作用，成為中國應用的一種外交理論，則在庚子前後，以夷制夷積極外交政策完全失敗以後。當時列強爭相租港灣，爭奪路權，劃分勢力範圍，中國知識份子要求變法維新，一方面也在中國國內及列強間，激起一項尋求新均勢的願望。由於國際局勢的演變，使得列強逐漸在華達成新的均勢；光緒二十五年（1899）美國的第一次門戶開放政策宣言，使得中國局面更趨穩定。〔註17〕

　　雖然中國對當時列強間新均勢的發展，並不能立即認識清楚，在當時外交上，中國亦全處於被動地位，但是李國祁教授也指出，在清季原只是一股非常暗弱思潮的均勢思想，終於在中國國勢極度衰微時，卻湊巧構成了響應美國門戶開放政策的思想基礎。〔註18〕我們看到在膠澳事件以後，中國對德俄的領土野心感到焦慮，曾有人主張膠澳及大連開為商埠，〔註19〕這正與英國門戶開放政策相符合。英國在華商務利益最多，原不欲俄德強佔膠澳、旅大，便建議膠澳、旅大開為商埠、自由港（Free Port），又向中國要求增開湘

〔註15〕王爾敏，〈晚清外交思想的形成〉，前引書，頁208；李國祁，前引書，頁126～129。李文闡明中西均勢思想的分野，並且說明中國傳統中的平等觀念與均勢思想，使中國在西方東漸後喪失很多權益，而長期的失敗，終使中國知識分子認識當前國際形勢不再是昔日唯我獨尊的局面，遂開始承認西洋均勢思想的價值。

〔註16〕李國祁，前引書，頁135。

〔註17〕同上註，頁136～137。

〔註18〕同上註，頁137。

〔註19〕如盛宣懷、劉坤一、張之洞。

潭、南寧爲商埠，但是後來仍不得不隨波逐流，修正其在華門戶開放政策，也參與列強租借港灣行列，租借九龍、威海衛。中國之所以投合英國利益，固然和戊戌前後聯英日的主張有關，但主要是由於英日都是海權國家，對中國領土威脅較俄國爲小。所以清廷一面與德俄週旋，一面又企圖由開埠、借款來羈縻英國；中國爲了求得自保不至瓜分，不得不藉著諸國在華保持均勢來獲得生存。

第二節　開放通商思想的演變

近代以來中國在外人眼裡原本是一個閉關自守的國家，其實一直到元朝（1271～1368）爲止，中國政府對海外貿易大致維持着開放和鼓勵的態度；這種態度到明朝建立以後，才發生全面逆轉，政府對於海外貿易改採禁絕的態度。西元一三六八年明太祖即位後，中國政府確立了朝貢貿易的制度以管束外商，使貿易成爲外交的手段，並且採取閉關禁海的相應政策。〔註20〕這個決策是基於治安和政治的考慮，然而卻和當時的社會經濟背景相矛盾，〔註21〕於是走私貿易大盛，後來且引發了「倭寇問題」。十六世紀中期以後，越來越多的官員相信海禁政策實與沿海治安相矛盾，開放海貿才答合治安的需要，這種思想終在西元一五六七年獲得實踐。可是，這次開放海貿政策是非常有限度的貿易開放政策，因爲它只允許中國中販洋，卻仍禁止外國人自由來華貿易，外國人來華貿易仍被限制在進行朝貢的時機。〔註22〕

在清朝入主中國以後，面對和明太祖類似的處境，鄭成功和元末的張士誠、方國珍一樣，以經商貿易之經濟基礎來反抗清廷，故清廷也同樣以海禁政策來封鎖鄭氏政權和沿海人民之間連繫。康熙二十二年（1683）平定三藩，收復台灣，清朝統一中國。次年，康熙下詔開海禁；這次開海政策較之明代

〔註20〕 張彬村，〈十六～十八世紀中國海貿思想的演進〉，《中國海洋發展史論文集》（二）（台北，中研院三研所，民國75年），頁39～40；曹永和，〈試論明太祖的海洋交通政策〉。《中國海洋發展史論文集》（台北，中研院三研所，民國73年），頁43。

〔註21〕 張彬村，前引文，頁42；曹永和，前引文，頁70。張文說明治安、政治因素對海禁影響，曹文則提出「這位獨裁專制又猜疑心很重的雄主明太祖，其海外貿易的政策，承襲前朝遺制，設置市舶司來管理，起初雖相當開放，必然走向皇家獨占的路線。」

〔註22〕 張彬村，前引文，頁42。

更為進步，雖沒有明文允許外人進口，但事實上無論那國人要到廣州、廈門、寧波、福州等地通商，中國一視同仁。〔註23〕後來由於官商勾結，剝削外商，乃有洪任輝案發生；乾隆二十四年（1758）起，以廣州為外人來華唯一通商口岸。〔註24〕從此直到一八四二年南京條約開放五口通商為止，外人僅能合法到廣州貿易，不但受官吏、行商的層層剝削，還要接受種種禁令拘束。外人和官方多次交涉，甚至至沿海試探，但都不得要領。〔註25〕

　　到了道光年間，整個國際局勢產生了大變動，使得舊有中西關係不能再繼續維持；〔註26〕關於中外情勢演變以至鴉片戰爭的爆發，許多學者已有研究成果。〔註27〕這裡要說明的是，儘管道光年間遭遇外力挑戰時，中國朝野的決策行動一直受到天朝意象的支配，〔註28〕如道光皇帝在鴉片戰爭期間，曾一度以停止貿易的傳統辦法，希望屈服英人，對英國以外各國外商，則仍舊准其往來貿易；〔註29〕可是自康熙朝開放海禁以來，參與海洋貿易的人口愈來愈多，甚至有與外商及地方官吏利益勾結的情形，這些都阻礙海禁的再度實行。裕謙被認為擁有最堅決的天朝意象，其對外情緒最為激烈，後來戰

〔註23〕蔣廷黻，〈中國與近代世界的大變局〉，《中國近代史研究》（台北，里仁，民國71年8月），頁176。但張德昌認為康熙二十二年雖開放海禁，但清代對於海上貿易是有系統加以抑制的。這種抑商政策的實行，一方面使已在海外失勢的中國商人不能復起，另一面播下中西衝突的種子。張德昌，〈清代鴉片戰爭前之中西沿海通商〉，原載清華學報十卷一期，收入《中國近代史論叢》第一輯第三冊——早期中外關係（台北，正中，民國7年台七版）頁104。

〔註24〕張德昌，前引文，頁108～126；蔣廷黻，〈中國與近代世界的大變局〉，前引書，頁178～179。

〔註25〕外商如洪任輝、胡夏米，見張德昌，〈胡夏米貨船來華經過〉，原載《中國近代經濟史研究集刊》第一卷第一期，收入《中國近代現代史論集》，第一編，鴉片戰爭與英法聯軍，頁93～108；官方代表如馬戛爾尼、阿美士德、律勞卑。郭廷以，《近代中國史綱》（香港，中文大學，1980年第二次印刷），頁40～48。

〔註26〕蔣廷黻，〈中國與近代世界的大變局〉，前引書，頁185。

〔註27〕如蔣廷黻，〈中國與近代世界的大變局〉，前引書，頁158～193；郭廷以，〈中國近代化的延悞——兼論早期中英關係的性質〉，氏著《近代中國的變局》（台北，聯經，民國76年）頁3～26；張德昌，〈清代鴉片戰爭前之中西沿海通商〉，前引書，頁91～132。

〔註28〕參看劉紀曜，〈鴉片戰爭期間中國朝野的天朝意像及其衍生的觀念、態度與行動（1839～1842）〉，《中國近代現代史論集》，第一編，鴉片戰爭與英法聯軍，頁273～298。

〔註29〕雷家驥，〈宣宗對禁煙及鴉戰各期的態度〉，收入《中國近代現代史論集》，第一編，頁203～204。

敗以身殉國，〔註30〕但他也認為「港口斷不可封」。〔註31〕可見即使在鴉片戰爭期間，天朝意象雖然鮮明，但卻不能像以往一樣以海禁政策來應對外來壓力。相反的，此時清廷希望以通商來羈縻外人；不僅地方督撫如琦善、桂良、楊芳、牛鑑、奕山等曾奏請通商，〔註32〕道光本人亦始終沒有閉關絕市的意圖，也並不反對開放通商口岸。〔註33〕所以戰敗後，遂能訂立和約，開放五口通商，中外之間問題，得以條約體系和通商口岸制度而獲初步解決。〔註34〕此後外人依循類似模式，以條約要求中國開放口岸，而清政府也沿襲道光以來應對態度，視開口通商為較可接受的要求。於是，從南京條約到馬關條約，中國開放了三十七個通商口岸，〔註35〕也有人稱這些地方為約開商埠，〔註36〕因為它們的共同特徵，就是因條約而開放。

對中國來說，通商口岸制度的形成，是為了將外人的勢力限制在固定的通商口岸，盡量不使其擴張到內地。〔註37〕外人也藉著條約的便利，以各口

〔註30〕 根據劉紀曜的研究，裕謙深深接受儒家的思想與禮教，擁有最堅決的天朝意像。裕謙在意識裡甚至不把英國人當人看，故他的對策是絕對的威制主義。見劉紀曜，前引文，頁 294。

〔註31〕 裕謙以江浙兩省參與貿易者，「竟難數計」，閩廣兩省，「貿易更廣」，他擔心「一經封港」，有力者雖可支持，市塵業已蕭索，無力者頓失所天，必將流而為盜。有趣的是，明代以來，常以治安作為海禁理由，有此時亦以治安理由認為不可封港，可知此時社會經濟已演變到不容中國再施行海禁，即便如裕謙這般極端排外，對外主採絕對威制主義的保守官僚，也體認到海禁絕不可行。裕謙，〈議覆沿海港口不宜封閉疏〉，見盛康輯，《清朝經世文編續編》（武進盛氏思補樓刊本，台北，文海重印）卷九一兵政海防，頁 31～33。

〔註32〕 雷家驥，前引文，頁 203～204、頁 208～209。

〔註33〕 雷家驥，前引文，頁 199～200、頁 203～204、208～209。道光主要關心的仍是其天朝意像的受損，劉紀曜，前引文，頁 288～290。

〔註34〕 John K. Fairbank，韓嘉玲譯，〈條約體制的建立〉，《劍橋中國史》第十冊晚清篇（1800～1911）（上）中譯本（台北，南天，民國 76 年），頁 256～268、272～279；關於最初五個口岸的開放情形，近年來王爾敏先生曾運用中外檔案文獻，分別對上海、廣州、廈門三口作個別而深入的討論。參見王爾敏，〈外國勢力影響下之上海開關及其港埠都市的形成〉，收入《中國近代現代史論集》，第二十八編，區域研究，頁 425～472；王爾敏，〈廣州對外通商港埠地區之演變〉，《漢學研究》，第三卷第二期，頁 589～605；王爾敏，〈廈門開關之港埠區畫〉，《食貨月刊復刊》，第四卷，第六期，頁 221～232。

〔註35〕 參見嚴中平等編《中國近代經濟史統計資料選輯》（北京，科學出版社，1955年），頁 41～44。

〔註36〕 劉彥，《被侵害之中國》，收入沈雲龍編《近代中國史料叢刊三編》，第二十五輯，（台北，文海），頁 117～125。

〔註37〕 如同治年間文祥便曾面告英使阿禮國（R. Alcock）「廢除你們的治外法權，不

岸爲據點，發展貿易、傳教。商人、領事和傳教士來到中國，自然需要租賃房地作各種用途，根據條約規定，只要不是有礙風水的地方，洋人都可以向當地人民租賃；外人又以貿易爲由，在各口岸向地方官要求指定一地，訂立永租章程，這便是租界的起源。〔註38〕對中外來說，通商口岸制度是爲了適應雙方迥異的社會、政治、文化等背景而存在，中國希望盡量限制外人的勢力在通商口岸之內，外人則盡量擴張他們在通商口岸的特權。〔註39〕

由於地理形勢與外人的積極建設，租界常成爲各口岸的精華區，地價大漲。但也由於外人的擴張特權，和中國地方官的疏忽顢頇，使租界日益侵奪中國主權：包括了領土權、司法權、警察權等。〔註40〕等到部份中國知識份子意識到租界的流弊，租界問題已經複雜成不是一般地方官可以解決的事務，〔註41〕因爲外人總以中國的內政、司法改革作爲取消租界的交換條件。另一方面，許多中國知識份子驚嘆於租界經營的井井有條，如街道的整齊清潔，治安的良好，以及西式的市政管理等，都帶給他們變法維新的刺激。〔註42〕

當清末重商主義思想興起時，大多數著作把通商口岸視爲外人經濟侵略的基地，所以一般都把通商口岸視爲害多利少的事。〔註43〕然而也有人對開埠有

論何處，商人與教士都可以前往；否則，我們必須盡力設法將你們和我們的糾紛限制於通商口岸。」

H. B. Morse, *The International of The Chinese Empire*, Vol. II. p.220. 王家儉，〈文祥對於時局的認識及其自強思想〉，收入《中國近代現代史論集》，第六編，自強運動（一）通論，頁 204。

〔註38〕顧器重，《租界與中國》（台北，文海），頁 5～6。

〔註39〕王爾敏，〈廣州對外通商港埠地區之演變〉，《漢學研究》，第三卷第二期，頁589～605；王爾敏，〈廈門開關之港埠區畫〉，《食貨月刊復刊》，第四卷，第六期，頁 224～226；王爾敏，〈外國勢力影響之上海開關及其港埠都市之形成〉，收入《中國近代現代史論集》，第二十八編，區域研究，頁 431～452。

〔註40〕顧器重，《租界與中國》，頁 8、24～34。

〔註41〕如曾紀澤曾於一八八六年，以英文撰寫〈中國睡後醒論〉，提出修改條約，收回中國主權，廢除外國租界。見王爾敏，〈十九世紀中國士大夫對中西關係之理解及衍生之新觀念〉，《中國近代思想史論》（台北，華世，民國 66 年），頁29。

〔註42〕如康有爲即曾於一八七九和一八八二年赴香港和上海時，因該地之繁榮引起他對西學濃厚興趣，見汪榮祖譯，蕭公權，《康有爲思想研究》（台北，聯經，民77），頁 28。又見康有爲，《康南海自編年譜》（台北，廣文，民國 60 年），頁 11～12。

〔註43〕如王韜曾撰〈旺貿易不在增埠〉，以增開口岸不見得於英人有利，勸告英人，欲旺貿易，不見得須增埠。在王文的背後，我們可以看到中國知識份子不欲

害論表異議，如李鴻章便認爲增開口岸是利害各半。〔註44〕在一八七六年辦理滇案交涉時，他在一封信裡即認爲中國之弱，不在添口，而在不能自強：

> 人皆震驚於添口之多，無論口岸非自我准添也，添十口與添一二口，利害輕重適均，西洋各國到處准他人寄居貿易而仍日益強盛，可知其病不在添口，而在不能自強。〔註45〕

又如郭嵩燾認爲華商也能從通商口岸獲取利益。在中法戰後法國索開蒙自時，他即以蒙自無關中國要害，〔註46〕且可增加稅收爲言。他說：

> 即以通商論，沿海以達長江，開立口岸十四五處，又遠及瓊州、台灣、雲南之騰越亦已與英人通商，何惜蒙自一口？……多開蒙自一口即多收一口之稅，實有利於國，無損於民。〔註47〕

在罷官回鄉後，他又提出以「開放口岸，廣通商務爲興湘第一義。」。〔註48〕再如薛福成也曾注意到西人經營商埠的才能。〔註49〕以上所列舉的三人，都有外交工作的經驗，或許就因此而提出和一般知識分子不同的詮釋。

　　然而，一個沒有作官的舉人——陳虬，〔註50〕卻在甲午戰爭以前提出一個前所未有的觀點。陳虬，浙江人，熱心提倡變法，後曾列名保國會。他在光緒十八年（1892）寫成的治平通議裡首先主張新埠與通商口岸競爭：

> 一、開新埠。泰西每次換約，輒求添設口岸，其得一埠，極力經營，置洋房，闢馬路，整飭華麗，出人意表；以故百貨輻輳，士女如雲，商務因之日起，而彼得坐收十倍百倍房租之利。若另於二十七埠鄰近之處，參以形象旺氣之說，扼要別開新埠，一做洋式，彼高鼻深

　　增埠的苦心。見《皇朝蓄艾文編》（上海官書局鉛印本，台北，學生重印）卷二十八，商政一，頁5～6。

〔註44〕侯厚吉、吳其敬主編，《中國近代經濟思想史稿》（哈爾濱，黑龍江人民出版社，1983年）第二冊，頁75。

〔註45〕李鴻章，《李文忠公全集》（台北，文海）朋僚函稿卷十六，頁30～31，〈復劉仲良中丞〉，光緒二年9月14日。

〔註46〕侯厚吉、吳其敬編，《中國近代經濟思想史稿》，第二冊，頁102。

〔註47〕同上註，頁103。

〔註48〕萬國公報，卷九〇，頁19。

〔註49〕薛福成，《出使日記》卷一，頁19，轉引自王爾敏，〈中國近代之工商致富論與商貿體制之西化〉，《中國近代現代史論集》第九編：自強運動（四）工商業，頁74。

〔註50〕湯志鈞，《戊戌變法人物傳稿》（北京，中華書局，1982年）增訂本上冊，頁165。

　　目之徒，當亦噤無所施也。

　　……其實地氣無三十年而不變，若參用形象家言，於各埠近處，另

　　開新埠，風氣一開，洋商皆將俯而受塵；此亦人棄我取，致人而不

　　致於人，理財治兵之道二而一者也。〔註51〕

這是在商戰思想背景下，所出現的新觀點，以自開新埠作爲與外人競爭之商
戰手段，同時還可以達到徵稅、國防的目的。這種觀點的出現，固然在當時
獨樹一幟，與時論不盡縮合，但究其原始，最少有三點原因：

一、在華外人的鼓吹

　　西人來華，通商是主要利益，自然希望鼓勵中國開放通商，於是便有許
多在華英美人士運用報章宣傳自由貿易，如英人傅蘭雅（John Fryer）：

　　近來各國通商，愈推愈廣，各處所產之物，皆能彼此流通，便於民

　　用，故通商愈能興旺，則與國愈宜和睦，因事端一起，即海口必封，

　　兩國人民，皆不能得貿易之利矣。〔註52〕

又如英人艾約瑟（J. Edkins）：

　　凡生財之道，率宜聽民自謀，慎勿過止；國家利在通商，不可禁閉

　　口埠以自圍，倘違此言，則其國之損，恐非淺鮮。〔註53〕

經此言論鼓吹，部份中國知識份子也開始對西人（特別是英國）的重商本質
有所了解。〔註54〕

二、民族主義的發展

　　除了外人政治軍事的侵略外，經濟侵略的嚴重性更逐漸爲國人所認知，
於是自曾國藩開始，「商戰」觀念提出，反映中國知識份子對於商業競爭之認

〔註51〕陳虬，〈經世博議〉、〈救時要議〉，《治平通議》，收入中國史學會主編《戊戌
　　　　變法》第一冊（上海，神州國光社，1953 年），頁 223、225。

〔註52〕《皇朝蓄艾文編》卷二十八，商政一，頁 19。

〔註53〕同上註，卷二，通論二，頁 7。

〔註54〕如左宗棠：

　　　　竊維泰西諸國之協以謀我也，其志專在通商取利，非別有奸謀，緣其國用
　　　　取給於征商，故所歷各國，壹以占埠頭爭海口爲事，而不利其土地人民，
　　　　蓋自知得土地則必增屯戍，得人民則必設官司，將欲取贏，翻有所耗。商
　　　　賈之智固無取也，惟其志在征商也，故設兵輪船，議保險以護之，遇有占
　　　　埠頭爭海口之舉，必由公司招商集議，公任兵費，而後舉事。

　　　　見羅正鈞，《左文襄公年譜》卷七，頁 18，左氏奏稿，轉引自王爾敏，〈商戰
　　　　觀念與重商思想〉，《中國近代思想史論》，頁 268。

識與覺醒。〔註 55〕而商戰的對外表達，首先在迎戰外國工商衝擊，挽回中國利權之損失，〔註 56〕凡此都可視爲中國民族主義發展下競爭觀念的一種表現，許多洋務運動者提出不同主張，而陳虯則提出開新埠的新觀點。

三、主政者對增設口岸的開放態度

　　自鴉片戰爭以後，清廷對開通口岸，比起其他條款來，較少一昧堅持。鴉片戰爭時，負責辦理外交的琦善，便曾以爲「添給貿易碼頭，較之給予地方，似爲得體」；〔註 57〕但受到主戰派反對，抨擊琦善「開門揖盜」。〔註 58〕後來中國戰敗，簽訂南京條約，仍然開放五口通商。從此每當與外人訂約，便應外人要求而開放一些口岸。除了一些府治、州治，因爲體統，盡量不希望開放外，〔註 59〕其他口岸的設定，都依照外人期望而彈性運作。可以在正口行政區內，任意選擇埠址，如登州口開放煙台；〔註 60〕也可以增開外口，如台灣、淡水增加雞籠、打狗兩個外口。〔註 61〕儘管清議批評，辦理外交者仍不得不逐次依約開放通商口岸，琦善添開口岸以取代割地的外交手段，竟成爲以後中國外交的原則之一。政治因素之外，經濟也是促成清廷不反對多開口岸的一大原因，因爲新開口岸必定要設海關徵稅，可以增加政府財政收入；以前因走私和官員胥吏貪污所導致逃漏稅現象，可獲得部份改善。

　　陳虯雖然提出自開新埠觀點，但其新埠地點則主張在現在通商口岸附近，開新埠目的在與通商口岸競爭，似和以後的門戶開放思想不盡相同，但

〔註 55〕王爾敏，〈商戰觀念與重商思想〉，前引書，頁 238〜262。
〔註 56〕同上註，頁 266。
〔註 57〕蔣廷黻，〈琦善與鴉片戰爭〉，《中國近代史研究》，頁 55。
〔註 58〕同上註，頁 44。
〔註 59〕如天津，第一次英法聯軍後，外人曾提出開放天津，而中國不惜以登州、牛莊作爲交換，早先甚至外人往來天津都是不許的，見《四國新檔》英國檔下（台北，中研院近史所，民國 55 年），頁 568〜569、587〜588、593。
〔註 60〕外人以登州口不適合作爲通商口岸，乃另覓煙台，以煙台隸屬登州，不違條約，而中國也不願像登州府這樣的大城開爲通商口岸，於是經過必要的安排，煙台成爲新開的商埠。
　　　　British Parliament Papers, China, 6, Commercial Reports 1854〜66, p.98, p.p.115〜116, lLieutenant-Colonel Neale, Her Majesty's Secretary of Legation, Peking, Dec 20, 1861.
〔註 61〕凡是有條約正式規定的口岸，稱爲正口。所謂外口，與外港性質相仿，不是條約規定，而是一時權宜之計，台灣開埠後不久，添設兩口外口，雞籠和打狗。這兩個外口，後來都變成永久性的商埠。見葉振輝，《清季台灣開埠之研究》（台北，標準，民國 74 年），頁 81〜90。

其「自開」觀點則沿襲下來，至於其競爭觀點的採行，則是較晚的事了。

第三節　主權意識的提昇

　　面對西力衝擊後新的國際關係，清廷一般官紳逐漸了解到中國所處的地位，並且由國際法的觀念，而覺悟到爭取國際地位的平等，主權觀念自然連帶產生。在發現中國喪失權利之後，便有人開始主張收回，甚至付諸實行。〔註62〕

　　領事裁判權被認爲極有害於主權，不論朝野都希望能收回這項權利。〔註63〕王韜，蘇州人，是其中重要的代表人物，他於青年時期移居上海，後因向太平軍上書而得罪清廷，乃避至香港，又週遊歐陸英法等國，回到香港後以著書辦報爲業，曾創辦循環日報，後又至日本訪問，晚年返回上海。他豐富的閱歷有助於他世界知識的累積與世界觀的形成，他的著作與論說成爲維新思想的重要泉源。約光緒九年（1883）時，他便曾提出收回額外權利，也就是所謂的治外法權：

> 向者英使阿利國以入內地貿易爲請，總理衙門亦以去額外權利爲請，其事遂不果行。夫額外權利不行於歐洲，而獨行於土耳機、日本與我中國。如是則販售中土之西商，以至傳道之士、旅處之官，苟或有事，我國悉無權治之。此我國官民在所必爭，乃發自忠君愛國之忱，而激而出之者。故通商內地則可不爭，而額外權利則必屢爭而不一爭，此所謂爭其所當爭也，公也，直也。〔註64〕

日本收回治外法權的努力，更給中國知識分子帶來莫大的刺激。甲午戰爭是一個重要的轉折點，甲午戰後，日本逐漸修正以往列強與之簽訂的不平等條約，〔註65〕而中國因戰敗招致更多的輕視和更厲害的侵略，同時，中國知識分子維護主權的意識也更加提高。

　　在提倡收回治外法權之餘，也有人付諸實際行動，提出實際方法，來對抗外人的侵略，維護主權。黃遵憲在光緒初年任駐日使館參贊，其間他搜集

〔註62〕王爾敏，〈晚清外交思想的形成〉，氏著《晚清政治思想史論》，頁196～198。
〔註63〕王爾敏，前引文，頁198～200。
〔註64〕王韜，《弢園文錄外編》，卷三，頁25。
〔註65〕王爾敏，前引文，頁199；另日本於一八九四年甲午戰前與英國完成修約，繼而陸續與列國締結修正條約，於一八九九年開始實施，收回治外法權，見徐先堯，《日本近代史綱》（台北，商務，民國71年7月增訂二版）。頁109～111。

資料，於光緒十三年（1877）撰成日本國志，在書中他直斥領事裁判權的弊害。〔註66〕甲午戰後，日本根據馬關條約要求在蘇州、杭州、重慶、沙市等地設立專管租界，黃遵憲被派負責蘇州開埠事宜，蘇州談判結果，其他各口將一律照辦。〔註67〕

在蘇州開埠談判中，日方代表珍田主張按約指地，並且專界專管，黃遵憲拒絕了日方要求，並指出：「新約所許，只許通商，遍查中文、日文、英文、并無許以蘇州讓給一地，聽日本政府自行管理之語。」〔註68〕黃氏又草擬〈商埠議案〉作爲對策，內容要旨如下：

一、日商需地幾何，許其隨時分賃，則專管租界之語，暗爲取消。

二、道路各項，許其不納地租，而實則爲公共之物。

三、租期十年以內，留給日人，實則還我業主之權。

四、雜居華人，歸我自管，則巡捕之權在我。

五、道路公地，歸我自築，則工務局之權在我。〔註69〕

這個草案的目的是避免專管租界所生弊端，補救馬關條約約文限制，以收回主權。寧波和日本的經驗可能是黃氏借鏡的來源；寧波雖然是約開口岸，但始終未曾開闢租界（參見附圖 2-3-1），而且寧波是由中國自設工程局及巡捕等事，管理權自然在中國地方官手裡；〔註70〕而日本在開口通商後，亦曾開放居留地方便外人居住，但巡捕、道路等事項仍由日方負責〔註71〕（參見附錄一）。

〔註66〕黃遵憲，《日本國志》（台北，文海）卷七，頁18～19。

〔註67〕鄭海麟，《黃遵憲與近代中國》（北京，三聯書店，1988年），頁281；吳天任，《黃公度（遵憲）先生傳稿》（台北，文海出版社），頁135。

〔註68〕鄭海麟，前引書，頁282。

〔註69〕同上註。

〔註70〕在開港後，由於貿勿不暢，英國甚至有意放棄寧波或以其他口岸代替，結果寧波始終未設立租界，且由海關稅務司會同地方官設立工程局，負責各項建設，又由寧紹道撥釐金設立巡捕房以維持治安，寧波模式被中國主持外交事務者認爲是優於上海模式，因爲它在外人忽視下，由地方官和稅務司主動介入通商口岸的相關事務，從而避免了如上海租界所生種種弊端，在條約體系之下保守了一定的主權，黃遵憲在草擬商埠議案時，不可能不考慮到寧波這個有利的先例。彭澤益，〈中英五口通商沿革考〉，收入包遵彭等編，《中國近代史論叢》（台北，正中書局，民國71年台五版）第二輯第一冊——不平等條約與平等新約，頁65～68；《皇朝政典類纂》（台北，文海出版社影印，民國71年）卷494，頁15～16；同上，卷498，頁8～13。

〔註71〕日本外務省編，《日本外交年表の主要文書》（東京，原書房，昭和五一年）（上）文書，頁21～24。

附圖 2-3-1：寧波地圖

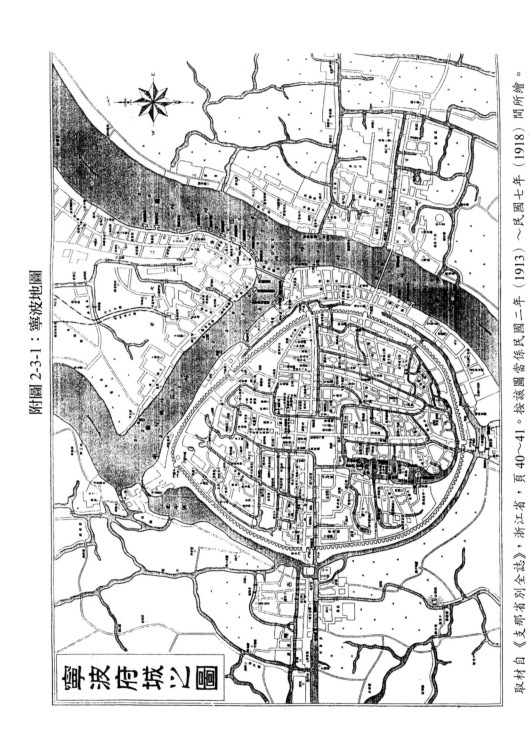

取材自《支那省別全誌》，浙江省，頁 40～41。按該圖當係民國二年（1913）～民國七年（1918）間所繪。

　　日使以所議各節，越乎本國訓辭之外，不敢接受。黃氏又告以「如必須自立專界，則嚴禁華人雜居，此爲中國自有之主權。重索界內租價，亦非約章之違免，否則總署所許之地，終不更許他人專以留給日人，俟將來兩國政府商定允行，惟現在日商需用多少，即可隨時租賃多少。」日使不敢決定，乃許以稟候日本政府訓令定奪，談判至此停頓。〔註72〕

　　總署方面對黃氏所擬草案感到滿意，卻擔心日本不見得會接受上述條件，地方大員則憂慮「許以將來，即貽後患」，甚至有流言指黃氏受賄，〔註73〕不管中國方面反應如何，黃氏草案確有其收回主權苦心，希望矯正當時各口租界弊端。

　　日本方面，日使珍田向日本外交大臣建議對中國讓步，接受黃氏草案以利商業的進行，然而日本政府並不滿意，乃直接向總署要求同意設立蘇州等四口專管租界，且以通商條約的批准和威海衛撤兵問題作爲要脅。清廷乃被迫於光緒二十二年（1896 年 10 月 19 日）與日本簽訂〈通商口岸日本租界專條〉，〔註74〕規定租界管理權屬於日本領事。論者認爲以往租界管理權歸于外人，並無明文規定，自此專條訂立後，外人在華設立專管租界成爲明文正式規定。〔註75〕

　　在日本租界專條成立前，浙江按察使聶緝槼與日本駐杭州領事小田切於九月二十六日簽訂〈杭州塞德耳門原議日本租界章程〉，規定「所有巡捕房事宜，由中國地方官會同稅司設立管理」、「所有橋梁、溝渠、碼頭、道路等項，由中國地方官自辦」，〔註76〕很明顯的可以看出，此章程是黃氏草案具體的實踐，注重由中國地方官來管理租界。可惜在租界專管條約簽訂後，次年杭州章程也重新修訂，改爲由日本領事專管界內商民之事，司法則仿照上海會審公堂章程辦理。蘇州日本租界章程也於同年成立，〔註77〕至此，日本完全達到專界專管的要求。基本上，黃氏草案主張收回主權的精神在現實環境裡遭致挫敗。〔註78〕檢討此次蘇、杭開埠談判遭致失敗的原因，主要是由於蘇、

〔註72〕吳天任，前引書，頁 136；鄭海麟，前引書，頁 382。

〔註73〕吳天任，前引書，頁 137。

〔註74〕又稱中日通商公立文憑，《清季外交史料》，卷 123，頁 15～16。

〔註75〕袁繼成，《近代中國租界史稿》（北京，中國財政經濟出版社，1988 年）頁 83。

〔註76〕《皇朝政典類纂》，卷四九三，頁 18～20。

〔註77〕劉彥，《被侵害之中國》（台北，文海出版社影印本，原民國 17 年出版）頁 164～167；袁繼成，前引書，頁 85。

〔註78〕黃氏曾將當時的外人在中國取留地分爲三種模式，即上海，廈門，寧波；上

杭開埠係約開口岸，使日本政府得以予取予求，其次則是當時中國官紳對黃氏草案認知不夠，難以形成共識。

然而，黃氏草案仍然留下深遠的影響。首先，它可以說是中國在談判租界時，首次提出完整辦法，並主張地方官應積極介入租界經營。以往中國對通商口岸外國租界的事務總是採取消極應對方式，大部分是由地方官會同領事劃定界限後，界內事務便撒手不管，任由領事去規劃。第二，黃氏草案提供一種可能性，就是以地方性章程，來挽救條約的損失，以保守主權。同時期有中外人士黃氏曾讚賞草案對保守主權可能產生的貢獻，〔註79〕梁啓超更大膽的假設：「使先生之志得行，則此後中國確實行門戶開放主義可也。」〔註80〕

這次蘇、杭租界交涉在日本租界管理權上雖然遭到失敗，然而我們認真檢討租界章程（參見附錄二、三）及開埠情形，可以發現中國方面並非全盤皆輸。

在租界地點上，杭州的租界離城較遠，符合中國向來對於租界地界的期望（見附圖 2-3-2），蘇州租界雖然緊鄰城南（見附圖 2-3-3），可是根據一八九七年所訂的蘇州日本租界章程第一條規定，沿河十丈地面暫作懸案，但中國允日本人民任便往來行走，上下客貨、繫泊船隻，並聲明不許在該地面上有所建造。〔註81〕因此，在理論上，沿河十丈地面是不在日本租界範圍之內，仍受中國管轄。

海模式即租界行政權、司法、警察等權均為外人所有，寧波模式則為中外商人雜居，沒有租界限制，而由中國地方官自營公共建設，自設巡捕，由黃氏議案比對，黃氏似想以寧波模式作為蘇州辦理方式，又黃氏亦可能由以前游歷日本，觀察日本的外人居留地辦理方式，認為寧波模式即與日本外人居留地相同，較上海模式為有利，以上見，Noriko Kamachi, *Reform in China, Huang Tsun-Hsien and the Japanese Model.* Pp. 198～199. 然而可惜的是日本最後得以上海模式為藍本，取得租界內管理權，並於界內設立會審公堂，而中國的行政、司法權則遭到侵害。吳天任，前引書，頁 137～138。袁繼成，前引書，頁 85。

〔註79〕 錢仲聯，《黃公度先生年譜》光緒二十二年條注引總理衙門章京顧肇新同年 9 月 14 日與俞君實中丞札，轉引自吳天任，前引書，頁 137；英人闕名，「論蘇杭交涉之難」，邵之棠輯，《皇朝經世文統編》收入《近代中國史料叢刊續編》第七十二輯（台北，文海出版社，民國 69 年，影印本），頁 29～30。

〔註80〕 梁啓超，《飲冰室詩話》（北京，人民文學出版社，1959 年），頁 104。

〔註81〕 日本蘇埠租界章程，第一條，見《皇朝政典類纂》，卷四九三，頁 22。

附圖 2-3-2：杭州地圖

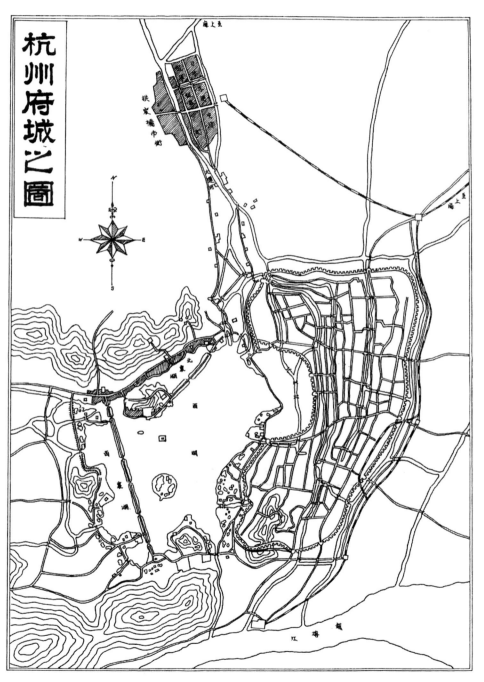

取材自《支那省別全誌》，浙江省，頁 22～23。按該圖製作時間當係民國二年
（1913）～民國七年（1918）間。

附圖 2-3-3：蘇州地圖

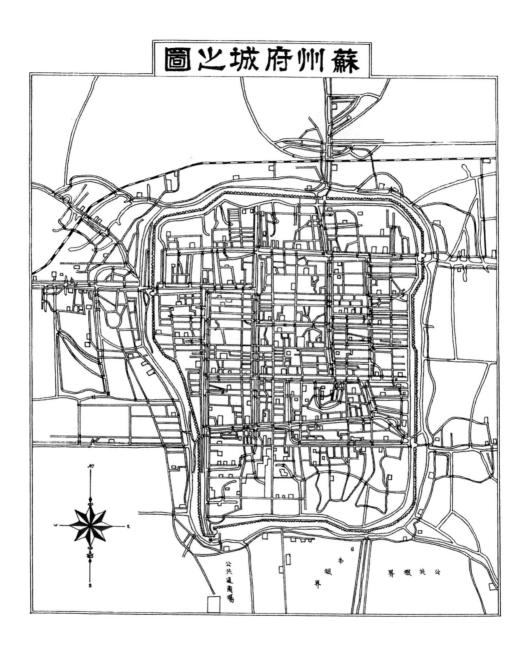

取材自《支那省別全誌》，浙江省，頁 102～103。按該圖製作時間當係民國二年（1913）～民國七年（1918）間。

在租地程序上，以往任由洋商向地方人民分租，地方官只經辦公證手續。而這次蘇杭租界的辦理，地方官已先將界內土地徵收完畢，先行規劃一定面積，編定字號，洋商如欲租賃，須向地方官員及負責清丈土地機構如勘丈公所辦理，藉此可以統一議定租價、限定租地面積。〔註82〕當時有外人認為地方官以此來炒作地皮，投機牟利。〔註83〕不論如何，這種統購界內土地方式，使洋商不得不以地方官為租賃對象，由此避免了以往租界所產生的一些流弊，對於保障領土主權，確實大有貢獻。

在日本租界之外，蘇杭都另開一公共居留地，〔註84〕其租地章程和日租界不盡相同，有學者把它視為英租界，〔註85〕其實稱為居留地更符合它的性質。〔註86〕其界內道路修築和巡捕設置，均由中國地方官自辦，或會同稅務司設立管理。從蘇州通商場租地章程和通商租界章程看來，它們幾乎完全符合黃氏商埠議案的理想。〔註87〕

除了日租界和公共居留地之外，中國又在鄰近經營官建市屋，開始徵收土地、修築道路，似有自成一通商場之企圖，〔註88〕這或許呼應了陳虬開新埠與租界競爭的理念。還有一個可能的原因，是防止日租界的擴張，我們由蘇、杭

〔註82〕關於辦理方式，參看蘇杭相關租地章程，見《皇朝政典類纂》，卷四九三，頁19～25。

〔註83〕英人關名，〈論蘇杭交涉之難〉，《皇朝經世文統編》，頁29。

〔註84〕參看圖1-3-1、圖1-3-2。

〔註85〕劉彥，《被侵害的中國》，頁166～167。

〔註86〕在一般用法上，租界（Concession）和居留地（Settlement）都是泛指「劃出供外人居住的地區」，有的學者從土地取得及管理方式及土地所有權的歸屬來區分二者，也有的學者從行政與警察事務的掌管作為區分標準，然而無論從那一個判準來看，蘇杭所開的公共居留地都不能視為英國專管租界，以上參見 Westel W. Willoughby, "*Foreign Rights and Interests in China*". pp. 495～508. 袁繼成，前引書，頁119；吳圳義編，《上海租界問題》，頁55～56、66～71。

〔註87〕在通商場界內先由勘地公所紳董將所有土地編定字號，此後羊商議租、會文、立契、收款等等事項均須經由公所甚至海關道來辦理，見蘇州通商場租地章程。此外，在通商場內，所有道路橋樑碼頭等公共建設由中國地方官自辦，惟工程地點和修理方法，領事可與地方官商議，而所有巡捕房事宜，由中國地方官會同稅務司設立管理，見〈蘇州通商租界地章程〉，以上參見《皇朝政典類纂》，卷四九三，頁24～25。如果我們對照前述黃氏商埠議案，可以發現，黃氏的主張在蘇州的公共居留地內幾乎完全獲得實現。

〔註88〕中研院近代所藏《中華民國外交檔案》，03-17，24-（2），〈查復久大精鹽公司在蘇州所設店地址繪圖呈請鑒核由〉；相關章程參見《皇朝經世文統編》，卷四七，頁28～29；《皇朝政典類纂》，卷四九三，頁25～27。

州地圖中可以發現，日租界爲公共居留地和中國自營通商場包圍，向外伸展之空間有限或者幾乎沒有。這個通商場的主權自然完全掌握在中國手中。

同時期收回主權的具體行動，值得一提的還有上海南市馬路的修築，其目的是爲了抵制洋人越界築路及干涉租界外行政。早在光緒二十年（1894）甲午戰爭前後就有人提議開築馬路，光緒二十一年（1895）獲得核准，光緒二十二年（1896）上海南市馬路工程局正式成立。除了馬路的修築外，工程局還負責巡捕房的創辦、電燈的裝設，這是上海最早的中國市政機關，在全國來說也是開風氣之先。可惜後來由於資金困難，成就有限，〔註89〕然而就中國自辦市政以收回主權的意義來看，南市工程局的出現，確是一重要的里程碑。

總結以上，我們可以發現，中國知識分子主權意識的提昇，到了甲午戰後，更轉化爲具體的行動。蘇杭開埠的折衝與上海南市工程局的成立，都可以視爲主權意識的實踐，它們所受限制及其不足之處，爲以後提供了經驗，而蘇杭自營通商場更爲日後自開商埠開了先聲，提出可供參考的具體模式。

第四節　自開商埠政策的形成

光緒十八年（1892）雖陳虬提出「開新埠」的新觀點，然而沒有獲得實行。甲午戰爭之後，開放門戶的思想，漸顯抬頭，到光緒二十四年（1898）達到高潮，這和在華西人宣傳揚英抑俄與聯英派聲勢的擴張有關。此外，馬關條約中規定外人可在口岸設廠製造，也使得一些有識之士，憂慮外人更將以各口岸爲經濟侵略的大本營。再加上瓜分危機的急迫，於是大開商埠說勃然而興。終於導致自開商埠政策的實行。

所謂聯英派，並不只包括維新派，維新派在外交上主張聯英，〔註90〕在膠澳事件以後，這個意見獲得了一些立場介於新舊黨之間的開明官僚如翁同龢、張蔭桓、〔註91〕張仲炘、〔註92〕盛宣懷，〔註93〕駐外使節如伍廷

〔註89〕《上海通志館期刊》，第二卷，第四期，蔣慎吾：〈上海市政的分治時期〉，頁1213～1220。

〔註90〕王樹槐，《外人與戊戌變法》，頁116；李國祁，《張之洞的外交政策》，頁74、頁117；徐緒典，〈戊戌變法與維新派的對外態度〉，中國人民大學清史研究所編，《清史研究集》（成都，四川人民出版社，1984年），冊三，頁43～44；何萍，〈清廷在中俄旅大租借交涉中的危機處理〉，未刊稿，頁19～20。

〔註91〕康有爲，《康南海自編年譜》，頁41。

芳，〔註94〕地方督撫如劉坤一、〔註95〕張之洞、〔註96〕陳寶箴，〔註97〕少數保守派如文悌〔註98〕等人的共鳴，在人數和聲勢上都遠遠超過聯俄派。雖然如此，但是聯英派內部不能取得一致的協調，〔註99〕對聯英的態度和方法，間有出入。以張之洞與劉坤一為例，張之洞對聯英態度較為消極，他曾說：「各國爭利中國，所謂聯者，不過設法羈縻，免多樹敵耳。」「非以英為可恃也。」；〔註100〕至於聯絡方法，他建議三事：一、借債修鐵路、開礦；二、准英人開滇邊礦產；三、借英款練海軍。〔註101〕劉坤一則較信任英人，他認為「英分地之利不敵全華通商之益；且俄得要口後，亦將為英患。……華得聯英得保疆土，固英所願。」〔註102〕他的聯英方法，則依盛宣懷的建議，「從商務入手，借債築路、開礦、加稅。」〔註103〕但後來了解英國想以借款取得長江一帶為其勢力範圍，劉張二人一致反對，於是聯英之議頓挫。〔註104〕聯英派為了拉攏英國，有人提出開放通商的作法，來迎合英國的商務利益，並希望藉此來抑制俄、德等國的領土野心。不過，無論聯英、聯俄均非真正有親於英俄，而只是在急緩之間求一緩者，在輕重之間取一輕者，目的則在爭取生存機會，以圖自強。〔註105〕隨著瓜分壓力的增強，越來越多的中國知識分子在關心變法維新之餘，也體認到開放

〔註92〕《清季外交史料》，卷一三〇，頁 1～2。

〔註93〕盛宣懷，《愚齋存稿》，（台北，文海）卷二十九，頁 31、35；卷三十二，頁 2；李國祁，前引書，頁 102。

〔註94〕《清季外交史料》，卷一二九，頁 13～15；《大清德宗實錄》（下作清實錄），卷四百十七，頁 3。

〔註95〕《清季外交史料》，卷一二九，頁 34；王樹槐，前引書，頁 147～149。

〔註96〕李國祁，前引書，頁 95～107。

〔註97〕《清光緒朝中日交涉史料》，（北京，故宮博物院，民國 21 年），卷五十，頁 5。

〔註98〕倚劍生編，《光緒二十四年中外大事彙記》，（上海，廣智報局，光緒二十四年，台北華文影印），交涉彙，第四之二，頁 12～14。

〔註99〕何萍認為雖然當時因民間知識分子和地方督撫均有親英日傾向，卻因缺乏報刊媒介，使地方民意實難匯成一股足以左右外交決策的勢力，此外，各地方督撫散處各地，亦難以在極短期間內凝聚成一股抗制的力量，何萍，〈清廷在中俄旅大租借交涉中的危機處理〉，未刊稿，頁 6～163。

〔註100〕《清季外交史料》，卷一三八，頁 18；《張文襄公全集》，卷七九，頁 20。

〔註101〕《張文襄公全集》，卷七九，頁 23～25。

〔註102〕《愚齋存稿》，卷二九，頁 33，峴帥致香帥電。

〔註103〕同上上，卷二九，頁 33、頁 35。

〔註104〕王樹槐，前引書，頁 150～151。

〔註105〕同上註，頁 173。

通商的必要。

鄭觀應，廣東香山人，買辦出身，曾經辦上海織布局，後來據說與上海
強學會有關。他在甲午戰敗後，憂慮列強侵占邊省路礦，在一封給周壽臣的
信中，主張大開門戶：

> ……與其留爲外人蠶食鯨吞，不若大開門戶，凡與列強毗連之邊境
> 及瓊廉地方，均闢爲萬國公共商場，如有外人願入我國籍者，准其
> 雜取，招集公司，開辦各項實業，吸收外人財力，振興我國農工，
> 或藉彼合力，以保疆土，免爲外人侵奪，就鄙見而論，策莫善於此……
> 〔註106〕

在另一封給伍廷芳的信裡，他說明何以要闢邊界而開商場：

> ……何以云闢邊界，我國現在貧弱，民生計拙，中土路礦，外人覬
> 覦，各思侵佔，不如將邊界之地，開作萬國商場，任外人懋遷有無，
> 我收其損稅，貧民亦可得其工資，凡西人所到之埠，無不大營宮室，
> 廣投貲本，各國商人如均有產業，自應公司保護矣，雖列強素存瓜
> 分中土之心，然見我政策改良，推誠相待，又肯將邊界開爲萬國商
> 場，或不致橫生阻力……〔註107〕

胡禮垣、何啓是香港的知識分子，曾合撰新政眞詮一書，對晚清變法思
想有重要貢獻。他們曾以外國處處可以通商，而中國以文化歧異爲理由，限
外人以口岸，實徒然自棄主權，並以司法改革爲言。〔註108〕

彭名壽以日本明治維新「舉全國而口岸之」，後來日本的商務遂大盛，並
以昔之英，今之日，作爲通商成效證明。〔註109〕

皮錫瑞，湖南善化人，舉人出身，曾至湖南、江西等地書院講學，爲晚
清今文經學大師，因支持變法，於戊戌政變後遭株連。他曾從保守利權立論，
認爲「與其待彼來辦，權柄一切屬人，何如及早舉行，將來猶可自固，若事
事疑難，人人阻撓，他人我先，追悔何及。」〔註110〕

〔註106〕鄭觀應，《盛世危言後編》，（宣統元年刊本，台北大通重印），卷四，頁51。
〈與周壽臣觀察論強鄰侵占邊省路礦擬闢爲萬國商場書〉。
〔註107〕鄭觀應，前引書，卷四，頁56。〈致伍秩庸侍郎書〉。
〔註108〕《皇朝蓄艾文編》，卷五，通論五，頁22～24，何啓、胡禮垣〈書保國會第
一集演說後〉。
〔註109〕《湘報類纂》（據光緒廿八年刊本，台北大通書局影印），論著甲下，頁28～
29。
〔註110〕《湘報類纂》，講義乙下，頁29。

　　唐才常，湖南瀏陽人，究心實學，堅信變法維新，曾任湘學報撰述、時務學堂教習、湘報主編。他也為「中國通亦通，不通亦通，與其通于人而失自主之權，何如通于己而擴小民之利。」〔註111〕

　　維新分子大都承認和外人通商是有利的事，〔註112〕但是也注意到外人經濟侵略的利害，如著名的變法運動健將，後為軍機四卿之一的譚嗣同，即主張和外人通商，但僅限於海口和邊口，反對外人進入內地貿易。〔註113〕

　　康有為是維新派言論的主導人物，他曾於光緒二十三年（1897）底向翁同龢進言：「俄欲耽耽，諸國並來，吾無以拒之，請盡開沿邊各口與諸國通商，既可藉諸國之力以保境，又可開士民之知識。」；又於光緒二十四年三月初一日（1898 年 3 月 22 日）於上摺請拒俄三策中，認為「盡開沿海口岸以利益各國，俄人當無可如何。」〔註114〕在旅大租借談判同時，三月初六日，他於代麥孟華草摺內，除了主張捐旅大為公地外，更以遍地通商作為求各國公保的交換利益。〔註115〕後來在討論籌措變法所需費用時，他曾認為必要時可鬻邊外無用之地，務在籌得巨款；〔註116〕和後者相比，大開口岸的意見顯然溫和得多。康有為思想的演變，正與瓜分危機的急迫相對應。

　　盛宣懷是參與推動洋務建設的重要人物，對外他主張牽制均勢，開放口岸，陰結強援。〔註117〕在討論膠澳事件時，盛氏即主張多開口岸，請各國公同保護：

　　　　言之痛心，鄙見各國竊保護之名，分佔邊疆海口，漸入腹地，一國起爭，數國效尤，牽制之法，不足破其奢欲，處今日而欲破其瓜分

〔註111〕唐才常，《覺顛冥齋內言》，（長沙，光緒廿四年刊本，台北，成文影印，民國57 年）頁 144。
〔註112〕王樹槐，前引書，頁 107～109。
〔註113〕譚嗣同，報貝元徵書。《譚嗣同全集》，頁 412～413。轉引自王樹槐，前引書，頁 108。
〔註114〕《康南海自編年譜》，頁 41、頁 43。
〔註115〕黃彰健，《康有為戊戌真奏議》，（台北，中央研究院史語所，民國 63 年），頁10～13。
〔註116〕鬻邊說早先譚嗣同即曾提出，見《譚嗣同全集》，頁 287～297，上歐陽辦疆師書二；同上書，頁 389～430，報貝元徵書，轉引自林明德、黃福慶譯，小野川秀美，《晚清政治思想研究》，（台北，時報出版公司，民國 71 年），頁174～175。據小野判斷，這兩封信都是在光緒二十一年所寫，頁 10。至於康有為則是在光緒廿四年三月才提出類似意見，《康南海自編年譜》，頁 45。
〔註117〕盛宣懷，《愚齋存稿》，行述，頁 60。

之局，惟有照土耳其請各國公同保護，凡天下險要精華之地，皆為各國通商碼頭。〔註118〕

伍廷芳是清末民初中國著名的外交家，自光緒二十二年（1896）起擔任駐美公使，之前他曾參與李鴻章的洋務工作達十四年，又精通英文，能夠充分和美國朝野溝通，〔註119〕對於英美在華外交利益趨向門戶開放一點有所體認。早於海約翰宣言五個月前，光緒二十五年（1899 年 4 月 8 日），他在美國公開發表一篇演講，聲明中國門戶開放；張雲樵在「伍廷芳與清末政治改革」一書裡，譽其為「門戶開放的先導者」。〔註120〕張氏比較伍氏講詞與海氏宣言，結果發現大同小異，他以為「可能是巧合，但也不能說全無一些關係」，可以確定的是，美國政府對於伍氏講詞是相當重視的。〔註121〕

然而，伍氏門戶開放的觀點並不始自光緒二十五年（1899），早在前年，即光緒二十四年（1898）一月二十日，伍氏便曾上奏建議開放通商。他認為從前訂立條約，許外人遍地傳教，而不許內地通商，是一大失策，結果教案迭起，而領事裁判權與租界又弊害無窮。他以為只要「變通成法，使內治有權」就可以消弭釁端，而日本就是最好的例子；至於具體作法，他則提出開放通商。〔註122〕伍廷芳並且舉出五點理由來支持他的意見：1. 如遍地通商，則可以收回租界，並收回對教士商民的管轄；2. 通商口岸，各國視為公地，可以不受戰爭侵害，「是明為推廣，示無外之規模，實隱固藩籬，作無形之保障也」；3. 依照日本經驗，內地路遠利微，仍以各口岸較為繁榮，「如我已弛禁而彼不能來，是陽與虛名而坐收其實利也」；4. 可以加重入口稅，增加稅收；5. 分年開辦，或十年，或二十年，由我自主，並非一舉而全面開放，可以利用這段緩衝時間，徐圖自強。〔註123〕長久以來，除了保守派外，連大部份提倡洋務者都對開門通商抱持懷疑的態度，伍廷芳對這些反面的意見，一一加以駁斥：

論者謂不索而獲，是益寇也，不求而與，是示弱也，開門揖盜，非

〔註118〕盛宣懷，《愚齋存稿》，卷三十，頁 23，光緒廿四年正月廿四日，寄王夔帥、劉峴帥、張香帥、陳右帥。

〔註119〕張雲樵，《伍廷芳與清末政治改革》，（台北，聯經出版公司，民國 76 年），頁 10～11。

〔註120〕同上註，頁 338～339。

〔註121〕同上註，頁 342～343。

〔註122〕《清季外交史料》，卷一二九，頁 13～15。

〔註123〕《清季外交史料》，卷一二九，頁 14～15。

計之得者，如今輦轂之下，左衽者已交錯往來矣，內地各處，皆任
其遊歷，任其傳教矣，何獨於商人而反靳之。……論者又謂開通之
地廣則通商愈多，通商愈多，則我民生愈困，不知前者通商之地，
皆成繁富之區，且自通商以來，內地華商不少豪富，而輪舶不到之
處，生機反益蕭條，是通商不足以病我明矣。……必謂通商既多，
則腹削小民，剝喪元氣，豈通論哉，至於入口稅重，出口稅輕，環
球通例，中國反是，未免受愚，今既破除成例，各處通商，即當倣
行西行，加重入口稅，所有煙酒各物，查照各國稅則，一律加增，
於國課必有裨益，誠能控制得宜，權衡得當，亦異日富強之基也……
〔註124〕

由上述伍廷芳的觀點，我們可以比較完整的觀察當時中國知識分子，對門戶
開放的看法；伍氏固然不必如張雲樵所稱「門戶開放的先導者」，但至少反映
了有識之士在當時瓜分危機下所形成的聯英主張。再加上洋務運動以來，重
商，商戰、收回利權等思想背景，配合伍氏個人洋務、外交經歷，使得他「門
戶開放」的思想，在當時知識分子中顯得較為成熟。往後宣佈開辦自開商埠
後，伍氏更公開聲明中國門戶開放的誠意，〔註125〕這可能間接的影響了海約
翰宣言。在當時中國弱勢外交的背景下，伍氏的觀點與作法，能符合當時國
際關係的演變，已經是難能可貴了。

　　御史陳其璋和維新派關係密切，康有為曾以代陳草摺，來表達政見。陳
其璋曾於光緒二十四年正月二十一日，上疏請約開鐵路口岸，〔註126〕不論此
疏是否為康有為所代草，〔註127〕但它明確表達維新派「門戶開放」的觀點。
比較特殊的是，陳文提出鐵路口岸的開放；陳其璋認為「中國鐵路勢在必行」，
陸運在商務上的重要性終必超過水運，海關稅收大減，「而陸路馬頭，又必為
外人之所索，與其日後聽其挾取，不如由朝廷先派威望素著，熟悉洋務之大
臣，先與各國公使密商，欲沾此額外之利益者，則須先於現在各口稅則，值
百抽十，為他日內地通商之信約，某國不允，則將來內地口岸，即不准同享

〔註124〕同上註。
〔註125〕同註120。
〔註126〕《皇朝蓄艾文編》，卷三六，郵運二，頁15。
〔註127〕康有為在其年譜內並未提及這一篇奏摺，雖然康氏曾代陳其璋草摺以表達政
　　　　見，並且稍後也提出遍地通商的意見，但在沒有直接證據之前，我寧願抱持
　　　　審慎的態度。參見《康南海自編年譜》，頁29～40、45。

利益」。陳疏並舉出四利：1. 可以所增關稅盈餘，遍修鐵路；2. 「內地既爲
公共通商之所，雖有齟齬，莫敢首難」；3. 藉鐵路口岸之自闢，增加出口，「則
外溢之利可挽」；4. 關稅加增，則可漸裁厘金。陳疏也對懷疑開放通商者提出
解釋：

> 或疑內地通商，外洋之銷路愈多，中國之利益愈隘，不思現在未通
> 商之省，洋貨何嘗不行，鐵路既通，不能禁之不運，不若外示和好，
> 內增利權之爲得也。……

同時陳疏也注意到主權的維護：

> 且內地只准通商，不准藉口保護商民，紛調兵隊，駐紮內地，此尤
> 宜預爲訂明者也。〔註128〕

陳疏上奏僅晚前述伍廷芳奏摺一天，其時開放通商的意見，除前述外，又有
給事中張仲炘疏奏：

> 應明降諭旨，宣言中國土地，斷不與人，一切政權，統歸自主，自
> 開口岸通商，各國公沾利益，待人可謂至厚，現商務漸旺，更當推
> 廣利源，所有未開口岸，應請指添數處，如臣前摺所陳，一律開埠
> 設關。〔註129〕

　　翁同龢時任軍機大臣兼任總署大臣，對於當時外而瓜分，內蘊要求變法
的壓力，自有充分的感受。他對於前述廣開口岸的意見，也有所注意，〔註130〕
但起始似乎並沒有特加重視。直到稍後瓜分壓力日益嚴重，特別是旅大租地
交涉畫押前夕，翁對外交局勢徹底絕望，這時他重新檢視以前來自各方，暫
存未辦的條陳，其中當然也包括了上引伍、陳二摺，於是前此的經驗和記憶

〔註128〕同註126。

〔註129〕《清季外交史料》，卷一三〇，頁 1～2。上奏時間清季外交史料作二月初七
　　　　日，翁同龢日記則作正月廿五日。

〔註130〕在膠澳事件時，且曾企圖付諸實行，雖然如此，但當時翁對膠澳開口岸其
　　　　實是抱著懷疑的態度，到了後來開放通商言論大起，他似乎仍是持保留的
　　　　態度，如註129所引張仲炘上奏請大開口岸摺，留中不發，同時伍廷芳、
　　　　陳其璋奏請開放通商的奏摺，則拖延未辦。以上見趙中孚編，《翁同龢日記》
　　　　排印本，（台北，成文出版社，1970 年，下作翁同龢日記），頁 2133、頁
　　　　2135～2137、頁 2152。康有爲則以爲，對於他所提出盡開沿邊各口，與諸
　　　　國通商看法，翁「大以爲然」，惟阻於總署王大臣集議，於是大連灣等之要
　　　　索，自此紛紛，《康南海自編年譜》，頁 4，翁康關係在一八九七年膠澳事
　　　　件後，確有一段親密時期，但是否對盡開沿邊各口這種看法大以爲然，還
　　　　是值得懷疑的。

又獲得連接。〔註131〕稍早之前膠澳交涉的挫折，已導致他備受責難，旅大事件的處理又無法制止列強漁利中國，加上此時光緒帝也逐漸降低對翁的信任，翁既有意對當時外交局勢有所建言，〔註132〕在無計可施下，大開口岸之說不啻其僅有的憑藉。

正月初三日，總署奏准添開岳州、三都澳爲通商口岸。〔註133〕

〔註131〕翁對外交局勢的絕望和當時清廷君臣面對瓜分危機的無力感，在《翁同龢日記》裡有鮮明的記述：

（二月廿六日，……見起三刻餘，力陳旅大許後各國必起，其患即在目前，上意欲與各國商議。

廿七日，……同人議旅大事，迄無主意。

廿九日，……見起三刻，……論俄事良久，命傳李鴻章張蔭桓明日預備召見，已初散。歸檢歷次所留條陳暫存未辦者，凡十九摺五片，又將約稿細細磨對。申正合肥來，待樵野戌正始來，集余齋與仲山相商，帀公皆無策，互相駁詰，空言而已，時事如上，吾其已矣。

三月朔，……見起三刻，……衡量時局，諸臣皆揮涕，是何氣象，負罪深矣。退時慶李張邀談，大約除允行外別無法，至英日法同時將起，更無法也。

初二日，……余等見起三刻，瀝陳現在危迫情形，請作各海口已失想，庶幾策勵力圖自立，旅大事無可回矣。」

以上見《翁同龢日記》，頁2158～2159。

前引伍廷芳、陳其璋等摺早於正月即奏上，卻遲遲沒有呈上給皇帝，一直要拖到閏三月和四月，《清實錄》，卷四百十七，頁3；卷四百十八，頁10。

〔註132〕翁在一八九八年正月至五月之間處於十分不利的局面，最後終於導致其罷黜，蕭公權曾就翁與同僚、兩宮以及康有爲之間的關係，多方探討，參見蕭公權，《翁同龢與戊戌維新》，頁12；頁38～41；頁67～70；頁108～114；頁119～120。

〔註133〕台北中央研究院近代史研究所藏《總理衙門清檔》，01-20，39-（1）福建三都澳開埠案：

本衙門奏稱擬請添設通商口岸，振興商務，恭摺仰祈聖鑒事：

竊查泰西各國首重商務，不惜廣開通商口岸，任令各國通商設關權稅，以收足國足民之效。中國自通商以來，關稅逐漸加增，近來徵至二千餘萬，京協各餉多半取給於此，惟是籌還洋款等項支用，愈繁籌撥，恆苦不給。臣等再四籌維計，維添設通商口岸，藉關利源。查湖南岳州府地方濱臨大江，兵商各船往來其便，將來粵漢鐵路既通，廣東香港百貨皆可由此口運出，實爲湘鄂交界第一要埠，比來湖南風氣漸開，該處又與湖北毗連，洋人爲所習見，若作爲通商口岸，揆之地勢人情，均稱便利；又福建福寧府所屬之三都澳，地界福安寧德兩縣之間，距福州省地陸路二百餘里，爲福州後路門戶，形勢險要，關卡商船亦多會萃於此，臣等公同酌議，如於該兩處添開通商口岸，庶可振興商務，擴充利源，如蒙俞允即由臣等咨行各該省將軍督撫，先將開辦事宜妥籌速辦，再由臣等酌定開辦日期，照會各國駐京使臣，刮飭總稅務

　　次日，翁在總署諸大臣會議時，倡言：「先開各口，先許各國屯船處所，然後定一大和會之約，務使不占中國之地，不侵中國之權，共保東方大局，庶幾開心見誠，一洗各國之疑。」〔註134〕據翁日記云總署其他人「皆不謂然」，也就是不贊同的意思，但似乎也沒有強烈的反對意見，「先開各口」這個沒有辦法中的辦法還是被接受了。初五日，總署又奏准開秦皇島為通商口岸。〔註135〕十日，江督劉坤一以保全為言，上電請求自開吳淞為商埠，〔註136〕十一日，翁於總署力贊其議。〔註137〕十二日，與英使會晤時，翁直言聯各大國立約為大和會，三事為綱，一不占各國之地，一不壞各國商務，一不侵中國政權。〔註138〕縱觀翁同龢在這段時間的對外思想，他的確傾向於以中國對商務的提振措施爭取英國的幫助，而添設口岸、內河准駛小輪〔註139〕等在同時奏准亦並不是偶然的。或許是為了相對於李鴻章的聯俄政策，而找出另一條出路，也或許是著眼於當前外交、內政以及個人政治地位的困境，使得翁同龢這個善於調整觀點的官吏，〔註140〕在這個內外交困的時候，接受了維新派聯英的主張，以及隨之而來開放口岸的建議，並加以一一付諸實施。

　　於是光緒廿四年三月初三日，總署奏准開湖南岳州、福建、三都澳為通商口岸，初五日，開直隸秦皇島為通商口岸。三十日，開江蘇吳淞為商埠。前此的門戶開放思想終至落實為實際的政策。

　　分析光緒二十年至光緒二十四年的門戶開放思想，顯和外人侵略密切相關。維新分子在面對瓜分危機之際，乃提出一些一廂情願的對策，其中之一即是希望以開門通商、借款來滿足列強（特別是英國）的商務利益，康有為的對外思想最能表現言種心態。〔註141〕前述鄭觀應、譚嗣同、盛宣懷、伍廷

　　　　司查照辦理，謹奏。光緒二十四年三月初三日，奉硃批，依議。
〔註134〕《翁同龢日記》，頁 2160，光緒廿四年三月初四日條。其時翁確曾對英國有
　　　　所期望，同日曾使梁誠「囑告英使暗助」。五日晚始了然「英助之說子虛」。
〔註135〕《清季外交史料》，卷一三〇，頁 16a～17a。
〔註136〕北京，第一歷史檔案館藏，《宮中檔》，電報電旨，卷九四，光緒廿四年，三
　　　　月初十日，收劉坤一電。
〔註137〕《翁同龢日記》，頁 2162，3 月 11 日條，翁記敘李鴻章對吳淞開埠和另一事
　　　　不甚措意，而翁則以事機不可待，擬次日請電旨即准。
〔註138〕同上註，3 月 12 日條。
〔註139〕《清季外交史料》，卷一三〇，頁 15b。
〔註140〕蕭公權，《翁同龢與戊戌變法》，頁 12、頁 24。
〔註141〕黃彰健編，《康有為戊戌真奏議》，頁 7～9，代御史陳其璋，「統籌全局，請

芳、陳其璋等人也都是在瓜分危機下建言門戶開放。其中鄭觀應、伍廷芳、陳其璋對開於通商討論尤為深入，並對開放通商有下列共識：1. 採自行開放；2. 可杜絕外人覬覦；3. 可增加稅收；這三點成為此後提倡自開岳州、三都澳重要依據。此外鄭、譚、盛、伍、康等人都只主張開於沿海或沿邊，譚嗣同甚至反對外人勢力進入內地。而觀點出現較晚的陳其璋則明白主張開放內地口岸，這為以後的大開商埠說立下張本，開放範圍的擴大也正和瓜分危機的急迫相對應。

在當日外患急迫之時，以往訂約開埠模式已不能滿足列強需要，租借地對於中國損失又太大，於是自行開埠顯為較實際合理的選擇，或者可以說是沒有辦法中的辦法。

聯英派開門通商的作法雖然不免被批評為理想化，一廂情願，而且當時知識分子對國際外交局勢認識亦不清；但在列強爭相侵略下，中國畢竟只能扮演弱者、被動的角色，終不得不朝門戶開放的路上走。同時維新分子的門戶開放思想，多少也認識到英國門戶開放政策的一面，儘管這認識是片斷，不完全的，但相對於以往的對外態度而言，是要進步多了，也能符合當時中國自保的目的和國際政治趨向均勢的潮流。所以，門戶開放思想及其後產生的自開商埠政策雖然其性質是消極的，但畢竟於列強在華新均勢之下選擇了合理的方式求得自保，而自開商埠政策後來的演變，證明它在保守之中仍有其開創性。

前面談到聯英派的聲勢浩大，可是政權主要還是掌握在聯俄派手中。〔註142〕聯俄派對開放門戶的效用雖表懷疑，但是當面對英國藉談判借款要求添開口岸時，他們卻不以為是難於接受的條件。惟一有異議的是大連灣的開放，因和俄國的利益衝突，等到英俄之間諒解成立，英國便不再堅持。至於其他口岸的開放，經過一段時間的談判，雖然產生一些變化，終究還是添了口岸，而且比英國原來要求的還多。聯俄派希冀苟延殘喘的現實性格，使他們雖然對聯英派開放門戶以聯英的理想型外交觀點不以為然，卻也不表反對。何況自琦善以來，添口勝於割地的觀念，早為歷任外交主持

向美國借款以牽制而策富強摺」、頁 10～13，代麥孟華，「呈請代奏乞力拒俄請眾公保疏」、頁 75～76，代楊深秀，「時局艱危拼瓦合以求瓦裂摺」。
〔註142〕慈禧便是素來主張親俄的代表人物，慈禧的權力是不容置疑的，以上見傅啟學，《中國外交史》上冊，頁 45。

者所認知。在德占膠澳、俄占旅大後，把可能將被要求租借地點開放通商，不失爲事先預防強占的好方法，符合現實利益，於是聯英派的主張竟巧妙的和聯俄派合拍，而獲致實行。中國一方面同意德俄的租借要求，並積極進行旅大租地交涉，一方面又先後宣布開放五個地方爲自開商埠。

最後，外人在這次中國自開三口岸的行動中扮演角色爲何？

俄、德、法等國爭相攘奪租借地，形成了瓜分中國的危，促使中國爲避免其他領土又被租借，乃先開放爲商埠，其刺激與反應間的關係是非常直接的。

在各國爭相設立租借以及勢力範圍時，英國的立場是頗爲尷尬的，最後她決定採取一種修正的門戶開放政策，也就是說英國倡導商業上的門戶開放，而不再強調這個政策的政治上和領土上的涵義。〔註 143〕換句話說，只要各國將所占地方開放，英國並不介意，〔註 144〕而中國自開三口岸的行動正符合英國在華利益。

而這次中國政府自行宣在添開三口岸的舉動，除了和上述英國的商業政策有關聯外，英國公使在和總署談判有關英德續借款問題時，曾要求中國作出種種讓步，包括湖南開放通商口岸。英使在談判時表示，他不堅持宣布這些讓步時需要和這次貸款相關，而可使之像是中國自發的步驟。〔註 145〕這必定對總署大臣們有所影響，後來岳州開埠便是實現英國對湖南開埠的要求，只是它由總署奏准後對外宣布，表面上看來完全是中國自發的行爲。

〔註 143〕王分才，《英國對華外交與門戶開放政策》，（台北，中國學術著作獎助委員會，民國 56 年），頁 60～61、頁 111。

〔註 144〕同上註，頁 114～115。

〔註 145〕*British Parliamentary Papers, China 23, Correspondence respecting foreign Concessions in China 1898～99*（Ireland, Irish University, 1971） No. 20, Sir C. MacDonald to the Marquess of Salisbury. p. 122.

第三章 自開商埠的實踐（一）萌芽時期（1898～1899）

自開商埠的設立，代表清政府採行新的對外政策。然而清政府的態度在百日維新的前後，有很大的轉變，直接影響了自開商埠的推廣。除了清政府之外，當時中國官紳與輿論對自開商埠抱持何種看法？自光緒二十四年～光緒二十五年（1898～1899）設立的自開商埠，其辦理情形又如何？以上皆為本章所希望加以探討的。

第一節 百日維新前後清廷態度的轉變

在總署奏准添開岳州，三都澳、秦皇島為通商口岸後，隨著瓜分危機日益逼近，與變法改革逐漸展開，開放通商的主張也獲得更多的支持。劉坤一早曾主張將膠澳、旅大開放為通商口岸，聞知總署奏准添開三口岸，他即於三月初十日以英國對吳淞懷有野心為由，建議讓吳淞自行開埠。依劉坤一之意，吳淞若能自費築路設捕，當然最好，否則聽任各國雜居，亦遠勝被佔。劉云：

> 前者英將至淞，與沈道縱談時事，即言及吳淞，英欲闢口，屢請未允，詳論利害，頗露鋒棱，以謂深閉固拒，豈能終於自保，此時請於華固必行，即不請亦不可行，語極強橫，該國兵船又藉操兵為由，向借該處操場，冀為屯兵之計，沈道督自強軍，終日操演，遂辭以自用乃止，吳淞為江海咽喉，英之垂涎既久，商又以沙淤為嫌，於此闢口，既順商情，其他又莫能私佔，事機所迫，惟有自佔自著，

節與蔡、沈兩道，一再考究，埠若由我自闢，更能自籌款項，築路設捕，則權自我操縱，或費無所出，仍聽各國自辦，亦較佔踞爲愈，默察情勢，舟山固可慮，而吳淞尤爲切要，欲圖保全淞地，非速自開埠不可，膠旅之事，可爲前鑒。〔註1〕

另詹事府左中允黃思永（按詹事府原係輔佐東宮太子之官，清朝既不立太子，詹事府實已變成翰林院的輔佐機關，左中允是其官銜之一）亦認爲「利可公諸同好，權勿令其旁撓」，乃奏請廣開口岸：

> 以臣愚陋之見，凡在中國可爲通商口岸地方，不俟請立租界，自行
> 照會各國，一律准其通商，有利均沾，有患共禦，照上海租界辦法，
> 與各國明定條約，勿任一國專擅於其間。〔註2〕

湖南巡撫陳寶箴在湖南推行許多新政，此時也呼應劉坤一的意見，力贊遍開口岸，又希望以此作爲談判加稅的基礎：

> 歐洲諸國通例，凡通商口岸，各國均不侵佔，前兵部侍郎郭嵩燾使
> 英時，英外部告以中國旅順爲海濱形勝重地，亟須經營，勿爲他人
> 據此要害，如力有不及，則令各國通商，可免侵佔之患，由今日觀
> 之，是通商之益，轉更足自固藩籬，近日兩江總督劉坤一擬請以吳
> 淞口爲商埠，蓋亦以此，宜請特降諭旨飭下，總理各國事務衙門與
> 各省將軍督撫等會議，各省可以設埠地方，無論何國，悉准通商，
> 惟須查照外國商埠通例，詳定節目，尤不准劃作租界，以保事權，
> 而杜嫌釁，……加稅之法行，每歲必增二千餘萬兩，此實中國元氣
> 所關，富強之本，當以全力注之，但非能爲彼展拓商務，恐無成耳，
> 臣聞此事英曾允商，惟我此時情勢，未敢決其可行，若許以多給口
> 岸，彼利其商務之暢通，必應首允，英允而各國可徐圖矣，在我偏
> 開口岸，不惟損有益，且我所必保之地，而地方有磐石之安，但不
> 可獨令一國專之耳。此籌款之說也。〔註3〕

在同一奏摺的附片裡，陳寶箴更強調須以明降諭旨宣示開辦通商，以減少阻力，且通商之後，主權仍然在我，相關事宜由我委員及稅務司負責辦理：

〔註1〕 中國北京第一歷史檔案館藏，《宮中檔》，電報電旨，卷九四，光緒廿四年三月初十日收劉坤一電。

〔註2〕 《戊戌變法檔案史料》，頁432，上奏時間是光緒廿四年三月廿九日。

〔註3〕 《戊戌變法檔案史料》，頁26～28，上奏時間是光緒廿四年四月廿六日。

再通商口岸，能使各國互相牽制，以共保此地方，中國之人知此義
者，大抵無多，明須明降諭旨，通飭各將軍督撫，出示明白曉諭，
俾官紳士民，皆知爲奉旨通行各省之事，庶不致有疑沮，緣耳目不
習，則難免震驚，聞見常通，則自消疑忌，……若奉旨通飭各省一
體舉行，又於開辦之處，屆時特旬宣示，咸使周知，則人皆曉然於
朝廷慈惠公溥、爲民興利之至意，自當蒸然嚮風矣。

惟自我准令各國通商，當不令一國專利，不許劃作租界，其在我一
切自主之權，皆不容有所侵損，由我委員及稅務司爲之督率稽核。

〔註4〕

對吳淞開埠問題，由於其要旨在防止外人占踞，事機緊迫，經劉坤一電請，
總署又有翁同龢力贊其議，終於很快的付諸實行。〔註5〕

然而，總署在面對來自內外有關廣開口岸的聲浪時，仍然抱著敷衍、保
守的態度，不但否決了陳其璋請開鐵路口岸的建議，〔註6〕在議覆黃思永摺
時，更乾脆把責任推給地方督撫。在立場上，總署認爲「不妨廣設口岸」，也
就是說，總署既不反對，也不鼓勵。〔註7〕

光緒皇帝在四月廿三日下詔更新國是，變法自強後，對於維新的企圖心
越來越強。〔註8〕陳寶箴的奏摺似乎給皇帝很深的印象，他令總署「妥速籌
議具奏」。皇帝的關切似乎給總署很大的壓力，次日總署即針對陳摺回奏。
對於廣開口岸一事，仍然堅持以前的立場，同時對於陳寶箴附片所提在開辦
通商之處特旨宣示，則不表贊同。〔註9〕皇帝對總署的反應顯然並不滿意，
於是在六月廿四日以上諭形式，直接電令沿海沿江沿邊各將軍督撫視各省情
形展拓商埠：

寄沿海沿江沿邊各將軍督撫，奉上諭：歐洲通例凡通商口岸各國均
不侵佔，現當海禁洞開，強鄰環伺，欲圖商務流通隱杜覬覦，惟有

〔註4〕《戊戌變法檔案史料》，頁385，上奏時間是光緒廿四年四月廿六日。
〔註5〕北京第一歷史檔案館藏，《宮中檔》，電報電旨，卷九四，光緒廿四年三月初
十收劉坤一電；《翁同龢日記》，光緒廿四年三月十一日條。
〔註6〕《清實錄》，卷四一六，頁10a。
〔註7〕《清實錄》，卷四一六，頁20b~21a。
〔註8〕一般都將四月廿三日下國是詔視爲百日維新的開始，因爲光緒自此宣布維新
變法的決心。郭廷以，《近代中國史綱》，頁317~318；王栻，《維新運動》，（上
海，人民出版社，1986年），頁314。
〔註9〕《戊戌檔案變法史料》，頁28~33。

廣開口岸之一法。本年三月間，業經准如總理衙門王大臣所奏，將湖南之岳州府，福建之三都澳，直隸之秦皇島開作通商口岸。嗣據該衙門議覆中允黃思永條，陳請各省察看地方情形，廣設口岸，現在尚無成議著沿江、沿海、沿邊各將軍督撫迅就各省地方悉心籌度，如有形勢扼要，商賈輻輳之區，可以推廣口岸，展拓商埠者，即行咨商總理衙門，酌核辦理。惟須詳定節目，不准劃作租界，以均利益而保事權，將此各諭令知之。〔註10〕

這件上諭被視作當時新政改革的一部分，〔註11〕唯其落實則須各將軍督撫配合。然而在百日維新期內，除了已宣布開辦之岳州等四商埠外，各地方督撫反應冷淡。僅江西巡撫德壽回奏該省已開九江口岸；雖有湖口爲交通要道，卻風波險惡，不適開作通商口岸；「其餘各處，察看形勢，未有地處扼要商賈輻輳，可以添開口岸之區」。〔註12〕

　　戊戌政變之後，取消了較爲激進的新政，而溫和的改革仍然持續下來。〔註13〕除了已經開辦之商埠繼續辦理外，十一月又發布一道上諭，以六月所發上諭，各省多未奏到，「着各將軍督撫，從速妥籌辦法，即行奏明辦理」。〔註14〕當時正是政變之後未久，此舉或爲對關心中國門戶開放的國家表示推廣口岸開放通商的政策不變，或許是承認自行開埠爲防止侵略必要的手段。總之，這次上諭無疑是對六月上諭的確認和肯定。然而就整體而言，戊戌變法後的清廷是傾向保守的，對於開放通商的態度也趨向消極（如果光緒此時已被幽囚，則此件上諭必然代表慈禧的意見或至少經過慈禧的同意。），如清廷雖然一面公開宣示，要各省妥籌辦理，但在兩名京官奏請將天生港、三門灣援案自開商埠，而前者又獲得江督劉坤一有限度的支持時，清廷不是置而不問，就是以總署議駁的方式否決。而在已有的通商口岸及其附近，隨著中外人民的接觸日漸頻繁，民教衝突及排外情緒亦隨之昇高，清廷終於孤

〔註10〕　《清季外交史料》，卷一三三，頁 31，6 月 24 日，諭寄沿海沿江沿邊各將軍督撫着展拓商埠電。

〔註11〕　范士華，《戊戌維新——近代中國的一次改革》，（北京，求實出版社，1987 年），頁 123。

〔註12〕　《戊戌變法檔案史料》，頁 436～437，光緒廿四年七月十八日，江西巡撫德壽摺。

〔註13〕　蕭公權，《翁同龢與戊戌維新》，頁 132～134。

〔註14〕　《清實錄》，卷四三四，頁 7。

注一擲，最後爆發了義和團事變和八國聯軍，中國的生存面臨了更嚴苛的考驗。

第二節　其他官紳及輿論的反應

　　光緒廿四年十一月廣開商埠的上諭宣佈之前，廣西巡撫黃槐森便曾奏請以南寧爲中國自設口岸，十二月，總署才表示同意。〔註15〕然而南寧雖然表面上宣布開埠通商，卻因盜匪作亂之故，延期開辦開埠設關事宜。〔註16〕

　　此外，有部分將軍督撫先後回奏表示無通商口岸可以推廣，〔註17〕他們對開設口岸以謀抵制的辦法仍有懷疑。其所持理由或因地區不同而有差異，然可以黑龍江將軍恩澤的意見爲代表：

　　　　……惟有亟力自強，或可漸謀抵制，否則無問口岸不能遽設，即能開設而邊疆形勢迥與內省不同，區區所謂口岸，不過黑子彈丸，亦於全局甚裨益，應請暫緩推廣，俟後商務大興，再行體察情形，隨時奏明辦理，……。〔註18〕

　　京官的意見，常常代表清議或者地方士紳的利益。除了前述黃思永之外，在百日維新期間，有京官對「開通國」表示贊同，但也提出必須仿照日本先行改定刑律禮節，以便收回領事裁判權，如此開通全國，方無流弊。〔註19〕也有人主張在通商口岸設立華商租界，以便利華商。〔註20〕

　　十一月上諭宣布以後，除了地方督撫，也有京官奏請自開商埠。如光緒

〔註15〕《清季外交史料》，卷一三六，頁24～25。總署奏遵議廣西南寧作爲中國自設口岸摺，又據《戊戌檔案史料》，附錄二，本編未選輯檔案史料目錄，黃摺係上於10月28日。《戊戌變法檔案史料》，頁521。

〔註16〕台北中央研究院近史所藏，《外務部檔》，02-13，53-（2），光緒三十一年八月十九日發廣西巡撫咨。

〔註17〕除前述德壽奏摺外，光緒廿五年正月直隸總督裕祿、三月雲貴總督崧蕃、12月黑龍江將軍恩澤均回奏「無可推廣」、「別無可以通商處所」、「請暫緩擴充口岸」，以上見《清實錄》，卷四三八，頁8，卷四四一，頁1；卷四五七，頁17。

〔註18〕北京第一歷史檔案館藏，《軍機處錄副奏摺》，（微捲）外交類，卷四七六，第一號，光緒廿五年五月三十日，恩澤等奏請暫緩在黑龍江地方開設通商口岸。

〔註19〕《戊戌變法檔案史料》，頁41～42，戶部候補主事陶福履片，光緒廿四年七月二十日。

〔註20〕《戊戌變法檔案史料》，頁409，翰林院檢討閻志廉呈，光緒廿四年七月二十九日。

廿五年正月，御史余誠格奏請開通州天生港商埠，以其「於江防最爲扼要，近來該處設立紡紗機廠，製造土貨，物產殷富，商賈輻輳，若援照吳淞、岳州、南寧成案，豫先自開商埠，可以保形勝而清窺伺」。〔註21〕清廷諭劉坤一查奏，劉坤一雖然同意江海關道報告所稱天生港物產不多，商賈又少殷富，開埠經費難籌等否定看法，但卻贊成援例開埠防範外人一節。劉建議在天生港自開商埠，至於經費問題則一俟商務漸興，再於此處設立鎮江關分卡，不致於地方有礙。〔註22〕總署對此事似未有進一步反應，於是便就此擱置。

　　光緒廿五年二月，意大利向中國要求租借浙江三門灣，甚至派軍艦巡弋浙洋，然爲總署拒絕。〔註23〕七月，給事中張嘉祿奏請將三門灣開爲商埠，後經總署議駁。〔註24〕

　　在開放通商政策逐漸形成前後，除了上述伍廷芳、陳其璋、康有爲、張仲炘等人曾經建議清廷大開口岸或內地通商外，另有人加以引申鼓吹，希望說服一般人接受開埠通商的觀念。如熊崇煦撰「中國自救莫如大開通商口岸說」，他指出「今之危局，不迎盜而盜亦至，其禍大，迎盜而盜至，其禍小，善於迎盜而善於處置之，則以盜制盜，而終且無禍。」他並舉大開口岸之六大利要點如下：（一）避免瓜分；（二）挽回利權；（三）增進對新事物如鐵路、輪船、機器等的了解；（四）增加就業機會；（五）藉各省通商，使官智、士智、民智都能漸開，使中外相習；（六）以立商約爲交換利益，達到增加關稅的目的。〔註25〕另外如陳熾，江西瑞金人，以孝廉爲戶部郎中，曾任軍機處章京，曾著有《庸書》，鼓吹變法，又曾參與北京強學會與《時務報》，於戊戌政變翌年，抑鬱而終。他曾撰「大開商埠說」，不但接續陳虬「開新埠」的觀點，並將之擴大，仍以保守主權、增加稅收爲言，但立論較時人切實，甚至提到如何經營商埠，他說：

　　惟有依恰克圖買賣圈及江海各埠租界之式，凡輪舟鐵路電報所通之地及中國土產礦金工藝所萃之區，一律由官提款購買民田，自闢市埠，開渠建屋，而歲課其租金，一切詳細章程，均仿西人工務局成法，現在各埠租界之側，亦一律清釐隙地，興造樓房，正其名曰華

〔註21〕《清實錄》，卷四三八，頁8。
〔註22〕《劉忠誠公（坤一）遺集》，奏疏，卷三○，頁52～53。
〔註23〕傅啓學，《中國外交史》，上冊，頁159。
〔註24〕《清實錄》，卷四四八，頁8～9。
〔註25〕《湘報類纂》，論著甲下，頁42～44。

市，以便華商居止貿易，且免西人託名影射佔地。蓋寬如近日上海
租界，地基蔓延至百里以外，彼以重值餂我愚民，流弊深微，未知
所底，使皆由中國自闢商埠，則此疆彼界，雖欲尺寸侵越而不能。
今通商之地日益多，佔地之謀日益甚，非自闢華市，以清其限，則
官司隔膜，無可稽查，以利誘民，何求不得，然此猶患之小者也。
中國自行建埠，而歲月取租，由內之商部，外之商政局經理其事，
仿周禮司市之制，貢物出入，有數可稽，即可改徵落地稅銀，而盡
撤天下釐金，以蘇民困，按月按季所徵之租課，除設捕修道諸費外，
仍可成裘集腋，上濟度支，東西兩洋各國歲需，皆倚以爲大宗之入
款，則商賈通而民不病，釐捐撤而國不患民貧。〔註26〕

內地通商的議論與作法，在當時報章報導上也獲得迴響，早先在議論大
連灣通商時，《國聞報》即曾指出：

今若將大連灣作爲通商口岸，則以各國安業之商，杜各國覬覦之念，
明與各國一口岸，以興商務，實隱借各國興商務，以固險要，是爲
不費之守。〔註27〕

後來在宣布添設岳州等口岸後，《申報》的一篇論說明白的鼓吹內地通商：

而其中尚有一要端，則在於海禁大開，准各國通商於內地，聞之西
例，凡在通商之地，即作爲各國之所公共，不能任一國據而有之，
遍內地通商，即遍內地皆不能佔據，二十一行省，庶從此可固若金
湯。〔註28〕

同時各報又針對宣布添開各口岸作個別報導，〔註29〕顯見民間輿論對自開商
埠一事多採贊成之態度。

綜觀上述官紳輿論的反應，除了部分將軍督撫對自開商埠的辦法仍有懷
疑外，大致均表贊成。不但如此，更有人多方引申鼓吹，希望說服一般人接
受開埠通商的觀念，陳熾的「大開商埠說」將支持自開商埠的議論發揮到了
極致。此外，同時期報紙對自開商埠作法亦大致表示贊成。

〔註26〕麥仲華輯，《皇朝經世文新編》，卷十上，商政，頁20。
〔註27〕《光緒廿四年中外大事彙記》，論說彙卷首，頁16，正月國聞報，美人論大連
　　　灣通商事。
〔註28〕同上註，論說彙卷首，頁31，3月申報，論外人要求由於從前立約未善。
〔註29〕同上註，論說彙卷首，頁3；交涉彙第四，頁8、頁29、頁34、頁39；交涉
　　　彙四之二、頁22；商業彙，七之二，頁32～33。

第三節　此期自開商埠的辦理情形

　　光緒廿四年三月初三日，總署奏請添開湖南岳州、福建三都澳為通商口岸，〔註30〕三月初五日，又請開直隸秦皇島為通商口岸，〔註31〕此即中國興辦自開商埠之源始。雖然總理衙門的奏摺中仍稱這三處為通商口岸，但是觀察以後的發展，自開商埠和以前的通商口岸確有不同。事實上，中國官方自始即對自開商埠能保存主權有所認知。總稅務司赫德在三月廿四日和四月初八日申呈裡，都曾表示這次添開三處口岸係自開商埠，與約開之通商口岸不同，自主之權，仍存未分，〔註32〕赫德甚至還認為應該設立其他辦法，使二者的區別更為明顯。〔註33〕總理衙門同意他的看法，並且轉告南北洋大臣和相關督撫，〔註34〕而部分督撫在總署宣布前早就主張新開口岸應採自開辦法。〔註35〕三月三十日，以江蘇的吳淞為自開商埠。〔註36〕六月二十四日，約和百日維新開始同時，清廷下令各地方督撫，籌度適當地方，開為商埠。〔註37〕十二月，又宣布南寧為自開商埠。自開商埠成為應付外人通商要求的新模式，但是它的相關原則，設立方式等還需要實際經驗的累積。基本上，從一開始，部分清廷中央官員和地方督撫都能理解自開商埠的優點，一方面可以抵制外人，還能獲得外人好感；一方面又可以保守主權，避免條約束縛。雖然仍不免於消極，但比起以往簽訂條約開放口岸的方式，要進步得多，而自開商埠又與列強在華均勢的形成，息息相關，如與英美門

〔註30〕　台北中央研究院史所藏《總理各國事務衙門清檔》，01-20，30-（1）福建三都澳開埠案（附岳州秦皇島開埠案），光緒廿四年三月初三日。

〔註31〕　同上註，三月初五日。

〔註32〕　同上註，三月廿四日收總稅務司赫德呈；另見《約章成案匯覽》，乙篇，卷七下，卷二二～二四，總稅務司赫議覆岳州三都澳秦王島開埠申文。

〔註33〕　《約章成案匯覽》，乙篇，卷七下，頁23。

〔註34〕　台北中央研究院近史所藏《總理各國事務衙門清檔》，01-20，39-（1）福建三都澳開埠案，光緒廿四年四月十二日發南洋大臣咨，同日發北洋大臣、湖廣總督、閩浙總督、湖南巡撫、福建巡撫文同上。

〔註35〕　如張之洞、劉坤一，他們曾主張開膠澳、大連灣為商埠，見《清季外交史料》，卷一二七，頁36，江督劉坤一奏如將膠澳開作口岸利益均霑各國可互助電；《清季外交史料》，卷一二九，頁2～3，鄂督張之洞致樞垣英借款關繫中華安危請謝絕電。

〔註36〕　郭廷以，《近代中國史事日誌》，頁998。

〔註37〕　《清實錄》，卷四二二，頁9，諭軍機大臣等；《清季外交史料》，卷一三三，頁31，諭寄沿海沿江沿邊各將軍督撫著展拓商埠電。

戶開放政策不謀而合。

以下分別就岳州、三都澳、秦皇島、吳淞等地自開商埠興辦情形加以敘述：

（一）吳淞——位居長江出海口附近，毗連上海，早爲西商所垂涎。同治三年即有洋商在吳淞口租賃地基，甚至侵占砲台，幸虧當時蘇松太道丁日昌固持條約，取消相關租契，收回官地。〔註38〕此後英、日、美、法等國都對吳淞有開關租界野心。〔註39〕在膠澳事件發生後，英國軍艦集結吳淞，以德若不還膠澳，英亦將占吳淞長江等口岸相威脅，〔註40〕於是經劉坤一奏准吳淞自開商埠。〔註41〕經江海關道會同稅司洋員擬定辦理辦法，〔註42〕除了繪圖定界、設官、設巡捕以及諸項工程如籌路、碼頭、橋梁、各局所的規劃外，最重要的是經費的籌措和土地的取得。在經費的預算上，洋員法律官擔文認爲需要總署撥款一百二十萬兩，江海關道將它減到六十萬兩，最後擬請內外分籌，由總署撥銀二十萬至三十萬，其餘三四十萬兩，由籌防善後兩局分籌協撥。可是清末財政支絀，總署此時正爲英德續借款傷腦筋，怎麼可能撥銀？結果由劉坤一咨准總署和戶部議准動撥經費銀三十萬兩，實際上仍是由地方政府自籌，於光緒廿八年完工後再核實報銷。〔註43〕正由於經費困難，直接導致後來吳淞建設乏善可陳。在土地的取得上，據擔文的意見，應先繪圖定界，註明四至八到仿日本襍居場之例，作爲中國通商場（後來吳淞商埠地點參見附圖 3-3-1）。界內先行規劃稅關、局所、分廨、碼頭及馬路用地，其餘地方，任憑各國商民公共居住。〔註44〕以上公共設施用地的取得，如是官地，自然方便，如係民地，則須給價購回。在此之前，已有洋商在此置產，〔註45〕自開奏准後，大批上海華洋商人爭往覓地議購。〔註46〕如盛宣懷當時是鐵路總辦，便以鐵路

〔註38〕溫廷敬編，《丁中丞（日昌）政書》，卷二九，巡滬公牘四，頁 1～10。
〔註39〕席滌塵，〈吳淞自開商埠之經過〉，收入《上海研究資料正集》，（上海，上海通社；台北，文海重印，民國 24 年），頁 85～86。
〔註40〕《清季外交史料》，卷一二七，頁 33。
〔註41〕《劉忠誠公（坤一）遺集》，奏疏，卷二八，頁 29，吳淞新開商埠倣照滬界辦理片，按上引劉片未標日期，吳淞開埠在 3 月 30 日，見註 7。
〔註42〕《約章成案匯覽》，乙篇，卷七上，開埠門開埠類，頁 7～20。
〔註43〕《光緒朝宮中檔》，卷一八，頁 400，光緒廿九年九月二十二日，魏光燾奏。至於自籌方式，土地投機可能是最直接可行的。
〔註44〕《約章成案匯覽》，乙篇，卷七上，開埠門開埠類，頁 11～12。
〔註45〕同上註，頁 11。
〔註46〕《劉忠誠公遺集》，奏疏卷三一，頁 33。

總公司名義圈用官灘民地，除了鐵路預備用地外，更實際的目地是土地投機，〔註 47〕有人甚至認爲吳淞開埠是經過盛宣懷力請，因爲盛早於吳淞購有地產甚多。〔註 48〕後來官方爲了抑止或者參與土地投機，將所能掌握土地，勘丈分爲四等擬價，密託商人出名認領，設立興利、恆源兩公司，經理土地，並藉此防止洋商壟斷，形成變相租界。〔註 49〕

　　（二）岳州──岳州位於湖南的東北角，爲邊緣地帶。英人原希望開放湘潭，以湖南士紳反對，乃改開岳州以替代。〔註 50〕光緒廿四年三月總署奏准開放岳州後，日領事要求岳州設日本專界，〔註 51〕湖廣總督張之洞則敷衍，漫言一體均霑，由總署核定。〔註 52〕總署注意到赫德對興辦自開商埠意見，以及劉坤一的贊同後，〔註 53〕乃分咨各省，表示自開口岸與各國所請有別，不能照通商租界辦法，〔註 54〕自此決定不開租界。五月，英領事又以沙案催開岳州口岸，〔註 55〕張之洞藉口岳州係奉旨自開通商口岸，和沙案無關，「另文告知開埠，作爲我自行定期」。〔註 56〕

〔註 47〕 當時官方收回土地，每畝給銀五十兩至二百兩，而官灘時價已達三千兩。當時鐵路總公司圈定官灘九十一畝，民地面積不詳，官灘部份直到光緒廿八年仍未撥歸鐵路使用，民地部份購買面積、金額、使用情形均不詳。不過這次吳淞購地，並未咨請戶部撥款，圈用民地甚多，並非全是爲了作爲鐵路預備用地，其圈地的用心，不問可知。同註 45，頁 11、16～17、19；朱壽朋，《十二朝東華錄》，光緒朝，頁 4921，光緒廿八年九月庚辰，盛宣懷奏。
〔註 48〕 倚劍生，《光緒廿四年中外大事彙記》，（廣州，廣智報局，光緒廿四年，台北，華文影印本），交涉彙第四，頁 34。
〔註 49〕 《劉忠誠公遺集》，奏疏卷三一，頁 33，吳淞官地官地暫設公司召售摺，光緒廿五年七月十八日。
〔註 50〕 張朋園，《中國現代化的區域研究，湖南省（1860～1916），頁 110。
〔註 51〕 《張文襄公全集》，卷一五五，電牘三十四，頁 24，光緒廿四年四月初九日，總署來電。
〔註 52〕 同上註，卷一五五，電牘三十四，頁 32，光緒廿四年四月廿六日，致總署。
〔註 53〕 同上註，卷一五五，電牘三十四，頁 33，光緒廿四年四月廿日，總署來電；又四月廿八日，總署來電。《約章成案匯覽》，乙篇，卷七下，頁 22～24，總稅務司赫議覆岳州三都澳秦王島開埠申文。
〔註 54〕 台北中央研究院史所藏《總理各國事務衙門清檔》，01-20，39-（1）福建三都澳開埠案，光緒廿四年四月十二日發南洋大臣咨，又咨北洋大臣、湖廣總督、湖南巡撫、閩浙總督、福建將軍。
〔註 55〕 《張文襄公文集》，卷一五五，電牘三十四，頁 35，光緒廿四年四月廿七日，致長沙陳撫台。
〔註 56〕 《張文襄公全集》，卷一五六，電牘三十五，頁 20，光緒廿四年六月十九日，致總署。

附圖 3-3-1：吳淞地圖

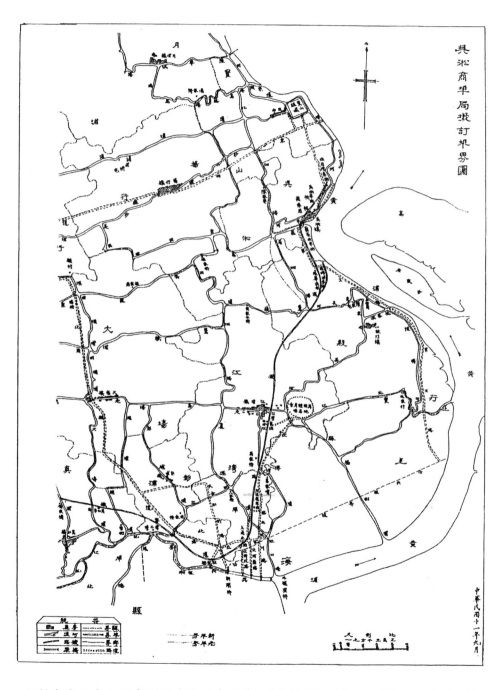

取材自台北中央研究院近代史研究所藏，《外交部檔案》，03-17，11-（1），淞滬開埠案。該圖係民國十一年（1922）繪製。

　　岳州開埠，在兩湖從無先例，欠缺經費和人才，張之洞主張選派官紳赴上海、寧波，考究開埠設通商場事宜。〔註 57〕自太平天國亂後，湖南財政即一片紊亂，甲午之後，支出再度增加，現在又要籌款開埠，湘撫俞廉三向張之洞求援。張建議奏明指撥關稅或請撥他省款，〔註 58〕最後上奏請撥二十五萬兩，作爲營造經費。〔註 59〕除此之外，可能由吳淞經驗得到借鏡，張之洞也提出官方經營土地投機的籌款方法：「又思有一策，將來以可籌款若干，岳州將來開埠之處，此時地價不甚昂，若飭岳州府迅速將可開埠之北倉一帶地方，廣爲圈出，北倉沿江地雖不廣，後係小阜民田，似均可用，出示嚴禁民間買賣，不許稅契，俟勘定通商場後，由官籌款，將地全行以平價購買，將來商務興盛，地價騰踊，自能獲利，此上海所謂買地皮也。即使無厚利，亦可將砌礮岸築馬路一切工程費用，攤入地價內轉售商人。」〔註 60〕爲了避免像吳淞開埠一樣引起華洋商人爭相購地，哄抬地價，他主張及早飭府縣出示嚴禁轉售。〔註 61〕關於商埠地點的選擇，最早擬定岳州府北門外舊漕倉一帶，〔註 62〕因爲岳州城外有礁石，北門外有墳墓，不便行舟設關，後來改至離城

〔註 57〕　《張文襄公全集》，卷一五七，電牘三十六，光緒廿四年十二月初五日，致長沙俞撫台。主要是爲了學習吳淞經驗，此外，寧波通商場章程，係自設巡捕修道路，亦可觀摩。

〔註 58〕　《張文襄公全集》，卷一五八，電牘三十七，頁 2～3，光緒廿年正月十三日，致長沙俞撫台。

〔註 59〕　《清實錄》，卷四四五，頁 4，光緒廿五年五月乙丑。

〔註 60〕　同註 58。

〔註 61〕　同上註。

〔註 62〕　台北中央研究院近大所藏，《總理各國事務衙門清檔》，（01-20，39-（2）），湖南岳州開埠案，光緒廿五年正月廿八日收湖南巡撫咨呈。關於地點勘察情形，原文如下：

　　竊查岳州爲湘省門戶，上接沅澧，下達荊鄂，洵屬形勝之區，惟地處下游，洲渚低窪，編考東南西三面，或狹難開大鎮，或水淺不容鉅舠，實無合宜之處，惟邵城北門外，自城根起至下水鱉於止，鳥道約一百五十丈，人行路約二里有奇，地勢開敞，其中如漕倉舊址，可以修築碼頭，洪山寺可以修造棧房，鱉卡上首可設稅關，北門內外可建道署及釐局公所之類，再有不敷，非但洪山寺內尚可展寬，即鱉卡以下，略將堤岸加高培厚，可接至城陵磯一帶，約十餘里而遙，中間有數處，水深數丈，可以停泊輪舟，下游紅山嘴橫鎖江心，以之駐紮防營，大爲扼要，所有北門外地基半係公所，洪山寺以至城陵磯全係民居，道路犖确，尚須平治，堤岸欹側，極宜境築，購價工資，亦屬不小，此地段之大概情形也……。

稍遠的城陵磯，〔註63〕由圖 3-3-2 我們可以觀察商埠的地理位置。張之洞原本便嫌北門外不夠寬廣，〔註64〕對於這項更動，則表示贊成：「從來設埠通商之地，必須離城較遠，城陵磯設埠，其利有三，一距城遠則不能撓我政治，地方事免彼干預，盜匪痞徒不至藉洋場爲逋逃藪，致難緝拏；二通商後城外必立營壘，修礮台，埠遠則可自主防禦攻擊，一切惟我欲爲，近則華洋雜糅，多所牽制，不便設施，如武昌漢口即受此弊，無可救藥，岳州爲湖南門戶，豈可不守；三距城既遠，地寬價賤，將來商埠繁盛，地價大漲，或官購民購商購，均有利益可圖。」〔註65〕此外，爲了怕岳州開關，影響湖南釐金收入，光緒二十五年十月護湘撫錫良上奏，請將岳州關所收內港輪船子口稅，撥歸湖南省釐金局。〔註66〕由附圖 3-3-3 我們可以發現釐金局是最先完成的建築，且毗鄰稅關和碼頭，〔註67〕這也可以說明釐金對地方政府財政的重要。

（三）三都澳——位於福州以北的三沙灣內。在光緒二十四年前後，屢有德、英等國軍前往測量。〔註68〕光緒二十四年三月初三日宣布自開後，六月，福州將軍增祺咨復總理衙門，報告初步勘察結果，並擔心唯一可大量出口的茶，開港後若直接由三都澳出口，將影響內地釐金的徵收。〔註69〕光緒二十五年三月廿九日開港通商。閩浙總督許應騤於四月上摺說明辦理情形及其計畫，〔註70〕大致如下：

一、定界限：採福州稅務司的意見，除三都島開通口岸外，其餘如白犬、馬祖諸島，凡四面環水，與內地不相連者，即爲通商口岸，有一面依岸與內地相通者，即爲內地，以清界址。

〔註63〕《張文襄公文集》，卷一五八，電牘三十七，頁 29～30，光緒廿五年四月廿三日，致長沙俞撫台。

〔註64〕同上註，卷一五七，電牘三十六，頁 29。光緒廿四年十二月初五日，致長沙俞撫台。北門外地基半係公所，徵收較爲困難，可能也是原因之一。

〔註65〕同註 63。

〔註66〕錫良，《錫清弼制軍奏稿》，收入《近代中國史料叢刊》，續編，第 101 輯，台北文海，頁 13～14。

〔註67〕《清國事情》，第二輯，（日本外務省通商局編纂，明治四十年十一月發行），頁 381。

〔註68〕《光緒廿四年中外大事彙記》，論說彙卷首，頁 3，記三沙灣形勢。

〔註69〕台北中央研究院近史所藏《總理各國事務衙門清檔》，01-20，39-（1）福建三都澳開埠案，光緒廿四年六月初二日福州將軍增等文。

〔註70〕同上註，光緒廿五年四月十五日軍機處交出許應騤抄摺。

附圖 3-3-2：岳州地圖

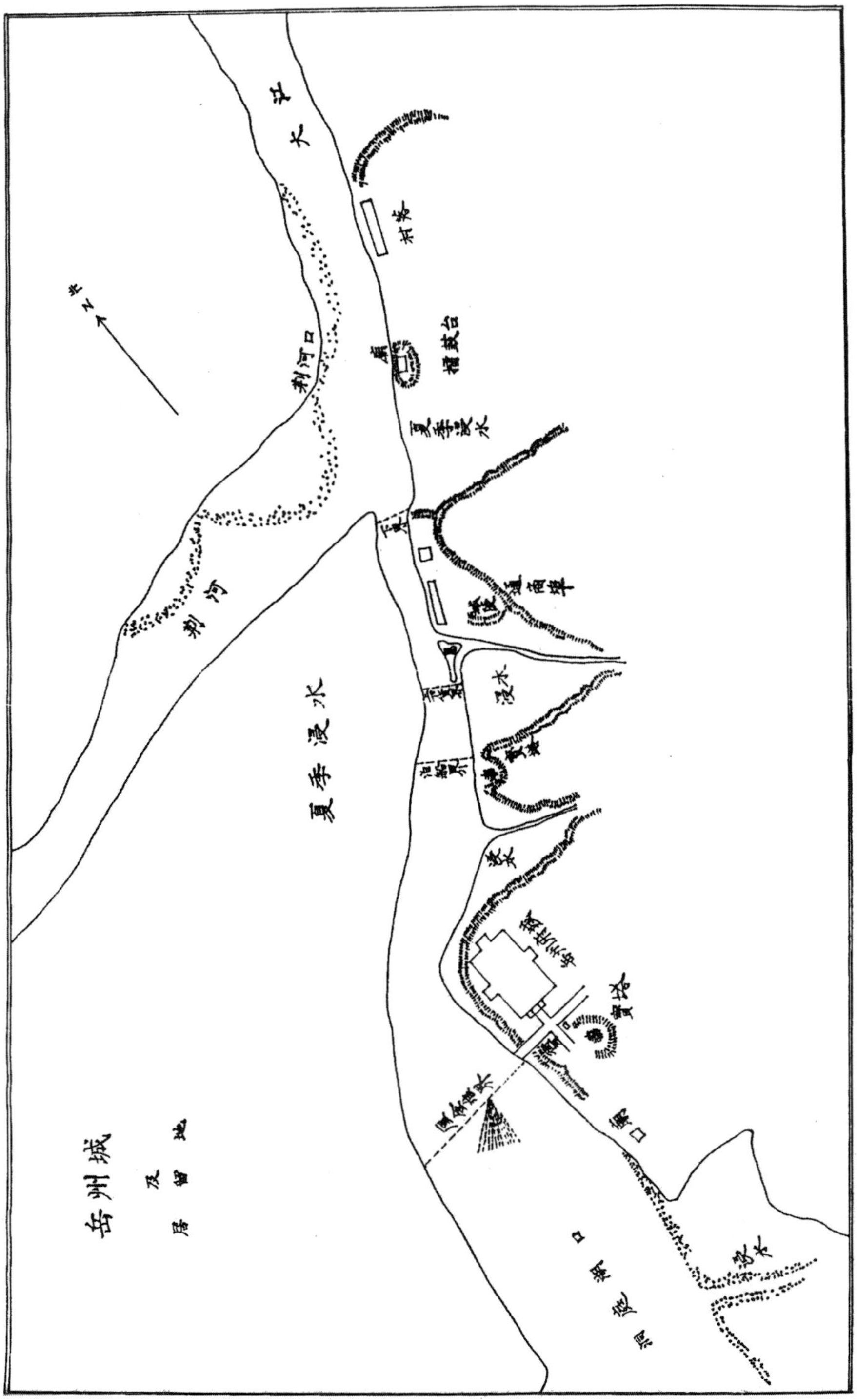

取材自《清國事情》第二輯，頁 230～231。按該圖估計當爲光緒二十五年（1899）至光緒二十六年（1900）。

附圖 3-3-3：岳州商埠地圖

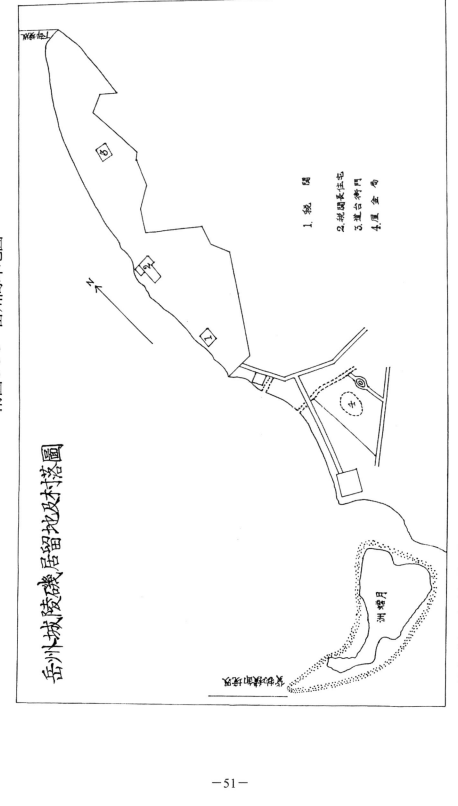

岳州城陵磯居留地及村落圖

1. 稅　關
2. 稅關長住宅
3. 道台衙門
4. 厘金局

取材自《清國事情》第二輯，頁 380～381。按該圖製作時間係光緒二十五年（1899）至光緒二十六年（1900）。

二、設官：將泉州府蚶江通判移駐福寧府三都地方，改為海防同知，武職以駐寧德之福寧右營游擊移駐。

三、工程：勘定稅關、文武衙門、茶葉屯棧建造地址，所有費用，稅關建造需二萬五千兩，在洋稅項下動支開辦，衙署屯棧則由藩司於地丁項下撥銀一萬兩領用。

四、添局卡：添設六處局卡以保障釐金的徵收。〔註71〕

五、定章程：除原有海關業務，由稅務司負責辦理外，預定開埠後有關修築塘堤、建造馬路、添設巡捕等公共建設，屆時另設專局辦理，經費來源則以僑寓該島華洋商人攤派。

此外，增祺、許應騤又曾先後建議於三都地方的馬祖島建造船塢、礮台。〔註72〕許應騤上奏，時值光緒帝親政，硃批：「該衙門議奏，單併發，欽此。」總理衙門行文吏、戶、禮、兵、工等部，由吏部主稿，會同各部及總署，經過將近三個月斟酌，於七月上奏表明各部對三都澳辦理開埠的意見，〔註73〕大體承認許應騤的處置。經費部分，不得不追認許應騤動用原屬中央稅收的洋稅、地丁稅；准許添設局卡，徵收釐金，但聲明添設局卡所需費用，不得在正款也就是中央稅收入動支。至於建造船塢，則以海軍尚未擴充、庫款支絀為由擱置。〔註74〕三都澳開埠至此規格粗具，由一些史料觀察，以後三都澳曾成立工程局，其組織大約類似上海之工部局。〔註75〕同時，三都澳也徵收碼頭捐作為碼頭等公共建設經費，外人雖曾循外交途徑對這項稅捐表示反

〔註71〕 這六處分別是三都島附近之白石、飛鸞、鹽田、碗窰、寧德、八都等六處。同上註。

〔註72〕 《清實錄》，卷四四一，頁8；卷四四九，頁11。

〔註73〕 台北中央研究院近史所藏《總理各國事務衙門清檔》，01-20，39-（1）福建三都澳開埠案，光緒廿五年七月初九日吏部文，按本文照錄吏部原奏，此摺係吏部主稿，會同總署、戶、禮、兵、工等部，可視為清廷中央各部對三都澳辦理開埠的意見，可知此時開埠事務牽涉較前廣泛，已非總署可以獨自處理。

〔註74〕 同註72。

〔註75〕 《清季外交史料》，卷一六九，頁1，福州將軍崇善閩督許應騤致外部三都係自開口岸有收碼頭捐之權電，電文中提及各國領事可充作工程局董，中國與各領事平權會辦，由此可反證至少在光緒廿九年以後，三都澳有工程局，類似上海工部局有董事會組織。參考其他史料，得知直到一九一七年，幾乎沒有外商在三都澳設行，往來外人多係傳教士，因此我們可以推論如果三都澳有所謂工程局設置，該局必定是完全自主，不受外人干預，參見《中華民國海關貿易總冊》，（民國71年國史館重印），一九○三、一九○四年分；E. H. Parker, *China her history, diplomacy, and commerse,（1917 London）*, p.156。

對，〔註76〕總署以碼頭捐專爲碼頭等工程用途，與稅則無關，終於獲得各國同意。〔註77〕光緒廿九年英使請廢三都澳碼頭捐，福州將軍崇善、閩督許應騤則認爲三都澳係自開口岸，有收碼頭捐的自主權。〔註78〕這項碼頭捐的存廢如何，不得而知，值得注意的是清廷中央和地方督撫，漸知以自開商埠爲起點，學習外人經營租界方式，如組織形式、參與公共建設，並以碼頭捐作爲維持公共建設的經費。

（四）秦皇島——即習稱秦王島，位於北緯三十九度五十五分，東經一百一十九度三十八分。港灣水深，終年不凍，地點適中，被視爲華北最良海灣。〔註79〕在旅大、膠州相繼被侵占時（光緒廿三年），直隸總督王文韶以秦皇島爲人覬覦，乃命開平礦務局總辦張翼會同天津稅務司賀璧理（A. E. Hippisley）察看海濱地勢，張認爲秦皇島可用，乃開始購買地畝，自此建立開平局在秦皇島基礎。〔註80〕光緒廿四年宣布秦皇島爲自開商埠後，張翼遂決意積極經營，承擔建築碼頭工程等事，並圈地四萬一千二百二十七畝有奇，作爲各項用途。〔註81〕此後，隨著開平礦權喪失，秦皇島也失去他自開商埠的意義，關於開平礦權喪失過程，王璽先生在《中英開平礦權交涉》中曾加以討論，〔註82〕此處只擬對秦皇島辦理情形加以敘述，以與上述諸商埠相對照。

光緒廿四年三月初五日，總署宣布秦皇島自開爲通商口岸。四月，美公使要求將秦皇島通商地界往內推展三里；總稅務司赫德以爲可以照允，但爲了保守主權，赫德提出設工部局、會訊公所等措施。〔註83〕負責辦理的津海

〔註76〕台北中央研究院史所藏《總理各國事務衙門清檔》，01-20，39-（1）福建三都澳開埠案，光緒廿五年十月初二日，日國（按即西班牙）公使葛照會。西班牙公使是以公使團領袖身分，對三都澳徵收百分之二碼頭捐表示異議，認爲非經各國公使同意，中國不得任意加稅。

〔註77〕同上註，光緒廿五年十月十一日給日國公使葛照會；同年十一月廿七日日國公使葛照會。

〔註78〕《清季外交史料》，卷一六九，頁1。

〔註79〕王璽，《中英開平礦權交涉》，（台北，中研院近史所，民國51年），頁41。

〔註80〕《清季外交史料》，卷一四〇，頁7，路礦督辦張翼奏查明秦皇島接修鐵路謹擬辦法摺。

〔註81〕《河北礦務彙刊》，（河北省礦務整理委員會編印，民國19年9月），頁97，北洋大臣直隸總督裕祿奏摺。

〔註82〕王璽，《中英開平礦權交涉》，頁40～76，第三章，開平礦權之喪失。

〔註83〕《約章成案匯覽》，乙篇，卷七下，頁22～24。總稅務司赫議覆岳州三都澳秦

關稅務司賀璧理，已於二月廿九日會同北洋大臣裕祿所派修選道王修植勘察地勢，在接到赫德四月十五日箚文後，回文報告辦理計畫。在擬定界限方面，賀認只須向內推展二里，至於建設碼頭地點，賀勘察到金山嘴、秦皇島二處，以金山嘴已有俄教士建造教堂，乃定於秦皇島以西設立碼頭。〔註 84〕而張翼基於前此開平局在秦皇島基礎，積極介入秦皇島的經營，終至壟斷自秦皇島沿海至尺頭山約長二十餘里地歟。〔註 85〕英使雖曾對這種壟斷情形表示異議，總署終以自開通商口岸情形不同爲詞，認爲所有開平局預定地段，除建造碼頭及各項公用外，如有各國商民情願價買，即由開平局設立公司，經手代辦。〔註 86〕開平局雖然成功的取得秦皇島經辦權，但卻缺乏足夠資本來經營，勢必要吸收外資，後來終因添招洋股，在庚子拳亂後，開平局改爲中外合辦公司，淪入外人控制。〔註87〕

就光緒廿四年（1898）第一批自開商埠（岳州、三都澳、秦皇島、吳淞、南寧）加以分析，我們可以發現以下五點：

（一）都是基於政治考慮而開。岳州是爲代替英人要索湘潭而開；三都澳則以德、英垂涎；開秦皇島是爲了平衡俄強租旅大後渤海灣的局勢；開吳淞則是爲了避免英、日等國擴充租界；南寧是應英、法的要求。以上五個自開商埠的開放，或多或少都與英國利益相關，此外，它們都是爲了避免外人覬覦而自行開放，其政治目的遠高於其商務目的。

（二）開放程序都經過中央上諭宣布自行開放。岳州是湘撫在湖南士紳壓力下，向總署建議改開；吳淞是江督劉坤一奏准總署自行開放。但無論如何，自開商埠都必須經過總署並獲得皇帝同意，這個程序在往後都沒有變更，不過中央主管機關由總署而外務部而外交部。在清末改革官制後，由於自開商埠牽涉事務繁雜，內務部、農工商部、度支部乃至民國後的財政部都會接觸與自開商埠相關的事務。

（三）開放地點除了南寧之外，都在沿海沿江（參見附圖 3-3-4）。這和前述大多數門戶開放論者主張相符合，主要是爲了避免外人勢力進入內地。南

王島添開通商口岸文。

〔註84〕 《河北礦務彙刊》，頁 91～94，津海稅務司賀璧理申呈秦王島添開通商口岸文。

〔註85〕 同上註，頁 94～95，監督天津新鈔兩關辦理直隸通商事務兼海防兵備道李照會美國領事官若文，光緒廿四年十二月十四日。

〔註86〕 同上註，頁 95～96，總理衙門照復英艾使文，光緒廿五年二月廿四日。

〔註87〕 參見王璽，《中英開平礦權交涉》，頁 42～76。

寧雖在光緒廿四年宣布自行開放，但中國政府始終以民變為藉口，直到三十一年才開始開辦，所以實際開辦的四個商埠全都位於沿海沿江。

附圖 3-3-4：1898～1899 年中國自開商埠圖

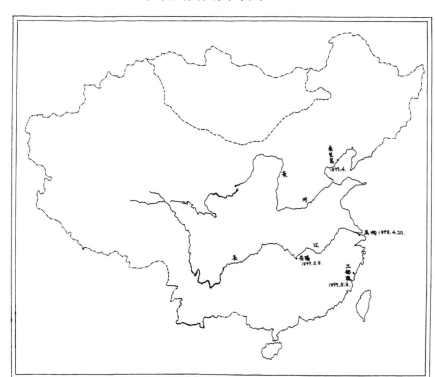

（四）都是官辦。開放雖由中央宣布，辦理則由地方督撫負責。除了設官、添設稅關局卡外，一應相關建設都須要籌款；在清末財政困窘的情形下，中央撥款完全不可能，地方督撫乃由洋稅、地丁等處挪借，再有不足，只好將劃定通商場界內土地嚴禁買賣，由官方以平價取得，再轉租華洋商人。這種官方從事土地投機的籌款方式，以吳淞最早，甚至還設立公司來經手，後來岳州也學習這種經營方式。招商局在秦皇島購置地畝，然而這種官方介入方式並未解決開埠經費的困難。可能是官辦本身的問題，如政治顧慮或官商勾結，使得這些自開商埠的建設與發展遲滯不前，直接間接的影響它們開埠後的貿易發展。

（五）開埠後貿易不如預期興旺，海關稅收收成長有限。這是由於這些商埠地理形勢的限制，原本商業基礎薄弱，如三都澳僅以茶為出口大宗，而

直接出口數量有限，大部分仍須轉運福州；又如秦皇島僅有煤堪爲出口主要
貨物。其次，周圍已經有經營多年的通商口岸如上海、天津、漢口、福州。
因此，光緒二十四年（1898）所開的第一批自開商埠，大多只能擔任對外貿
易和國內貿易的轉運站，根本無力與原有的通商口岸互相競爭。而資金、人
才的缺乏，官紳認識不清，亦直接影響這些自開商埠的發展。

第四章　自開商埠的實踐（二）轉變時期（1900～1904）

　　義和團事變是清廷、守舊士大夫以及民眾等因積怨而釀成的排外事件，最後徹底的失敗，其造成的影響包括民族信心喪失與民族地位的低落，而因之訂立的辛丑條約更使中國損失慘重。〔註1〕

　　但從另一個角度來看，義和團事變後中國被瓜分的危機卻逐漸趨於緩和。這可以由兩方面來談，首先，從國際背景分析，因列強在華的競爭趨於激化，對立的陣營逐漸形成，由於彼此之間利益的矛盾，使得列強傾向採取保全中國的政策。論者謂此乃利用清廷爲傀儡，滿足各自的需求。〔註2〕從光緒二十五年（1899）美國第一次門戶開放宣言，到光緒二十六年（1900）第二次通牒，以及一九〇〇年英德協定的締結和各國的接受，在在顯示門戶開放主義由形成至發展，並且爲各國接受爲一種原則上的共識。〔註3〕其次，在經歷義和團事變後，中國民氣的堅強使得外人對瓜分中國的觀念逐漸消失。〔註4〕

　　自光緒二十六年（1900）始，列強在華的競爭逐漸分爲對立的兩大陣營，一方面是俄、法；一方面是英、美、日，德國則依違其間。此對立的情勢因光緒二十八年（1902）英日同盟的成立而更爲顯著。同時俄國自光緒二十六年

〔註1〕傅啓學，《中國外交史》，上冊，頁180。

〔註2〕郭廷以，《近代中國史綱》，頁350；王紹坊，《中國外交史》，頁313。

〔註3〕即便光緒二十六年（1900）已進兵東北的俄國，也不得不對外表示其無瓜分中國的任何企圖。關於門戶開放政策的演變與英德協約的締結及各國的態度，參見王曾才，《英國對華外外與門戶開放政策》，頁117～200。

〔註4〕傅啓學，《中國外交史》，上冊，頁180～182。

（1900）進軍中國東北，此後不但遲遲不撤兵，且更進一步壓迫中國，而這與日本的大陸政策有直接衝突，﹝註5﹞終於導致光緒三十年（1904）日俄戰爭爆發。

清廷被八國聯軍擊敗後，慈禧為獻媚外人而於光緒二十七年（1901）以光緒的名義頒布變法詔。同年七月張之洞、劉坤一又上變法三摺，決定了光緒二十七年（1901）後改革的方向。不過這次改革後來被認為是失敗的，直到日俄戰爭始帶給中國更大的刺激與啟發。﹝註6﹞

在光緒二十六年到光緒三十一年（1900～1905）間，清廷面對的外交困境，除了辛丑和約的簽訂外，便是因俄國佔領東北所引發的一連串糾紛甚至戰爭，東北問題遂逐漸引起清廷朝野的重視。此外，辛丑和約中有關中外商約修訂的條款，也使外人提出許多新的要求，其中包括新口岸的開放。面對外人勢力的逐漸侵入，部分地方督撫不惜請求將一些地方自行開作商埠，其中甚至包括省會，以及從前中國強烈抵制外人通商的地點，作為抵制外人勢力侵入內地的對應方法。

第一節　扼阻俄約與東三省開放通商論

在庚子拳亂期間，東北也發生排外風潮，在宣戰上諭發布後，義和團在各處燒教堂、拆鐵路、殺教民，部份地方官間有附和。俄國於是大舉出兵，三個月之內，便完全攻佔了東三省。俄軍佔領東北後，欲使其對東三省之控制合法化，乃於光緒廿六年九月十八日（1900年11月9日）簽訂增阿奉天交地暫且協定。﹝註7﹞消息傳出，引起其他列強及南方各地方督撫的關切，清廷否認此一協定，以駐俄公使楊儒為代表，在俄京商談東三省撤兵事宜，至同年十二月三十日（1901年2月18日），俄外部提出十二條草約。﹝註8﹞莫約內

﹝註5﹞ 日本對滿洲的侵略野心有其歷史性與必然性因素，甲午戰後雖然遭受三國干涉還遼的挫折，卻並未放棄對滿洲的經營。其後英日同盟的成立，即是日本對滿洲積極政策的結果，同時也使其此後有憑藉得以有效推展此種積極政策，日俄戰爭便是在這樣的背景下發生。關於日本甲午戰後至日俄戰爭的對滿政策，參見陳豐祥，〈近代日本大陸政策之研究──以滿洲為中心〉國立臺灣師範大學歷史研究所博士論文，頁85～132。

﹝註6﹞ 古偉瀛，《清廷的立憲運動（1905～1911）──處理變局的最後抉擇》（台北，知音出版社，民國78年），頁12～14。郭廷以，前引書，頁362～364。

﹝註7﹞ 佚名編，《楊儒庚辛存稿》，頁76～77。

﹝註8﹞ 同上註，頁78～80。

容較增阿協定更變本加利，不但東三省置於俄國控制，中國對蒙古、新疆亦喪失自主之權，故俄約提出後中外譁然。〔註9〕各國向中國提出警告，不可簽訂此項草約，然而卻又不肯提出具體對策。〔註10〕

在庚子拳亂期間，清廷偏處西北，南方自東南互保以來，政治地位提高，劉坤一、張之洞等疆吏在外交影響力上已可與北京議和的李鴻章、慶親王奕劻相抗衡。李國祁先生認為此時中國的外交重心是雙元的，亦即一方是李鴻章等的親俄，另一方張之洞、劉坤一則是英、日意見的代言人，清廷中樞則游移不定，時受這兩力所影響。〔註11〕

如上節所述，在膠澳事件時，張之洞、劉坤一便傾向聯英。後來劉坤一曾主動奏請自開吳淞為商埠，張之洞在也曾籌辦岳州開埠時，兩人都明白「自開口岸較勝於聽命他人」〔註12〕的道理。其後庚子拳亂爆發，張之洞以免除口實、利用均勢兩大原則與盛宣懷、劉坤一攜手促進東南互保，這可說是均勢思想在外交上的應用，同時也響應了美國的門戶開放政策。〔註13〕

所謂均勢政策即利用多國彼此互相箝制，在中國外交思想上具有舉足輕重的地位。在西方東漸以後，均勢思想內涵已有所轉化，產生了外交上兩種主張，一是將合縱連橫的思想應用於當代，如主張聯英日以抗強俄；一是認為在列強競相向外擴張之際，於同一地區的利益糾葛往往牽一髮而動全身，而小國、弱國遂可因均勢的運用而不為強國所吞併，如土耳其之不被俄國併吞，即在於英俄等國的勢均力敵。論者認為甲午戰前主張在藩屬執行這種均勢政策的知識分子為數不少，實際上李鴻章的對韓外交政策，曾紀澤投一羊以鬥眾虎的越南政策即有相仿的用意。〔註14〕

張之洞自膠澳事件以後，在思想上發生了很大的轉變，從主張利用以夷制夷，積極地爭取外交上的主動，而變為消極地謀求藉列強間相持不下的均勢，以達成中國苟延殘喘的自保，並具體表現在倡導東南自保，以及稍後倡導東三省開門通商的外交思考上。〔註15〕且在主張東三省開門通商之前，張

〔註 9〕 李國祁，《張之洞的外交政策》，頁 288～290。
〔註 10〕 李國祁，前引書，頁 290～291；傅啟學，《中國外交史》，上冊，頁 188～290。
〔註 11〕 李國祁，前引書，頁 320～321。
〔註 12〕 《張文襄公全集》，卷二一八，書札五，頁 13a，與俞廙軒。
〔註 13〕 李國祁，前引書，頁 136～137、173～175。同時盛宣懷也有相仿均勢思想，李國祁，前引書，頁 135。
〔註 14〕 同上註，頁 127～135。
〔註 15〕 同上註，頁 126。

之洞已先奏請將武昌作為自開口岸。

當光緒廿六年（1900）中外北京議和談判展開前後，張之洞於十月初一日電奏，請將武昌省城十里外沿江地方作為自開口岸。他提出理由如下：（1）各國預議條款內有內地任便通商一條，勢在必行，武昌是粵漢鐵路終點，將來必定定首先開放通商。（2）省城設立租界有其妨礙，岳州自開口岸的模式，正好可以解決這個困境。因為依照岳州章程，「名通商不名租界，自設巡捕，地方歸我管轄，租價甚優，年年繳租，各口所無」；況且三年前曾有上諭令各省地方查明可開口岸地方奏辦。至此清廷立即表示同意。〔註16〕

光緒廿六年十二月三十日（1901 年 2 月 18 日），俄外部將有關東三省十二條草約送交中國駐俄公使楊儒，中外為之譁然。英、日、德、美等國向中國施加壓力，勸中國不可單獨與俄訂約，另一方面卻又不肯提供切實保證。而中國政府內部也為是否簽訂俄約問題分為兩派，李鴻章、慶親王奕劻、楊儒等主張早日與俄簽約，以免事態趨於複雜，而以張之洞、劉坤一為首擁護東南自保的疆臣則認為一旦簽約，不但東三省屬俄，列強效尤，中國立刻面臨瓜分，〔註17〕於是紛紛主張拒簽俄約。〔註18〕

由於英、日各國的抗議及張之洞等的反對，清廷態度轉趨強硬，堅持刪改俄約。俄國也在英、日各國質問下，於光緒廿七年正月廿三日（1901 年 3 月 13 日）照會楊儒刪改草約，但聲明不得再行刪改一字，限中國於十四日內畫押，否則東三省交收作罷。李鴻章、楊儒等對俄約改稿均感滿意，主張畫押。〔註19〕除了對其他列強缺乏信心外，李鴻章還希冀依附俄國來抵抗他國侵略，多年的外交經驗使他不敢相信中國能鼓動在華利益彼此矛盾之列強相持不下，去共抗強俄。〔註20〕張之洞對此則有完全不同的看法。

李國祁先生認為張之洞對當時中國武力自衛能力已感到絕望，唯一希望是門戶開放，藉各國互相箝制，莫敢先發的均勢來圖生存。〔註21〕因為對俄約改

〔註16〕 《張文襄公全集》，卷五二，奏議五二，頁 1～2b，請開武昌口岸摺，光緒廿六年十月十八日。

〔註17〕 李國祁，前引書，頁 290～292。

〔註18〕 《利忠誠公遺集》，電信，卷一，頁 60，寄行在軍機處，光緒廿七年正月廿一日；《張文襄公全集》，卷八二，頁 7b～8b，致西安行在軍機處，光緒廿七年正月廿四日。

〔註19〕 李國祁，前引書，頁 294～295。

〔註20〕 同上註，頁 296。

〔註21〕 同上註，頁 298，李書認為張之洞對當時美國門戶開放宣言的意義，並未十分

稿並不滿意，張之洞於正月廿九日（1901 年 3 月 19 日）提出急救東三省三項對策，其中主要的辦法，就是東三省開門通商。他主張：「開放東三省；予實利與各國，俾藉各國之分論以展限，藉各國之商利以阻俄吞遼土。」〔註 22〕但他在徵求劉坤一等人的支持時，也承認「無聊之策，只能如此。」並認爲「如此東三省係我自行開放，與吳淞、秦王島無異，內地十八省不能援例效尤」。〔註23〕從此直到日俄戰爭時期，張之洞曾不斷反覆主張將東三省開門通商。起初他希望鼓動日本來支持這個政策，但在光緒廿八年（1902）中國與各國開議商約時，日本多端要索，他對此極感不滿，並逐漸了解到日本對東三省亦有野心。但基於地理位置及種族觀念，直到日俄戰爭時期爲止，張之洞仍認爲日人遠勝於俄，而主結近援禦遠患。爲了防止日俄雙方對東三省的覬覦，他仍堅信必開門通商才能解決問題，而此時開門通商已不是完全利用日本實力，而是要利用美人在遠東的經濟力量，及英、美、日三國的互相牽制，來達到其目的，故在與美議訂商約的談判中，對美在東三省開口岸之議，他亦表示支持。〔註24〕

　　張之洞開放通商的建議一經提出之後，立即獲得劉坤一、盛宣懷的贊同，二人旋聯銜奏請開放東三省，引各國通商以抗俄。〔註 25〕時山東巡撫袁世凱也對這個辦法表示同意。〔註 26〕稍後，安徽巡撫王之春亦於二月四、五日兩次電奏請將東三省開門通商，他主張援引以前英、俄索借巨文島的前例，並附和張之洞「引各國商力以拒俄」的想法，肯定「至開門通商，尤是存東制俄要策」。〔註 27〕閩浙總督許應騤後來也於二月七日奏請清廷婉詞峻拒俄約，若無可轉圜，則「惟有與各國約明將沿邊沿海等處作爲通商公地，永遠不准侵佔，俾資抵制」。〔註 28〕起初清廷對於是否畫押俄約一事猶豫不決，在張之

　　　了解，然其觀念形成，或仍是間接受有美門戶開放政策之影響。

〔註 22〕 同上註，頁 296。

〔註 23〕 《張文襄公全集》，卷一七一，頁 12，致江寧劉制台上海盛大臣濟南袁撫台，光緒廿七年正月廿九日午刻發。

〔註 24〕 李國祁，前引書，頁 304～305、310～311、314～315、326。

〔註 25〕 同上註，頁 298～299。

〔註 26〕 袁在評論張之洞的救急三策時，曾表示：「首策貴速，次策貴堅，……」，所謂次策即開門通商，見盛宣懷，《愚齋存稿》，卷五二，頁 26，袁慰帥來電，二月初一日，並致峴帥香帥。

〔註 27〕 《清光緒朝中日交涉史料》，卷六一，頁 24，（四三七四）安徽巡撫王之春來電，光緒廿七年二月初四日到，電報檔；北京第一歷史檔案館藏，《宮中檔》，電報電旨，卷一〇九，二月初五日，照錄王之春來電。

〔註 28〕 《清光緒朝中日交涉史料》，卷六一，頁 33b，（四四〇〇）閩浙總督許應騤來

洞等人的力爭下，才電飭駐英、日、德、美各使臣協調所在國政府向俄商展限，並允諾一旦俄交還東三省，全境開放通商，讓予路、礦、工、商一切權利；並於二月五日電飭慶親王奕劻、李鴻章分告各國駐京公使，中國不敢遽允俄約，請先議公約。清廷又飭駐俄公使楊儒婉告俄政府，中國為各國所迫，俄約非展限改妥，無得公約，不敢遽行畫押。而奕劻及李鴻章堅持畫押，張、劉等人則以公議迫楊儒勿畫押，最後楊儒遂以未獲切實電旨，限內不及畫押為由，拒絕畫押。二月六日楊儒跌傷，不省人事，於是中俄交收東三省談判遂告停頓。〔註 29〕在這段時間裡，由於各督撫扼阻俄約意見一致，中國終於拒絕畫押中俄交收東三省之俄方草約。但其東三省開門通商，引各國商力以拒俄的辦法，各國卻不感興趣；依李國祁先生之研究，此時構成東三省開門通商的國際基本因素仍未成熟。〔註 30〕

在談判停頓之後，張之洞認為中國此時應聯絡各國，由各國出面調停，將東三省交收問題歸於各國公議。恰好此時日本建議中國正式將草約交各國公斷，認為目前逾限多日，俄人仍無行動，可知其僅為虛聲恫喝，不足為懼，故張之洞主張接受日本建議，交出草約。這時清廷和其他疆臣對此則仍多疑懼，只有劉坤一意見與張之洞相同，認定俄約必歸公斷後方無後患，公斷必宣布草約方有辦法，幾經籌議，清廷最後決定由江鄂兩督出面送交各國領事。二月十二日（3 月 31 日）劉坤一將俄草約抄交日本駐江寧領事，稍後張之洞亦抄送美、德駐漢口領事。時俄外部已通告駐外各使，聲明不堅持中國簽約，二月十八日（4 月 6 日）俄政府發表宣言，表示交還東三省須待中國太平，中央政府重建北京，可有力維持治安時，方可實行，至此中俄交收東三省之談判完全破裂。〔註 31〕

然而此時俄人仍佔據東三省，中國方面對這種形勢感到憂心。時駐美公使伍廷芳電奏贊成張之洞的主張，認為只有將東三省開門通商，才能杜絕俄人覬覦。〔註 32〕稍後伍又轉達美政府對門戶開放歡迎之意，〔註 33〕張之洞、

電，光緒廿七年二月初七日到，電報檔。
〔註 29〕李國祁，前引書，頁 299〜300。
〔註 30〕同上註，頁 300〜301。
〔註 31〕同上註，頁 301〜303。
〔註 32〕《愚齋存稿》，卷五四，頁 13，寄行在軍機處北京全權大臣江鄂督帥皖東撫帥，二月十九日。
〔註 33〕北京第一歷史檔案館藏，《軍機處檔》，光緒庚子辛丑電報，報五八號，盛漢轉伍使簡電，二月二十四日到。

劉坤一也各自與日本方面進行接觸。〔註34〕可是，清廷對以東三省開門通商來打動各國這點已感懷疑。〔註35〕連在二月初曾與張、劉聯銜上奏的盛宣懷，這時也擔心在俄國自東三省撤兵之前，「開門通商，恐俄不允」。〔註36〕列強的態度此時亦不協調，英國仍然觀望，美國更進一步主張將全中國開放通商，〔註37〕只有日本基於國際局勢考量與國內內閣改組，改變原先的態度，表示支持東三省開門通商。〔註38〕由於以上種種，且此時中國與聯軍各國正商議拳亂賠款，故東三省通商一事再度予以擱置。

　　等到庚子賠款事定，四月下旨，日人長崗子爵至鄂，轉呈日貴族院議長近衛篤麿公爵的東三省開門通商辦法一本給張之洞。〔註39〕近衛所擬辦法涵蓋範圍很廣，除了變更東三省行政結構和體制外，他更主張開東三省港埠為自由貿易場所，撤去牛莊以下各口岸海關，以便各國人自由來往貿易；最重要的，是把東三省的築路開礦權，對外人開放，最好也准外人在東三省自由居住，甚至購置田地。在此建議下，其後果是把東三省變為列強的殖民地，和張之洞開放東三省以圖保全的原意基本上大有出入。〔註40〕但張之洞以為「遼東已經俄踞，強立新約，此時若爭回，直是儻來之物，落得照此破格試辦」，〔註41〕他並邀劉坤一聯銜奏請朝廷照辦。但此時劉坤一對近衛辦法卻不表支持，一因他嫌近衛辦法更張太多，必不能為朝廷接受；二因當時東三省仍在俄人手中，此時採取日人建議，倡議改革東三省政經各事，豈不是益促其紛亂，授俄人以久據之柄。故劉主張先照會領袖公使，以公議迫俄撤兵，開門通商一事，須俟英、日政府正式支持，方可著手進行。〔註42〕由於缺劉

〔註34〕 李國祁，前引書，頁304。
〔註35〕 《清光緒中日交涉史料》，卷六二，頁15～16，（四四五九）軍機處擬致伍廷芳電信，光緒廿七年二月二十日，電寄檔。
〔註36〕 《愚齋存稿》，卷五四，頁14，寄華盛頓伍大臣，二月十九日。
〔註37〕 關於美國主張中國全國通商，見北京第一歷史檔案館藏，《軍機處檔》，光緒庚子辛丑電報，電六五五號，光緒廿七年三月十五日寅正到，江督寒電。
〔註38〕 李國祁，前引書，頁304～305。
〔註39〕 《張文襄公全集》，卷一七三，頁20b～22b，致江寧劉制台，光緒廿七年四月二十八日寅刻發。李國祁先生認為此辦法亦同時致送劉坤一，唯是否由長崗轉送，則不可知。李國祁，前引書，頁340。
〔註40〕 趙中孚，「清末東三省改制的背景」，《中國近代現代史論集》，第十六編，清季立憲與改制，頁548～549。
〔註41〕 《張文襄公全集》，卷一七三，頁20～21。
〔註42〕 李國祁，前引書，頁311～312。

坤一的支持，張之洞籌議東三省開門通商一事三度遭到擱置。

在中俄交涉東三省談判決裂後，雙方均知此非長久之計。中國方面是希冀藉開門通商及和國公議迫俄自東三省撤兵，然而張、劉以及各駐外公使向外接觸結果，除日本外，其他各國對於支持東三省開放通商均缺乏興趣，〔註43〕而清廷則對日本之支持缺乏信心。〔註44〕同時，張、劉等人雖屢言東三省開門通商，卻提不出具體辦法，後來雖提出近衛所擬辦法，但其更張太多，清廷逐漸了解開門通商一事必須待俄兵撤退後，才有實行之可能。俄國也因英、日日益接近，亦深懼如不撤兵勢必引起對日戰爭，於是中俄交收東三省談判得以重開，六月十八日（8月11日）俄方接受李鴻章重開談判建議。

在重開談判後，張之洞、劉坤一仍然主張將東三省事交各國公議並開門通商，張之洞並將近衛辦法抄呈。此時清廷已決定回鑾北京，希望中俄東三省談判早日能有定議，俾俄撤兵，故於八月先後兩次駁斥張、劉的上奏，稱張等徒以空言將使中國先受實禍。〔註45〕可是由於俄國態度改變致使談判陷入僵局，拖到九月廿七日（11月7日），李鴻章病死，清廷在英日的壓迫及張之洞等敦促下，再度擱置俄約，談判又告停頓。

李鴻章死後，遠東國際局勢與中國國內政局都有重大變化。由於俄久踞東三省，不肯撤兵，促使英、日日益接近，終於十月廿七日（12月7日）日本政府通過與英成立同盟，十二月廿一日（1902年1月30日），英日同盟正式成立，從此俄人在遠東已無法與英、日相抗衡。在中國內部方面，李鴻章死後，袁世凱繼任直隸總督兼北洋大臣，外交方面則由慶親王奕劻負責，因之形成慶袁相結；其時清廷已回鑾，中國政治重心集於北京，從此、張的影響力日益減小。〔註46〕

在英日同盟正式成立後，俄國在遠東大感威脅，於是乃急欲與中國成立協定以避免與英、日之衝突。奕劻也體會到英日同盟的成立極有利於東三省交涉的進行，乃極力堅持中國提出之修正案，而於光緒二十八年三月初一日

〔註43〕即提倡門戶開放政策的美國，也因顧慮俄國反應，不願專指東三省通商，當時美國政府美駐美公使伍廷芳表示：「專指三省似著述，不如將全國通商，東省在內，俄難異議。」，北京第一歷史檔案館藏，《軍機處檔》，光緒庚子辛丑電報，電六五五號，光緒廿七年三月十五日寅正到，江督寒電。

〔註44〕《張文襄公全集》，卷一七二，頁16，行在軍機處來電，幷致劉制台，光緒廿七年三月十四日酉刻到。

〔註45〕李國祁，前引書，頁314～316。

〔註46〕同上註，頁317～318。

（1902 年 4 月 8 日）成立東三省撤兵條約，〔註47〕俄約談判至此告一段落。

　　綜觀此時期的東三省開放通商論，繼承前期開放通商以杜覬覦的觀點，又受到美國門戶開放政策的間接影響，配合均勢外交政策的實施；始則由湖廣總督張之洞提出，入爲引各國商力以拒俄的手段，先後獲得其他地方督撫如袁世凱、劉坤一、王之春、許應騤等人的支持，又獲得如盛宣懷和其他中國知識分子如張謇〔註48〕的響應。一般輿論也都主張開於東三省，即使是素來反對張之洞的維新黨人也是一樣，〔註49〕類似的主張與扼阻俄約有密切關係。李國祁先生認爲張之洞的東三省開門通商政策，在先天上已注定難收實效，因其目的爲打破現狀，其對手爲已具有優勢影響力之俄國，爲了拒俄而引進英日的力量，而張之洞等在東三省問題裡，並無主導其事的能力，終於變成爲英、日所利用，往後唐紹儀、徐世昌等開放東三省政策的失敗，部分亦種因於此。〔註50〕不過李國祁先生也肯定張之洞的外交政策理論，是與當時遠東國際局勢相合。而利用均勢的外交政策雖是當時國人對柏林會議後西方國際的一種誤解，但它卻與美國的中國門戶開放政策相吻合，並從此奠定中國外交的基本政策──支持門戶開放政策至數十年之久。〔註51〕而此種政策的確立，從前期門戶開放思想到自開商埠的出現，至本期東三省開放通商的討論，其間線索，宛然可尋。

　　但是，本期東三省通商論對民間輿論或疆臣官吏來說，都是不得已的權宜之計，對於美國主張開放全中國的提議，則是朝野都不能接受的。〔註52〕部分國人之支持開放政策，在於它能維持各國在華的均勢，而在領事裁判權和不平等修約尚未廢除的情形下，對於全中國開放通商則不能接受。往後我們將看到，在日俄戰爭以後，清廷對於外人在華通商投資開始訂出若干新的限制，對於中國門戶的開放，開始有它自己的主張。

〔註47〕　學者均認爲由於國際形勢演變有利于我，使得此談判結果可謂屬於勝利，楊紹震，〈庚子年中俄在東三省之衝突及其結果〉，《中國近代現代史論集》，第十五編，《清季對外交涉》（二）俄、日，頁 623；又黃俊彥，〈拳亂後中俄交收東三省問題（1900～1902）〉，同上書，頁 680～682。

〔註48〕　《張謇日記》，第十九冊，光緒廿七年正月二十日條，轉引自李國祁，《張之洞的外交政策》，頁 337。李書發現張謇在當時即有相仿主張。

〔註49〕　李國祁，前引書，頁 337。

〔註50〕　同上註，頁 327～329。

〔註51〕　同上註，頁 346～350。

〔註52〕　張忠棟，〈門戶開放政策在中國的反應〉，《中國近代現代史論集》，第十四編，清季對外交交涉（一）英、美、法、德，頁 318。

第二節　中英商約的簽訂

辛丑條約於光緒二十七年七月二十五日（1901 年 9 月 7 日）正式畫押，內容幾乎完全接受列強事先商定好的議和大綱，包括了懲兇、賠款等要求。其中第十一款規定中國允各國修改商約，這是爲了增加關稅收入，以償付賠款，同時也符合英美等國在華的商業利益。依照這一條款，英國在和約簽訂後三個星期，光緒二十七年七月四日（1901 年 9 月 28 日），立刻通知中國，英國已派馬凱（J. L. Mackay）爲談判通商行船條約商宜及關稅事宜全權代表。清廷在光緒二十七年（1901）接受議和大綱後，即已命令劉坤一、張之洞、盛宣懷爲修改通商行船條約預作準備，在英方任命馬凱後，便正式任命宗人府府丞盛宣懷爲商稅事務大臣，並以海關英籍稅務司戴樂爾（F. E. Tayor）、賀璧理（A. E. Hippisley）二人隨同辦理。清廷還令盛宣懷在與外國談判新商約及改定進口稅則時，要「就近會商劉坤一、張之洞」，不久，清廷又增派呂海寰（任駐德兼荷公使四年後適卸任回國）爲商約大臣，海關英籍副總稅務司裴式楷（R. E. Bredon）爲幫辦，這便是參與中英商約談判的中方人員。〔註53〕談判地點起先在上海，後曾一度轉至江寧、武昌。

光緒廿七年十二月初一日（1902 年 1 月 10 日），中英商約談判在上海正式展開，英方提出應議商約條款二十四款，內容包涵廣泛，重點是免釐加稅以及去除種種貿易障礙等。〔註 54〕在去除貿易障礙，擴大各國在華通商利益方面，英方曾提出增開新口岸、內地雜居與推廣口岸權利三事，此與自開商埠的發展有較密切關連，以下便針對這三點再作深入探討。

在議約之先，對於外人可能提出條款，已有人預籌抵制辦法。安徽巡撫王之春即認爲外人必將請添開口岸和拓展租界，他提議仿照光緒廿六年張之洞奏請將胡北省城武昌自開商埠的例子，「先自闢地段，設工局巡捕，以握主權，且以此抵償他項要索，實足以靥其心而闢其口，日本常用此法收回權利，成效昭然也。」此外他又主張禁止外人在內地設廠製造。〔註55〕

在談判展開之後，盛宣懷就馬凱所提商約二十四條款中有關准許洋人內

〔註53〕 丁名楠、張振鵾、趙明杰、金宗英、陶文釗、夏良才等著，《帝國主義侵華史》，第二卷，（北京，人民出版社，1986 年），頁 154～155。

〔註54〕 英方所提初步商約應議條款見《清季外交史料》，卷一五○，頁 11～12，商約大臣盛宣懷致外部馬凱交來商約條款電，十二月初三日。

〔註55〕 《清光緒朝中日交涉史料》，卷六四，頁 20b～21a，（四六六三）安徽巡撫王之春預籌議約抵制辦法摺，光緒二十七年七月初四日到。

地僑居貿易一事，立即表示「最不能行」，但馬凱「仍請再議」。〔註56〕劉坤一當即通電表示反對，他認為「內地雜居，意在製造，斷不能允，如再要求，必須援各國通例，將洋人歸華官管理。」〔註57〕但他也明白，這不過是抵拒要求的一個藉口。〔註58〕張之洞在議約以前，即曾面拒馬凱有關內地雜居的詢問，他的理由是「外國人不受中國管束，雜居難保護，不能相安」。此時他理解到這次議約「其意明明欲作成一徧地開放通商之局，包藏深遠，不惟籠我利權，直是梗我內政」。〔註59〕在獲悉英方二十四條款後，張之洞逐條提出他的看法，對於內地雜居事，他表示「須中國改律例，洋人管束以後」，對於開新口岸，他則認為「指何處恐不能全駁，俟指明地方再議」。〔註60〕外務部電告盛宣懷朝廷對二十四條款的意見時，關於洋人內地僑居貿易事，以「華洋雜處，必滋事端，應駁」，對於開放新口岸，以從前總理衙門時期曾奏請推廣有案表示可議，但「應訂明中國自開口岸」。〔註61〕

　　光緒二十七年十二月初十日（1902年1月19日）馬凱向盛宣懷提出有關開放新口岸詳細地點的第四款，他要求將北京、常德、成都、敘州、雲南府、安慶、湖口、珠江、惠州、江門開作通商口岸，除北京、江門於六、九月開辦，其餘於一年內開辦。〔註62〕盛宣懷雖已奉到初六日外務部指示，然英使要求地點涉及內地和北京，關係重大，故仍向外務部請示。〔註63〕十一

〔註56〕《張文襄公全集》，卷一七六，頁38～29。盛大臣來電，幷致外務部劉制台，光緒二十七年十二月初五日午刻到。

〔註57〕《劉忠誠公遺集》，電信，卷二，頁28b，復盛宮保並寄外務部張宮保，光緒二十七年十二月初五日午刻到。

〔註58〕同上註，電信，卷二，頁29b～30，復張宮保並寄外務部盛宮保，光緒二十七年十二月初七日。

〔註59〕《張文襄公全集》，卷一七六，頁8b～9a，致江寧劉制台上海盛大臣，光緒二十七年十一月初八日戌刻發。

〔註60〕《清季外交史料》，卷一五〇，頁13，鄂督張之洞致外部英約二十四目錄謹抒管見電。劉坤一對改律例事則表示懷疑，他以日本前例，認為「縱改律例，亦未能據允歸我管理」，見註58。

〔註61〕《清季外交史料》，卷一五〇，頁16b～17a，外部致盛宣懷馬凱交來商約條款開列准駁大概電，十二月初六日。

〔註62〕《清季外交史料》，卷一五〇，頁18，商約大臣盛宣懷致外部英使請推廣通商口岸並隨時陳說電，十二月初十日。

〔註63〕北京第一歷史檔案館藏，《宮中檔》，電報電旨，卷一一五，十二月初十收盛宣懷文電。按此件文大致同註62引文，但清季外交史料文末段作「北京關繫重大，應議駁。」，北京第一歷史檔案館藏，《宮中檔》文則作「北京關繫重大，應如何議駁，乞鈞示。」，兩文稍異，今從《宮中檔》文。

日，外務部立刻回電，堅拒將北京開放通商，「其餘各處則應分電各省督撫察看內地情形，有無窒碍，俟覆後再定」。〔註 64〕各地方督撫如袁世凱、劉坤一、張之洞等人亦均主堅拒北京開放通商，且新口岸應由我自開。〔註 65〕劉坤一認為「沿海擇要開口，利多害少，沿江內地多開口岸，實屬有害無益。」，一旦開放內地通商，而「於華洋雜處，釐務、製造皆有大損。」，他舉蘇、杭前例說明內地開口通商未必真有利益，〔註 66〕在稍後的一封電報裡，他更明白指出中國不能全面開放通商，必須限制在口岸居住貿易，是由於「風氣未開，情形不同，律法互異，權不我操」，質言之，即文化歧異和領事裁判權問題，因此他堅決反對開放內地通商甚至內地雜居。〔註 67〕張之洞的態度則較為和緩，他立刻就英方所要求新開口岸與其轄區有關之湖南長沙、常德兩地，徵詢湖南巡撫俞廉三的意見，稍後並囑俞詢問當地紳士。俞回電表示在訂明由中國自開，各國不得佔畫租界，一切開關、設捕、抽租、修路等事由我自主前提下，擬先開長沙，察看情形，再續辦常德。他認為長沙開放通商「設法開導民情，或尚不至驚恐，但商務能否暢旺，殊無把握。」張之洞同意俞廉三的意見，於是確定長沙可作為自開口岸，於商約議定一年以後開辦，常德則觀察長沙情形，如妥善亦可開，但兩地一切須照岳州自開商埠章程辦理。〔註 68〕對於開新通商口岸事，各方意見較為一致，一幫辦商約事宜道員楊文駿在其致榮祿的信裡，總結對於開新口岸的應對辦法：「惟有就所請之處，自行設埠，增築馬路，創立巡捕，准予各國通商，不能作為

〔註 64〕《清光緒朝中日交涉史料》，卷六五，頁 26，（四七二九）發辦理商稅事務大臣盛宣懷電，光緒二十七年十二月十一日發電檔。

〔註 65〕北京第一歷史檔案館藏，《宮中檔》，電報電旨，卷一一五，十二月十七日，收署北洋大臣袁世凱電；《劉忠誠公遺集》，電信，卷二，頁 30b～32a，復盛宮保並寄張宮保，光緒二十七年十二月初十日；《張文襄公全集》，卷一七七，頁 2b～3a，致外務部上海盛大臣江寧劉制台，光緒二十七年十二月十一日卯刻發。

〔註 66〕《劉忠誠公遺集》，電信，卷二，頁 30b～32a，復盛宮保並寄張宮保，光緒二十七年十二月初十日。

〔註 67〕同上註，頁 33b～35a，復盛宮保並寄外務部張宮保，光緒二十七年十二月十四日。

〔註 68〕以上見《張文襄公全集》，卷一七七，頁 1，致長沙俞撫台，光緒二十七年十二月十一日子刻到；同上書，卷一七七，頁 11，致長沙俞撫台，光緒二十七年十二月十八日亥刻發；同上書，卷一七七，頁 17，致長沙俞撫台，光緒二十七年十二月二十一日辰刻發；同上書，卷一七八，頁 32b～33a，致外務部上海呂大臣盛大臣江寧劉制台，光緒二十八年二月二十四日午刻發。

各國商埠，各省果能實力辦理，當不致別有藉口。」〔註 69〕

　　隨後英使馬凱又陸續提出商約其他各款詳細內容，其中最重要的便是希望取消釐金，加稅免釐問題很快成為這次商約談判的主題。〔註 70〕經過一番協商，免稅加釐條款在光緒二十八年六月大致確定，其中第十二節即中國同意將湖南之長沙、四川之萬縣、安徽之安慶、廣東之惠州及江門開為通商口岸居住者，須遵守該處工部局及巡捕局章程，與中國居民一律，洋人非得華官允准，不得在該通商口岸之界內自設工部局及巡捕，除江門須無條件開放外，其他各處的開放以免釐加稅和項規定的施行為條件。〔註 71〕更於談判免釐加稅同時，馬凱在武昌向張之洞提出修改礦章、添開口岸、推廣口岸權利、推廣內河小輪等四事作為要挾加稅藉口。礦章一事經張之洞請示外部決定由我自定，〔註 72〕添開口岸亦已大致議定，於是雙方便就推廣口岸權利、內河小輪事繼續進一步談判。其中推廣口岸權利事尤其值得注意。

　　關於外人在通商口岸之居住範圍，從前諸約條文規定不一，如南京條約規定領事等居住城邑，民人等居住港口，天津條約則並城口為一准其任便居住貿易，至中日馬關條約又有城鎮字樣。馬凱以此要求註明城邑二字，其範圍則主張擴及通商口岸全境及城內城外，換言之，即通商口岸全境包括城內，外人均可自由居住貿易，也就是說，整個通商口岸成為一個大租界。張之洞、盛宣懷等人與馬凱多所爭論，最後馬同意不指定城邑，並將原款全境及城內城外等字刪去，最後雙方議定條款只含混規定：

　　一、中英派員就地方情形及條約會同定立口岸界址；

　　二、外人在租界外居住者，須守該處地方上現有工部局、巡捕局之章程，同時非先商准中國地方官員，外人不能自行設立工部局、巡捕局；

　　三、中國人民無論在租界內外，不得假英人之名，逃避各項應繳稅捐。

　　　　〔註 73〕

〔註 69〕 杜春和等編，《榮祿存札》，頁 157～161。

〔註 70〕 《帝國主義侵華史》，頁 157～161。

〔註 71〕 《清季外交史料》，卷一五九，頁 20b～21，鄂督張之洞致外部與英使商收回法權補救教案電，六月十七日。

〔註 72〕 同上註，卷一五九，頁 19～20，鄂督張之洞致外部據英使稱礦事本關商務修改係兩益電，六月十七日；又部部致劉張呂盛礦章由我自定不入商約更妙電，六月十七日。

〔註 73〕 《張文襄公全集》，卷八四，頁 22b～26a，致外務部江寧劉制台，盛大臣主稿，光緒二十八年六月十九日。按《清季外交史料》，卷一五九，頁 24b～27，劉

　　張之洞在一封電報裡表示，此次約文只有就舊日條約所有者加以限制，並未允其推廣。而將各處口岸、界址，各就各處情形，會同訂定，正可以借此箝制近年洋人在口岸外任意冒買地基弊端。而對於新開口岸，他以已經約明洋人不能設工部局巡捕局，又取得馬使照會允此後不設租界存案，由此而認為「此雖名為通商口岸，實與自開口岸無異。」〔註74〕

　　武昌所議有關口岸權利三款，儘管已經雙方妥協讓步，但爭議仍多。外務部於六月二十、二十四日兩次傳聖旨，認為英使新索四條款特別是推廣口岸權利條款「語尤含混」、「流弊甚多」，令張之洞等人再議。〔註75〕劉坤一也堅決反對有關會同訂立口岸界址條款，他擔心如照所議「不獨未定租界之處，將來會定，必致於城內外任意擴充，即已定之處，欲為翻異，亦可執後約爭議，勢必將口岸繁盛之處，為其併入界內，於口岸事權利權盡失。」因此，他建議照煙台條約聲明：「已定有租界者毋庸議，未定有界限者倣已定辦法，量商務衰旺，酌定廣狹，會商界址。」〔註76〕張之洞則認為此條款注重在第二、三兩條，我可以由我所設立之工部局、巡捕局章程來約束在租界外居住之洋人，而所謂會查畫定界址者，正可限制洋人於租界外購地造屋，「會查只是渾淪空話，且有各就地方情形之語」。張之洞認為劉坤一之建議未經馬凱議允，不能作為定論。〔註77〕由於張、劉對推廣口岸權利條款意見不協，以及其他對內港行輪條款爭議，使得中英商約談判遲遲無法結束。拖到七月中，劉坤一依舊堅持將已定有各國租界應毋庸議一語訂入約內，所謂口岸界限須不作租界解說，張之洞終於妥協。這時談判地點又回到上海，呂海寰、盛宣懷一再向馬凱磋商將已定有租界一語入約或用照會聲明，馬凱不但拒絕，稍後且以上海工部局反對為詞，欲將口岸三款全行刪去。〔註78〕上海工部局反

　　　　張呂盛致外部與馬使商推廣內港行輪章程電，六月二十九日文同上，惟日期似有誤，仍以《張文襄公全集》繫於六月十九日為是。
〔註74〕《張文襄公全集》，卷一八一，頁17～18b，致京鹿尚書，光緒二十八年六月二十日申刻發。
〔註75〕《張文襄公全集》，卷八四，頁21b～22a，外務部來電，光緒二十八年六月二十日辰刻到；《清季外交史料》，卷一五九，頁28a，旨著張之洞等詳籌內港行輪章程及推廣口岸權利電，六月二十四日。
〔註76〕《劉忠誠公遺集》，電信，卷三，頁22b～26a，復張宮保並寄外務部呂侍郎盛宮保，光緒二十八年六月二十三日。
〔註77〕《張文襄公全集》，卷一八一，頁19，致軍機處外務部戶部江寧劉制台上海呂大臣盛大臣，光緒二十八年六月二十八日午刻發。
〔註78〕《劉忠誠公遺集》，電信，卷三，頁40b～41a，復呂侍郎盛官保張宮保並寄外

對的主要是口岸三款第三節，即租界內華人須納稅捐，以及第二節租界外居
住洋人須遵守該處工部局、巡捕局章程。呂、盛二人反對第十一款即口岸三
款刪除第二、三節，僅留第一節，馬凱於是提議全刪，呂、盛則提出另加照
會聲明此款所辦商約不得再議口岸之事。〔註79〕起初大力促成第十一款的張
之洞聞訊後「頓足痛惜」，仍望討價還價，不至全刪，他一面飛電呂、盛力爭，
一面復電馬凱，請保留第一、二節。〔註80〕呂、盛則認與其留下第一節，乃
不免有損，不如全刪。〔註81〕劉坤一對保留第十一款態度較爲消極，他似乎
支持將此款全刪。〔註82〕不論如何，商約談判至此已至尾聲，大部分條款均
已議定，只爲了第十一款有關口岸利權事而遷延遲遲不能畫押，馬凱先己訂
明其歸國時間，並且表示如屆時仍不能議定，彼即回國。而此次商約條文，
在中國參與議約諸人看來，較歷次條約得利。〔註83〕在時間緊迫下，張之洞
不得不接受呂、盛等人全刪第十一款並索照會作法，但他仍主張此後不論何

　　　務部，光緒二十八年七月初六日；《張文襄公全集》，卷一八二，頁12～13a，
　　　致外務部江寧劉制台上海呂大臣盛大臣，光緒二十八年七月十三日午刻發；
　　　《清季外交史料》，卷一六○，頁22b，呂海寰盛宣懷致外部口岸事與磋磨仍
　　　不允電，七月十三日；《張文襄公全集》，卷一八二，頁41，呂大臣盛大臣來
　　　電，并致外務部劉制台，光緒二十八年七月二十日申刻到。

〔註79〕《清季外交史料》，卷一六一，頁19，呂海寰盛宣懷致外部口岸一節與馬使商
　　　全刪電，七月二十一日。

〔註80〕《張文襄公全集》，卷一八三，頁5，致軍機處外務部戶部江寧劉制台上海呂
　　　大臣盛大臣，光緒二十八年七月二十一日戌刻發；同上書，卷一八三，頁9b
　　　～10a，致外務部江寧劉制台上海呂大臣盛大臣，光緒二十八年七月二十二日
　　　丑刻發；同上書，致外務部江寧劉制台上海呂大臣盛大臣，光緒二十八年七
　　　月二十二日酉刻發。

〔註81〕同上註，卷一八三，頁10a～11a，呂大臣盛大臣來電，并致外務部劉制台，
　　　光緒二十八年七月二十二日巳刻到。

〔註82〕在得知馬凱欲刪去第十一款時，劉坤一即表示「鄙意姑予照允，徐俟另商」，
　　　此後劉對於口岸條款事極少表示意見，只不斷強調畫押時間緊迫。劉所擬會
　　　奏稿內，他對刪去第十一款，并以照會聲明此約不議口岸的處理方式，認爲
　　　「雖無收稅之益亦免口岸與展拓之損」。見《劉忠誠公遺集》，電信，卷三，
　　　頁54，復呂侍郎盛宮保並寄外務部張宮保，光緒二十八年七月十九日；《張文
　　　襄公全集》，卷一八三，頁16a～20b，劉制台來電，并致呂大臣盛大臣，光緒
　　　二十八年七月二十三日巳刻到。

〔註83〕《清季外交史料》，卷一六二，頁5b～6，張之洞致劉坤一盛宣懷磋磨英約實已
　　　不遺餘力請轉圜電，七月二十三日；《劉忠誠公遺集》，電信，卷三，頁62，復
　　　軍機處並寄外務部張宮保，光緒二十八年七月二十四日；《愚齋存稿》，卷八，
　　　頁1～7，英國商約議竣畫押，光緒二十八年九月，江督張商約大臣呂會奏。

國談判有涉及口岸權利者，須以此款三節為宗旨。〔註 84〕在口岸條款確定全刪後，再略經波折，終於在光緒二十八年八月初四日（1902 年 9 月 5 日）中英續訂通商行船條約於上海正式畫押。

中英商約的成立，為此後商約談判奠立模範，惟其中口岸權利條款被刪，馬凱事後照會僅表示英國仍保留現在條約所載各項通商口岸權利，預留以後各國要索餘地。而此次談判中、英雙方對於通商口岸界限的解釋並未釐清，往後仍將繼續相似的爭論。而有關條款雖然被刪，其對於口岸權利的自覺與爭取的精神，從此逐漸趨於明確。

第三節　中美、中日商約的簽訂

繼英國之後，與中國議訂新商約的是美國和日本。其實早在中英談判尚未結束前，美、日兩國即已分別片面提出商務草約。日方代表日置益和小田切萬壽之助且曾與中方之代表呂海寰、盛宣懷舉行了幾次非正式會談。不過雙方都在觀望中英談判的進展結果，所以中日、中美間談判便都暫時擱置。

美、日所提草約包含了許多要求，其中與本文相關者，即增開通商口岸以及外人在通商口岸、城鎮居住貿易兩事。日本要求自新商約簽訂起六個月內，中國應開放北京、奉天、大東溝、長沙、常德、南昌、湖口、安慶、惠州、蘆溼港、成都、敘州、衢州等處為通商口岸或通商地，日本草約中並要求准日本臣民「在中國已開及日後約開通商各口岸、城鎮無論何處任便居住，辦理商務、工藝製造及所有一切合例事業」，且准其租貸或購買「所需一切房屋地基」。〔註85〕美國則先要求開北京、奉天、大孤山（後改為大東溝，又已為安東）為商埠，在談判過程中又要求增加長沙、湘潭、衡州、韶州四地為商埠。

在英約未訂之先，中方之代表呂海寰、盛宣懷在面對日本增開口岸的要求時，以「北京不便通商，其餘俟行查各省開名，由中國斟酌自行辦理」權詞答復。〔註86〕外部贊同呂、盛的答覆，更主張「以英約已允未允為駁，尤

〔註84〕　《張文襄公全集》，卷一八三，頁 30，致外務部江寧劉制台上海呂大臣盛大臣，光緒二十八年七月二十六日午刻發。

〔註85〕　《清季中日韓關係史料》，（台北，中央研究院近代史研究所，民國 61 年），頁 5507～5508。

〔註86〕　《張文襄公全集》，卷一八〇，頁 41。呂大臣盛大臣來電，拜致外務部劉制台，

屬一定不易辦法」。〔註87〕劉坤一更一本英約談判立場，堅決反對日本草約有關內地雜居事；對於增開口岸，則建議呂、盛「須聲明如左近已有口岸，似可不再另開，以為預伏不允之地。」〔註88〕

在中英商約畫押前夕，中日、中美商約談判即已展開。待中英商約畫押後，中日、中美間斷斷續續進行了大約一年的談判。光緒二十八年七月二十九日（1902 年 9 月 1 日）中日商約正式開議，〔註89〕中美商約談判亦於稍後開議。〔註90〕為討論方便，中日、中美商約談判概可分為三期：第一期由光緒二十八年七月至十月，此期內中方談判代表仍為呂海寰、盛宣懷，張之洞、劉坤一仍不時表達意見。〔註91〕但是磋商進行到十月，中美談判宣告停頓。第二期則自光緒二十八年十一月起至光緒二十九年正月。此期內伍廷芳於十二月回國加入談判，中日談判繼續進行，但進展緩慢。第三期自光緒二十九年二月至八月。此期內美國於二月提出新草案，中美談判於是恢復；同時東三省問題引起俄國相當關切，清廷在英、美、日與俄國之間，左右為難。最後經過一番轉折，中美、中日商約終於光緒二十九年八月十八日（1903 年 10 月 8 日）於上海畫押。

以下即擬將中日、中美商約談判經過，分三期作一簡單敘述。

（1）第一期：光緒二十八年七月～九月（1902 年 9 月～10 月）中日商約於光緒二十八年七月二十九日（1902 年 9 月 1 日）在上海正式開議，此後中日雙方代表又於八月初三日（9 月 4 日）、八月初七（9 月 8 日）進行會議。特別在後兩次會議裡，雙方對於增開口岸進行多方辯駁。日方提出增開口岸達十三處，特別注重北京、奉天省城、大東溝。日方以：一、便利商務；二、可以開通風氣；三、中國海關稅收可增加；四、中國既開門戶，准各國通商，應准洋人在全國各地行商等四項理由，勸中國大開門戶。呂海寰、盛宣懷則

光緒廿八年五月二十四日巳刻到。

〔註87〕《清季外交史料》，卷一五八，頁 17b。外部致呂海寰盛宣懷尊處擬駁日約各款是電，五月二十七日。

〔註88〕《清季外交史料》，卷一五八，頁 1。江督劉坤一致呂盛日本商約第六款至第十款萬可充電，五月十五日；同上書，卷一五八，頁 15b～16a，江督劉坤一致呂盛日以甘言誘我即藉為抵制電，五月二十五日。

〔註89〕《清季中日韓關係史料》，頁 5528。

〔註90〕有說在西曆九月九日開議，見丁名楠等，《帝國主義侵華史》，第二卷，頁 165。

〔註91〕郭廷以，《近代中國史事日誌》，（台北，中央研究院近代史研究所，民國 52 年），頁 1169～1170。

以一、有礙釐金收入；二、治外法權尚未收回；三、以往開放口岸如蘇州、杭州、岳州等，開放後未必興旺；四、須和英約一樣，以免釐加稅的實行，作為增開口岸的抵換，四項說詞來應對日方的要求。由於呂、盛前已奉外務部訓令，日約增開通商口岸須與免釐加稅條款相連，兩人遂堅持此款，但日方對此則表反對。於是呂、盛乃建議由中國自開，並且不必列入條約。日方對此表示同意，但提出自開口岸必須開於中日商約訂定以前，其章程不妨先立大綱，細目再慢慢商議；對於開放程序，日方始提出以照會告知，後乃要求須出上諭明言開某處為通商口岸。呂、盛最後同意將這個辦法告知北京，但認為自開口岸最重要的是「議妥善章程」，拒絕定出開放期限。於是中日商約第一期談判至此告一段落。〔註92〕

中美商約談判緊接著中日談判之後開議，進展較之日約更為緩慢，其中有關傳教一事且引起劉坤一的質疑。至十月，美方不肯俟伍廷芳回國，即催呂海寰續議商約，不久，或許是基於觀望理由，中美談判暫時停頓。〔註93〕

本期內中日、中美談判談判進展緩慢，這和同時間呂海寰、盛宣懷尚需辦理其他多項交涉事務有關。〔註94〕同時，外務部及劉坤一、張之洞同聲堅持須以英約為談判範本，這也多少增加了談判的困難。〔註95〕

中日談判展開後，對於日方增開口岸的要求，張之洞認為「如奉天府、大東溝兩處，鄙意宜急允其開為口岸，最為上策，藉各國商務為牽制他人保護根本之計，必宜速行，其餘以少開為妙」，「必不得已，江西或許開一處，惟北京斷不能行」。他並且重新提出以前英約談判時議妥後刪除的口岸三條

〔註92〕以上見《清季中日韓關係史料》，頁5528～5529；5535～5549。

〔註93〕《清季外交史料》，卷一六三，頁11b～12a；同上書，卷一六三，頁15；同上書，卷一六四，頁3～4；同上書，卷一六五，頁23；同上書，卷一六七，頁6b～7a。

〔註94〕如八月須辦理中英商約畫押、中俄京沽電線案、中葡商約談判。特別因盛宣懷身兼多職，凡相關鐵路、礦務、電報及商約談判、修改稅則等事無不須其經手。有關盛宣懷在光緒廿八年八月至九月期間牽涉參與事務範圍之廣，可參閱《清季外交史料》，卷一六三～一六六；愚齋存稿，卷五八，頁18b～32。

〔註95〕外務部的立場早於五月即已表明，見前註87；張之洞、劉坤一也於八月分別表示「凡為英約所有者，應照英約辦理，不能絲毫有異。」見《張襄公全集》，卷一八四，頁5b，致外務部江寧劉制台上海呂大臣盛大臣；光緒廿八年八月廿二日卯刻發；《清光緒朝中日交涉史料》，卷六六，頁20，（四八〇四）南洋大臣劉坤一致外務部電，光緒廿八年八月廿五日，商約收電檔。

款，建議比照辦理，「缺一即不能與議」。〔註96〕劉坤一這次完全贊同張之洞的意見。〔註97〕刻在上海參與談判的呂海寰、盛宣懷早先在請示外務部函內，即曾表示「奉天、大東溝兩處如開作通商口岸，尚可杜他國之覬覦，於交涉大局，誠屬有益」。〔註98〕他們雖也曾考慮到奉天、大東溝的開放，可能會有阻礙，亦即俄國可能反對，但他們也意識到美國對東三省的開放很有興趣。在這封信函的結尾，他們以積極的語氣對奉天等處開放通商事作出建議：「如能及時辦到，實勝於練兵十萬」。〔註99〕至此東三省開放通商論似乎又見復甦，但清廷對此仍持保留態度，立即向武昌、上海發電，表示開放奉天等處確是好辦法，但在奉省尚未歸還時，如遽定議，恐別生枝節，因此令呂、盛勿輕允此事。〔註100〕

中美談判如前述無所進展隨即停頓。九月，劉坤一死，盛宣懷丁父憂，清廷除命袁世凱充督辦商務大臣，以張之洞署理兩江總督，並應袁世凱和張之洞的請求，調駐美公使伍廷芳國任會辦大臣，中方談判代表發生變化，中日、中美間商約談判也進入第二個階段。

（2）第二期：光緒二十八年十一月～二十九年正月（1902年12月～1903年2月）當時盛宣懷因父喪守制，新任會辦商務大臣伍廷芳正在返國途中，中方在上海議訂商約代表僅餘呂海寰一人。美約雖已停議，日約乃繼續進行。呂海寰曾要求等伍廷芳回國再議，但不被接受。〔註101〕十一月，日使堅持討論有關城鎮居住貿易事，日方要求得於通商各口岸之城鎮居住貿易工作，並得租買地基建造房屋。呂海寰除了提出城鎮、城口解釋外，〔註102〕並以張之

〔註96〕《張文襄公全集》，卷一八四，頁 5b～6a，致外務部江寧劉制台上海呂大臣盛大臣，光緒廿八年八月廿二日卯刻發。

〔註97〕《清光緒朝中日交涉史料》，卷六六，頁 20，（四八○四）南洋大臣劉坤一致外務部電，光緒廿八年八月廿五日到，商約收電檔。

〔註98〕《清季中日韓關係史料》，頁 5528～5529，光緒廿八年八月廿五日收商大臣信，按此信係呂、盛於八月十四日發出。

〔註99〕同上註，頁 5529。

〔註100〕《清季外交史料》，卷一六三，頁 19b，外部致張之洞奉省尚未歸還勿允大東溝開口岸電，八月二十四日。

〔註101〕《清季外交史料》，卷一六七，頁 6b～7a，商約大臣呂海寰致外部美日兩使不肯俟伍使到後方議商約電，十月十五日。

〔註102〕按外人常以約文所謂城口作為進城居住貿易根據，日本則以馬關條約規定之口岸城鎮作為藉口，要求在各開放城鎮居住貿易。而中國則以城口應作城邑之口，並非城邑亦作通商口岸，城鎮亦當照城口解釋，此處呂海寰堅持此一看法。

洞在英約談判時所主張之口岸三款作爲對案。日使堅持馬關條約內所載口岸城鎮字樣。對於所謂口岸三款，日使僅對第二節有關工部巡捕章程事意示可以接受，但只同意日本人民在租界之外者，才須守該處地方現在工部巡捕章程。雙方相持不下，幾至決裂。〔註103〕

十二月，伍廷芳自美返國，開始參與商約談判。〔註104〕除了其他條款之外，在第二十次會議裡，對於口岸城鎮居住貿易事，伍廷芳指出城鎮口岸字樣，在中文裡意思含混，須以英文爲憑，如條約指所開者口岸，則洋人可在口岸居住，所開者爲城鎮，則可在城鎮居住。日使堅持馬關條約文內口岸城鎮乃一併敘述。伍廷芳則謂如日本欲商民居住城鎮，可否受中國官員管轄，日使表示拒絕。伍又提出張之洞所定的口岸三款。日使仍只接受設巡捕一節，而堅決反對由中國畫定租界或居留地界限，理由是：1. 劃界費時太久；2. 如由中國定界，必選不良地段與日本開埠。對於抽捐事，日使表示可商，後又謂須按照上海章程，則可抽捐。雙方談判多時，仍無結果。〔註105〕

光緒二十九年正月，中日談判續議請開口岸事，除英約已允之長沙、安慶、惠州外，呂海寰、伍廷芳仍然拒絕將北京、衢州、常德、蘆涇港開埠，而奉天府、大東溝呂、盛則以東三省俄國尚未撤兵爲由繼續敷衍。此外日使還希望在南昌、湖口、成都，敘州之中再開一處。呂、伍表示「添多口岸有損無益，即添亦須俟加稅免釐定後再議，並須仿岳州，辨明自開，尚可商量，且不准入約」。經過一番辯論，日使同意採自開方式，但須於商約畫押前，將自開口岸地方先行明發諭旨，再照會日本，如此彼即可同意開放口岸不列入商約條文。呂、伍以諭旨不敢擅專，只可用照會通知方式行之，日使不肯同意。〔註106〕外務部稍後飭呂、伍應扼定自開原則，且須峻拒在畫押前將自開口岸先行明發諭旨宣布。〔註107〕

〔註103〕《清季外交史料》，卷一六八，頁 1～3，商約大臣呂海寰致外部與日使議城鎮居住貿易電，十一月初十日。

〔註104〕張雲樵認爲伍氏返上海當在光緒二十六年十二月初（1901 年 1 月），據現存會議記錄，伍氏確於十二月參與商約談判。張雲樵，《伍廷芳與清末政治改革》，頁 241；《清季中日韓關係史料》，頁 5593～5601。

〔註105〕《清季中日韓關係史料》，頁 5608～5618。

〔註106〕《清季外交史料》，卷一六九，頁 12，呂海寰伍廷芳致外部日約請開口岸多處擬自開電，正月二十一日。

〔註107〕同上書，卷一六九，頁 13b～14a，外部致呂伍兩使日索口岸預指四處應扼定自開電，正月十四日。

（3）第三期：光緒二十九年二月～八月（1903 年 3 月～9 月）談判局勢自二月起發生劇烈的變化。首先，美使於二月提出商約新草案，重新加入談判。其次，俄國原本應按照東三省撤兵條約於三月將俄軍撤出奉天府、牛莊等地，但屆期俄軍仍未撤退，卻反向中國提出新要求七項，其中一項即要求不得開闢新通商口岸。

日本早在上年商約談判時，即催促中國速將奉天、大東溝二處開放通商，甚至表示不堅持將此事載入約文，可由中國自開。日本之所以如此迫不及待，還是擔心俄國的反對。美國於上年開議商約後，也曾對東三省開放通商表示興趣濃厚。但是清廷以俄兵尚未撤退，不敢輕易答應。

光緒二十九年三月俄國向外務部提出七項新的撤兵條件，消息傳來，〔註 108〕美、日、英三國分別向清廷施加巨大壓力，要求中國堅拒俄國要挾，三國又分別向俄國提出抗議。〔註 109〕

俄國的要求之一即東三省不得開闢通商口岸，外務部答以將來商務興旺，由中國自行酌辦。〔註 110〕此時中國內部已經形成共識，即：1. 應堅拒俄不許東三省添開的要求；〔註 111〕2. 對美日請開奉天府及大東溝，則須俟俄自東三省撤兵，地面交還中國，再由中國自行開埠。〔註 112〕清廷夾在俄國和美、日之間，左右為難。只有如袁世凱所云：「俄請固應堅持，美、日請亦未可輕許。」〔註 113〕不過張之洞、呂海寰、伍廷芳、盛宣懷等人仍冀望藉美、日要求開埠，請求美、日、英等國代為勸俄照約按期退兵，交還東三省。〔註 114〕

〔註 108〕在俄使向外務部提出新要求的次日，即有中國某大臣以俄國新要求通知日本公使內田康哉（內田夜訪奕劻阻止，並行賄，即轉告美使）。以上見郭廷以，《近代中國史事日誌》，頁 1177。

〔註 109〕H. B. Morse, *The International Relations of the Chinese Empire III*, p.p.421～423. 《中美關係史料》，光緒朝五，頁 3504，外務部收駐日本大臣蔡鈞電，光緒廿九年四月初二日；同上書，外務部收駐美大臣梁誠電；同上書，頁 3537～3538，外務部收英署使燾納理函，光緒廿九年五月初三日。

〔註 110〕《中美關係史料》，光緒朝五，頁 3506，外務部發商約大臣呂海寰伍廷芳電，光緒廿九年四月初五日。

〔註 111〕如袁世凱、張之洞、駐俄公使胡惟德均持此說，見《清季外交史料》，卷一七○，頁 19b；同上書，卷一七一，頁 2；同上書，卷一七一，頁 4b～5a。

〔註 112〕如袁世凱、張之洞均持此說，《清季外交史料》，卷一七○，頁 19b；同上書，卷一七一，頁 8a。

〔註 113〕《清季外交史料》，一七○，頁 19b，直隸袁世凱致外部東三省口岸未可輕許添開電，四月初四日。

〔註 114〕同上註，卷一七一，頁 4～5，同上書，卷一七一，頁 16b；《愚齋存稿》，卷

甚至有人上奏請與各國訂約，「將東三省口岸皆為萬國通商，各立商埠，各立公司，與上海、煙台事同一律。」〔註115〕揆之實際，仍為前期東三省開放通商論的再現。

這時在上海的中日商約談判已暫時停止，中美談判則繼續進行。美方代表堅持將東三省開埠列入商約條文，作為約開，不可作為自開，呂、伍不敢擅專，乃請示外務部。〔註116〕

四月，美國除透過談判途徑外，並訓令其駐華公使康格（Edwin H. Conger）向外務部總理大臣奕劻表達美國期望，將東三省開埠入約的強烈意願。〔註117〕美國從這時起，已傾向由美公使康格向外務部，甚至向外務部總理大臣奕劻直接交涉東三省開埠事宜。四月二十二日（5月18日）、五月初三日（5月29日）美國務卿海約翰（John Hay）飭美使康格向中國政府施壓，並囑如清廷不願將東三省開埠事入約，並堅持自行開辦，則必須馬上以明發上諭，宣告此口岸業已開設。〔註118〕康格除了向奕劻轉達上述意見外，並且在駐京各國公使之間活動，除了俄國公使不願意表示意見外，英、日兩國公使都表示同意美國關於東三省開埠的提議。〔註119〕英國公使隨後也致函外務部，請照美國所請允行。〔註120〕清廷面對英、美巨大的壓力，卻還是有所顧慮。閏五月初，奕劻向美使保證中國將在俄國撤兵之後，盡快開埠，但為了怕刺激俄國，他不願將這項保證形諸書面。美國政府對此頗不滿意，

六十，頁18b，寄滬呂伍大臣，四月初三日。

〔註115〕台北中央研究院近史所藏，《外務部檔》，02-14，14-（3），各項條陳，四月二十六日，軍機處交出徐堉抄摺。

〔註116〕《清季外交史料》，卷一七〇，頁17，呂海寰伍廷芳致外部美使索開盛京口岸堅請入約電，四月初三日；同上書，卷一七一，頁9，呂海寰伍廷芳致外部美使謂俄不阻開東省口岸電，四月十四日。

〔註117〕*Foreign Relations of the United States*, 1903. p. 60, Mr. Hay to Mr. Conger May 18, 1903；《中美關係史料》，光緒朝五，頁3525，外務部收美使康格函，光緒廿九年四月二十四日。

〔註118〕*Foreign Relations of the United States*, 1903, pp.60～61, Mr. Hay to Mr. Conger, May 18, May 29, 1903.

〔註119〕同上註，1903, pp. 65～66, Mr. Conger to Mr. Hay, May 29, June 18, June 23, 1903.《中美關係史料》，光緒朝五，頁3525，外務部收美使康格函，光緒廿九年四月二十四日；同上書，頁3529，外務部發美使康格函，光緒廿九年五月初一日。

〔註120〕《中美關係史料》，光緒朝五，頁3548，外務部收英署使燾納理函，光緒廿九年五月十八日。

乃飭康格繼續施壓。〔註121〕

　　這時在上海的中美商約談判已大致告一段落，開埠條款早經剔除，由美公使與外務部直接談判。康格不以爲應俟西曆十月八日俄國自東三省撤兵屆期後再簽訂商約，美國國務卿海約翰則認爲開埠的要求必須入約。開五月十七日（7月31日）俄國向美、英聲明除哈爾濱外，俄並不反對東三省設立新商埠，惟須定明不准設立租界。〔註122〕這項聲明俄國並未通知中國，是由美國將此聲明翻譯，由美使抄送外務部。〔註123〕至此奕劻始願以書面節略，向美使表示中國有意在東三省開關兩處商埠，但須俟現駐東三省俄兵全行撤退後，由中國自行開設。〔註124〕節略內並未提到列入商約條文，所謂兩處商埠則指奉天府、大東溝，〔註125〕美國對此仍不滿意。六月二日（8月13日），美使康格向外務部致函表示，美國「定作速妥定簽字。」〔註126〕外務部立刻令駐美公使梁誠向美國國務院切商，此事已有節略爲據，即與入約無異，希望美政府不要堅持入約。美政府向梁誠表示：「開埠事，現既不便入約，儻中國政府照會康使，允俟十月八號，將奉天、大東溝開埠一款，列入約內，簽押作准，則現時美國不堅持將該款入約，而商約亦候齊始簽。」〔註127〕

　　不久美政府又指示康格，如果開埠事最後不入約，就算由中國自開，美

〔註121〕 *Foreign Relations of the United States*, 1903, pp.66～67, Mr. Conger to Mr. Hay July, 1, 1903; Mr. Hay to Mr. Conger, July 13, 1903.

〔註122〕 H.B.Morse, *The International Relations of the Chinese Empire III*, p.424；郭廷以，《近代中國史事日誌》，頁1184。

〔註123〕 *Foreign Relations of the United States*, 1903, p.67, Mr. Hay to Mr. Conger, July 14, 1903：《中美關係史料》，光緒朝五，頁3598，外務部收美使康格譯電，光緒廿九年閏五月二十六日，另北京第一歷史檔案館藏《外務部檔》，卷三五八二，文同上。

〔註124〕 《中美關係史料》，光緒朝五，頁3598，外務部面遞美使康格節略，光緒廿九年閏五月二十六日。

〔註125〕 美國原要求奉天、大東溝、哈爾濱，外務部以哈爾濱仍虞俄國反對，表示困難，見 *Foreign Relations of the United States*, 1903, p.p.69～70, Mr. Conger to Prince Ching, July 22, 1903.

〔註126〕 《中美關係史料》，光緒朝五，頁3609，外務部收美使康格函，光緒廿九年六月初二日。

〔註127〕 羅香林，《梁誠的出使美國》，附錄二，梁誠使美所遺文件，頁244，外務部來電，光緒廿九年六月初五日早九點到；同上書，頁244，致外務部電，光緒廿九年六月初七日發；《中美關係史料》，光緒朝五，頁3666～3667，外務部駐美大臣梁誠函，光緒廿九年七月十八日。

國也將拒簽商約，此外，美國同意西曆十月八日俄國撤兵後，再將東三省開
埠列入商約，而商約亦於同日簽訂。美國並要求在中美商約換約三個月後，
應將奉天、大東溝開放通商。〔註 128〕美國的強硬立場經康格傳達給奕劻，奕
劻認為前此俄對英、美所作聲明並未知會中國，可證俄國並未放棄反對的立
場。他請求美政府信任中國曾做之保證，只要俄國撤兵，中國一定盡快開埠。
奕劻又稱如此時將開埠列入商約，將來其他國家與中國開議商約時，亦將會
要求其他更多的口岸，因此他提出一變通方法，即有關開埠條款以交換備忘
錄形式作為商約的補充，如同密約一般。但康格的態度十分堅定，完全按照
美政府的訓令，僅對開埠時間稍作讓步，表示可在換約後，俟中國在各開埠
地點恢復行政，再擇一適當時間為之。隨後，在六月十六日（8 月 8 日），外
務部照會美使，表示接受美政府提議，但若西曆十月八日俄軍仍未撤退，則
再由外務部與美使舉行商談。外務部意在以俄軍撤退與否作為條件，但康格
拒絕收下這件照會，外務部先後曾嘗試兩次，康格終於表示不惜決裂的態度，
限外務部在六月二十二日（8 月 14 日）前，致送相關書面承諾，否則有關商
約談判拖延甚至失敗的責任概由中國負責。最後外務部終於屈服，六月二十
一日（8 月 13 日），外務部照會美使，商約內容照其所請辦理。〔註 129〕七月，
美國根據其海軍調查，由美使轉告慶親王奕劻，決定將開埠地點中之大東溝
改為安東縣。〔註 130〕

清廷已同意將東三省自開口岸一節列入商約。但在上海的中國議約代表
於商議東三省開埠條文時，〔註 131〕發現美方函送約款並未提及自開字樣，
〔註 132〕立刻提出質疑。美方表示現訂約文，係比照中英商約辦理，英國既

〔註 128〕 *Foreign Relations of the United States*, 1903, p. 70, Mr. Hay to Mr. Conger, July 26, 1903.

〔註 129〕 同上註，p.p. 71～74, Mr. Conger to Hay, August 14, 1903；《中美關係史料》，頁 3628，外務部致美使康格照會，光緒廿九年六月十六日；同上書，頁 3643 ～3644，外務部致美使康格照會，光緒廿九年六月廿一日，外務部收美使照會，光緒廿九年六月廿二日；羅香林，前引書，頁 247，外務部來電，光緒廿九年六月廿八日晚十點到。

〔註 130〕 *Foreign Relations of the United States*, 1903, p.p.74～75, Mr. Conger to Mr. Hay, August 25, September 9, 1903.

〔註 131〕 此時盛宣懷已加入，三月盛在北京時，即奉上諭，令其隨同袁、張、呂、伍等人會議商約事宜，五月，盛稱病出京，到上海。夏東元，《盛宣懷傳》，頁 521。

〔註 132〕 呂、盛、伍三人原擬將奉天、大東溝開埠通商仿照岳州辦理，但美方所擬條

可約開，美國自無不准之理；又謂：「約開則彼此有權，於中國有益，自開則美國無權，設有人限制中國不能予美國以利權，美國即無如之何，與不入約相等，且岳州章程，爲各國所不願，至今無人前往，若照此章，是直禁止西人前赴東三省也。」中方代表堅持須說明自開，美方代表主推由駐京美使向外務部商定，中方代表認應先擬定底稿，於是酌改條文爲：「此約已經批准互換後，中國政府應允將盛京省之奉天府及盛京省之安東縣二處地方，由中國自行開埠通商，此二處通商場訂定外國人居住合宜地界，並一切章程，將來由中美兩國政府會商定。」〔註133〕經美方代表認可後，再分別向上請示，後經雙方同意，列爲中美商約第十二款第二節。

　　中日商約談判自三月起暫時停頓，其間清廷曾派副總稅務司裴式楷去日本，藉參加大阪博覽會之便，暗中求日本政府通融。〔註134〕同時間，盛宣懷於三月十一日奉旨隨辦商約。〔註135〕日本政府視此爲解決談判問題的良機，乃飭駐京公使內田康哉直接在北京與盛談判解決有關：1. 釐金，2. 北京開埠；3. 米糧輸出等三事。在會談裡，盛雖對解決前二事表示困難不大，但是內田與盛宣懷間談判終究沒有獲致具體結論。〔註136〕四月二十日（5月16日），張之洞抵京，五月十一日（6月6日），盛宣懷稱病出京，〔註137〕於是由張之洞來接手與日公使內田談判，至六月底，三事大致議定。其中北京開埠一事，張之洞表示因治外法權尚未取消，時機尚未成熟，且提出條件，即除非俟華北地區所有外國軍隊，包括北京東交民巷護館軍隊全部撤退，屆時北京才可能開埠。此條件經由內田轉致日本政府，日政府表示僅可接受直隸省撤兵，北京使館之衛隊則不可撤。日公使內田在權衡之下，擬將北京開埠及滿州開埠問題提出另議，但日本在上海之談判代表日置益及小田切致電東

　　　　文則爲：「中國政府允准已互換此約，即行開盛京奉天府暨盛京省安東縣二地
　　　　方爲西人居住通商口岸。」，以上見《清季外交史料》，卷一七四，頁1b～2a，
　　　　呂、盛、伍三使致外部盛京大東溝開埠通商依照岳州辦理電，七月初九日；
　　　　同上書，卷一七五，頁1a，呂、盛、伍三使致外部與美使商自開奉天商埠及
　　　　改稅則電，八月初一日。
〔註133〕《清季外交史料》，卷一七五，頁1～3a，呂、盛、伍三使致外部與美使自奉
　　　　天商埠及改稅則電，八月初一日。
〔註134〕丁名楠等，《帝國主義侵華史》，第二卷，頁167～168。
〔註135〕《愚齋存稿》，卷九七，頁15，寄滬呂大臣海寰伍大臣廷芳，三月十二日；《日
　　　　本外交文書》，第三六卷，冊二，頁63。
〔註136〕《日本外交文書》，第三六卷，冊二，頁64～68。
〔註137〕夏東元，《盛宣懷傳》，頁521；郭廷以，《近代中國史事日誌》，頁1173～1180。

京，堅持滿州開埠列入商約，日本政府採納上海方面的意見，飭內田繼續爭取。又經過一番磋商，最後雙方同意將北京開埠入約，但仍以各國撤兵爲條件，約後且以交換照會作爲附件。至於滿州開埠，則比照美國辦法，俟西曆十月八日再行入約，開放地點則爲奉天府、大東溝，此外，又添入長沙開埠，這部份條文則比照英約辦理。〔註138〕

中美、中日商約在光緒廿九年八月十八日（1903 年 10 月 8 日）於上海簽訂，然未幾，九月九日（10 月 28 日），俄軍進占奉天省，東三省開埠頓時絕望。次年初，日、俄談判破裂，開啓了日俄戰爭，中美、中日商約有關滿洲開埠事宜，只有暫時擱置，待戰事結束，東三省的開埠，才又露出了一線曙光。

第四節　此期自開商埠的辦理情形

從庚子拳亂之後，中國歷經八國聯軍、辛丑和約談判、東三省撤兵交涉，又在三年內分別簽訂了中英、中美、中日商約，清政府可說已心力交瘁。早在光緒廿六年（1900），張之洞以美國人所測量之粵漢鐵路擬定武昌爲起點，乃奏請將武昌城北十里外沿江地方作爲自開口岸，其時移駕西安的清廷，批准了這項請求。〔註139〕光緒廿八年（1902），張之洞曾奏報籌備情形，但後來不知如何，武昌直到清亡未正式開埠。〔註140〕雖然武昌開埠之議，遠在中英商約簽訂前提出，但至少清廷在商約談判結束以前，仍然沒有大開門戶，廣闢商場的意念。由張之洞等人所倡導之東三省開門通商論屢起屢挫的過程看來，當時飽經風波的清廷，實在沒有信心，去接受類似的對外政策。

自光緒二十年至二十九年（1901～1903）所展開的一連串商約談判，使清廷又面對多起的開埠要求，除了英、美、日各有所求外，連葡萄牙也以加稅作爲要挾，請將澳門對面島嶼開爲商埠，〔註141〕這無疑對清廷造成不小的

〔註138〕《清季外交史料》，卷一八〇，頁 3～4、頁 8～9、13～15、《日本外交文書》，第三六卷，冊二，頁 69～77、80～86、88～89、93～94、97～102、109～118。

〔註139〕《張文襄公全集》，卷五十二，頁 1，請自開武昌口岸摺，光緒廿六年十一月十八日。

〔註140〕《約章成案匯覽》，卷七下，頁 5～7。

〔註141〕《清季外交史料》，卷一六三，頁 19b，外部致呂海寰、盛宣懷澳門對面島請開商埠斷不可允電，八月廿四日。

困擾。自開口岸辦法較約開口岸有利，朝野逐漸對此點取得更多的共識。商約談判代表在與外人討價還價時，無不希望採取自行開埠的方式；再進一步如張之洞者，更提出三條件，以確保自開口岸能確實的自行管理。而外人在談判時，也表示並不反對中國採行自行開埠的方式，這也給中方談判代表帶來一些鼓勵。光緒廿九年六月，正在上海辦理中美、中日商約談判的呂海寰、伍廷芳二人，聯銜奏請廣闢商場，他們認爲「與其顯允要求，多立租界，何如隱爲籌制，預闢商場。」除此之外，他們又主張：

> 現請以上海爲倡，擬於緊要租界外闢一通商場，咨訪寧波等處，參以洋場辦法，多開馬路，設立巡捕、工部等局，妥定章程，舉商董以主其事，墊辦經費，先由商董公籌，隨後收捐歸補，官督其成而不相擾，上海果辦有成效，推至他處接踵奉行，要非難事。〔註142〕

呂、盛的意見獲得外務部的贊成，七月十九日奉硃批：「依議，欽此」，遂由外務部分咨各省，由各省督撫詳細查勘，如有形勢扼要，商賈薈萃，可以自開口岸之處，隨時奏明辦理。從此以後，明確的說是自光緒三十年（1904）以後。中國自開商埠的數量越來越多。

在本期內實際開放的商埠，僅上海閘北、長沙、濟南、濰縣、周村五處（參見附圖4-4-1）。長沙的地位極易引起爭議，有人可以援引中英商約及中日商約，認爲長沙仍係約開口岸，但在中英，中日商約中載有下述條文：

> ……各國人民在該通商口岸居住者，須遵守該處工部局及巡捕章程，與居住各該處之華民無異，非得華官允准，不能在該通商口岸之界內自設工部局及巡捕。〔註143〕

這意味著外人不能再如以往一般，在通商口岸獲得對當地行政、警察的支配權。從言個角度來看，長沙與以往的通商口岸已有極大的區別，可視爲與自開商埠無異。

〔註142〕台北中央研究院近史所藏，《外務部檔》，02-14，14-（3），各項條陳。
〔註143〕《清季外交史料》，卷一六二，頁24；同上書，卷一八〇，頁8～9。

附圖 4-4-1：1900～1904 年中國自開商埠圖

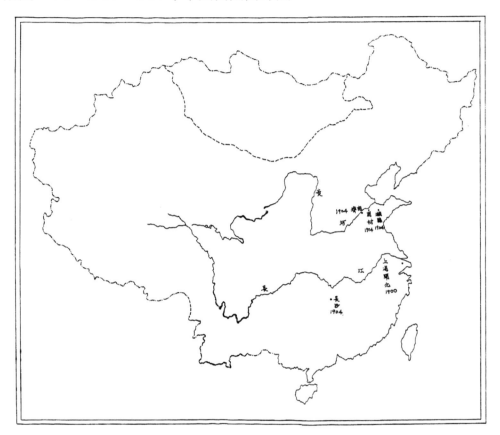

　　以下擬對上海閘北、長沙、濟南、濰縣、周村的開埠經過作一概括敘述。

（一）上海閘北

　　上海自開埠通商，設立租界以來，閘北地方日益繁榮，但外人不斷越界築路，企圖擴張租界。地方紳商有鑒於此，乃計畫於閘北自闢商場，以為抵制的辦法。光緒廿六年（1900）由陳紹昌、祝承桂等籌集股款，發起興築橋路工程。陳、祝等人並且獲得兩江總督的批准，聯合上海、寶山兩縣地方人士，共同組織「閘北工程總局」，這是上海閘北自闢商場的起源，也是最早由紳商辦理的商埠。可惜由於資本困難，以及外人越界侵權事件越來越多，光緒三十年（1904）已有改歸官辦的跡象，經過官紳往復籌議，終於光緒三十二年閏四月（1906 年 5 月）決定將原來的「閘北工程總局」改組為「北市馬路工巡總局」，由上海道瑞澂為督辦，道員徐乃斌為總辦，從此上海閘北自闢

商場改歸官辦。〔註144〕上海閘北自闢市場原先並未公開宣布，至光緒三十二年英美兩國公使相繼照會外務部，表示閘北在上海通商口岸之內，中國欲設立商場，實於租界有礙，他們要求在上海租界鄰境各處，不得再議設立華人市場、工巡局等事。〔註145〕外務部則堅持上海閘北地方在租界範圍之外，而由中國自行開闢市場、設工巡局，係屬治理地方應辦之事，爲中國內政，且洋商亦准於閘北居住，可見並無限制抵阻之意，因此礙難同意英美使的要求。〔註146〕後英國公使又反覆要求，外務部始終堅持不允，〔註147〕針對閘北所交涉直到清亡爲止，仍此起彼落。〔註148〕

（二）長　沙

開埠時間在光緒二十九年十月。中日商約簽訂後，長沙開埠已成定局。而湖南地方官早於光緒廿七年中英進行商約談判時，即已了解長沙以後必將開埠。稍後在趙爾巽任湖南巡撫時，便開始著手籌備，趙先委任署理鹽道（原任長沙府知府）顏鍾驥及補用道俞明頤總辦長沙開埠事宜，光緒三十年正月，又改派朱延熙及張鶴齡二人。四月，又以朱延熙爲鹽法長寶道兼充長沙新關監督。〔註149〕

對於開辦方式，趙爾巽原擬仿照岳州先例，以自開埠模式自行開辦。總稅務司赫德認爲長沙開埠已列入約章，即不得不會同日本領事辦理，以免日後翻案。但趙爾巽一再請示將長沙預作自開口岸，外務部也以前述條約中規定外人不能自設工部局及巡捕，自與約開口岸情形不同，贊成趙爾巽的作法。

〔註144〕蔣慎吾，〈上海市政府的分治時期〉，《上海通志館期刊》，第二卷，第四期，頁 1348～1250。
〔註145〕北京第一歷史檔案館藏，《外務部檔》，卷六三一，外務部照復英嘉署使、美柔使上海閘北自闢市場准許商一體居住幷無限制抵阻之意由，光緒三十二年。
〔註146〕同上註。
〔註147〕《光緒丙午（三十二）年交涉要覽》，下篇，卷一，頁 44～45，外務部照會上海租界外自設市場係屬中國內政所請無庸設立礙難允認文，八月：台北中央研究院近代史研究所藏，《外務部檔》，02-11，18-（8），光緒三十二年七月初二日收英嘉署使照會；同上，同上光緒三十二年七月初八日發英嘉署使照會；同上，光緒三十二年八月初三日收英國公使朱照會；同上，光緒三十二年八月十九日收英使朱照會。
〔註148〕參見：台北中央研究院近代史研究所藏，《外務部檔》，02-11，18-（3），上海工部局在閘北華界爭奪警權馬路事。
〔註149〕台北中央研究院近史所藏，《外務部檔》，02-11，16-（1），英日長沙租界案，光緒三十年十月十二日，外部收署湖南巡撫文，附說帖。

但外務部也建議趙爾巽：「俟諸事議有規模，應否先告日本駐漢口領事，以免異議」。〔註150〕所謂諸事，即先酌定通商界址，由監督會同稅務司設立工部局，自築碼頭道路，自派洋巡捕長，帶同華人巡捕巡查，並定收碼頭費用，以資公用，此外，須先曉諭當地居民，不得將地畝賣與外人，以保主權。

在獲得外務部的支持後，長沙便開始籌辦相關各事。首先由原署岳州關稅務司夏立士（Alfred H. Harris）在光緒二十九年十月底會同洋務局官員，勘定長沙北門外地方為通商仄用，西門外則准作輪商租賃碼頭之用，洋商住家及貨棧工廠則不宜設於此地。光緒三十年正月，日本駐漢口領事永瀧至長沙履勘，對於北門外作為商界一事，亦表認可，並同意在界內分段認租，不再另索專界。於是由洋務局出示曉諭，聲明北門外畫定一切地基，留為通商租界之用（見附圖 4-4-2），所有房屋田畝不准民間私相授受，由官酌定統一價格，分別收買；並派員設立清丈局，按段丈量，查明地主姓名，造具魚鱗清冊，以便隨時收購。除北門之外，西門外沿河一帶，亦經地方官出示聲明，准予外人按照內港行輪章程，自向民間租建輪船碼頭，不准承賣外人，〔註151〕五月十八日，長沙正式開關通商。〔註152〕

界址確定後，再由原岳州關稅司夏立士參酌岳州章程前例，擬訂長沙通商租界租地章程等五章程。〔註153〕經洋務局審議，只稍增改租地章程，便全部接受，再送交駐漢日本領事永瀧。其中租地章程較為重要，大致規定租界內土地由官收購，酌分等第，轉租外人，租銀按年完納，此外租戶須另完錢糧、工巡等捐。工程等事大都由海關監督會同稅務司辦理，租約以三十年為一期，期滿再行續訂。在這分章程裡，可以很明顯看出岳州模式的影子，即

〔註150〕北京第一歷史檔案館藏，《外務部檔》，卷三九四七，光緒廿九年十月二十四日，赫總稅司致丞參信一件；同上，卷四八〇七，光緒廿九年十月二十七日，湖南巡撫電一件；同上，卷二五〇〇，光緒三十年二月二十七日，外部咨湘撫；同註144。

〔註151〕同註144；《約章成案匯覽》，乙篇，卷七下，頁13～17，湘撫趙奏籌辦長沙開埠情形並請指撥的款摺。

〔註152〕《光緒朝中日交涉史料》，卷六八，頁15，（五〇一一），護理湖南巡撫張紹華致外務部電，光緒三十年五月十八日。

〔註153〕同註144；北京第一歷史檔案館藏，《外務部檔》，卷四八〇七，湖南巡撫咨送夏稅司擬辦長沙開埠章程請查照由，光緒三十年三月十六日。五種章程分別是：長沙通商口岸租界章程內附租界外租界地章程，長沙通商租界華洋商民應遵章程，長沙通商租界設立巡捕總章程，長沙通商租界巡捕衛巡役應遵章程，長沙巡捕衛與地方官交涉公事詳細章程。

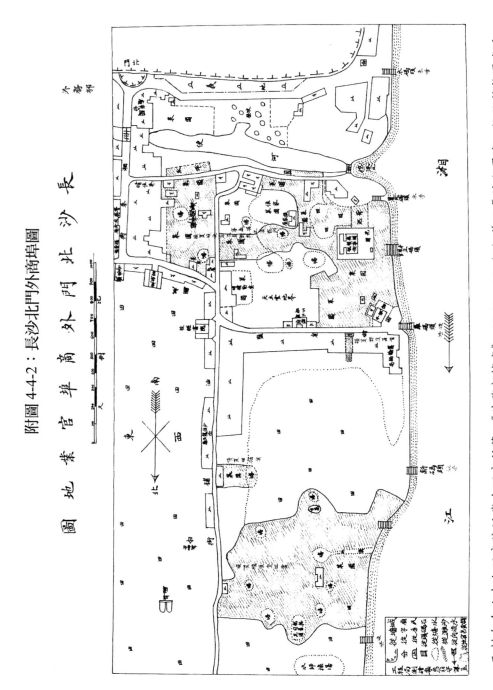

附圖 4-4-2：長沙北門外商埠圖

取材自台北中央研究院近代史研究所藏，《外務部檔案》，02-11，16-（3）英日長沙租界案，按估計該圖當為光緒三十年（1904）至光緒三十二年（1906）籌辦開埠初期所繪。

使認爲長沙租地章程係以岳州章程之翻版，亦不爲過。〔註 154〕日領事永瀧對上述章程均表認可，但對每年繳納租金表示「究屬不便」，請仿照蘇杭章程，併作一次完納，但租價尚未議定，永瀧即被調回國。十月，由署領事吉田與長沙關監督朱延熙交換照會，中方接受日方降低租價要求，日領事也在租地章程上畫押，〔註 155〕這代表了日本接受了長沙租界租地章程（參見附錄五）。

根據租界租地章程，相關工程便由長沙關監督會同稅務司辦理，初步估計需要開埠經費三十多萬兩。湖南巡撫趙爾巽奏請指撥三十萬兩，奉硃批：「該部議奏，欽此。」經外務部、戶部議覆：「查照蘇杭開埠成案，由該撫自行籌措，俟開關後，在關稅內陸續歸還。」於是湘撫趙爾巽只好先從釐金、善後兩局先行挪借。〔註 156〕又根據租界租地章程，可由本省大憲請稅務司與監督會商辦理巡捕事宜。於是便由湘撫派人赴上海，選僱英人凱利來湘辦理捕務，並與之訂立合約，歸湘省督辦大員節制差遣，倘有不遵約束調度，即時銷差；先在西門外輪船碼頭一帶，挑募華捕六十名，交予訓練，先行開辦，俟通商租界辦成，再添募六十名。這種僱傭洋捕頭訓練管帶華捕作法，是師法上海租界，但與上海不同的是，巡捕的管理權仍操在中國地方官手裡，此點乃師法寧波之作法。〔註 157〕

長沙在開埠以後，雖按部就班的籌辦各相關事宜，租地章程也獲得了日本的同意，輪船只能停靠西門外指定的碼頭。然而英人卻對種種限制不滿。光緒三十年英商貝納賜（Bennertz）在長沙城內開設洋行，引起長沙全體紳商的反對。後貝納賜事件雖然於二年後了結，但英國公使及英駐漢口領事（按英國直到光緒三十三年（1907）始設駐長沙領事）藉此事件堅持主張長沙係約開口岸，英人有權入城貿易，此外並且拒絕承認長沙租地章程。〔註 158〕英

〔註 154〕參照岳州；長沙租地章程，見附錄 4、5。

〔註 155〕同註 144；台北中央研究院近史所藏，《外務部檔》，02-11，16-（1），英日長沙租界案，中日往來照會，附於光緒三十年十月十二日署湖南巡撫文。

〔註 156〕同註 144；《約章成案匯覽》，卷七下，頁 13～17，湘撫趙奏籌辦長沙開埠情形並請指撥的款摺；同上書，卷七下，頁 17～19，外部等議覆湘撫趙奏請開辦長沙口岸事宜並請撥的款摺；《清實錄》，卷五二八，頁 17b。

〔註 157〕同註 144；另關於寧波，可參看第二章第三節，或參見《皇朝政典類纂》，卷四九八，頁 12～13。

〔註 158〕《光緒朝中日交涉史料》，卷六八，頁 27～28，（五〇二三）署湖南巡撫陸元鼎致外務部電，光緒三十三年九月十九日到；台北中央研究院近史所藏，《外務部檔》，02-11，16-（1），英日長沙租界案，外務部收英薩使信一件，光緒三十年十月初九日；同上，02-11，16-（2），外務部收英薩使照會一件，光

國的立場獲得其他國家的支持，〔註 159〕不久，日本也改變態度，附和列強主
張。〔註 160〕中國初則堅持長沙城內不得設行的立場，後則由湖南地方官與英、
日駐長沙領事商議的酌改章程。但英、日領事的態度強硬，堅主先准入城貿
易，再論租地章程。光緒三十三年英國公使又要求停止徵收碼頭捐。〔註 161〕
所謂碼頭捐，是在海關稅之外，在本通商口岸碼頭報關、上下過載、轉運等
貨物中，照已完稅銀百兩者，捐收二兩，以爲建造碼頭、修理官路之用，列
在長沙租界租地章程第七條。〔註 162〕碼頭稅的徵收，早在岳州和三都澳開埠
即有先例，那時駐北京公使團即曾向總理衙門表示反對，〔註 163〕英日企圖藉
著要求進入長沙城內貿易，順勢主張廢去碼頭稅。對於英、日的要求，或許

緒三十年十一月二十三日；《光緒丙午（三十二）年交涉要覽》，下篇，卷二，
頁 55～58，湘撫龐咨英商目納賜在長沙城內開設行棧業經遵徙議結摘錄始末
情形請查照備案文，光緒三十二年閏四月；北京第一歷史檔案館藏，《外務部
檔》，卷九六三，中英關係，會晤問答，光緒三十二年十月二十六日，十一月
二十日，英朱使偕翻譯來署，十月二十六日，由外務部會辦大臣瞿鴻禨及左
侍郎聯芳接見，十一月二十日則由瞿鴻禨和署外務部右侍郎唐紹儀接見。按
在這兩次會晤裡，英使曾提出長沙城內開設行棧事，但外務部以湖南地方官
紳反對，而加以拒絕。

〔註 159〕法國公使首先附和英使的立場。此外，據楊世驥著《辛亥革命前後湖南史事》
　　　　　所敘述，駐長沙之英美德法日等國領事於光緒三十年即逐漸聯合向湖南當局
　　　　　施壓，要求長沙不分城內城外，任其自由租地。但經初步查考，這些國家最
　　　　　早只有日本於光緒三十一年在長沙設副領事，其詳細仍待進一步查證。台北
　　　　　中央研究院近史所藏，《外務部檔》，02-11，20-（5），發湖南巡撫咨，光緒
　　　　　三十一年六月初四日；楊世驥，《辛亥革命前後湖南史事》，頁 16～17；《清
　　　　　季中外使領年表》，頁 201。

〔註 160〕《光緒丙午年（三十二）交涉要覽》，下篇，卷二，頁 48，外務部咨日使
　　　　　請在湖南長沙城內開設棧免納釐金業已援照商約駁覆文，光緒三十二年十一
　　　　　月。

〔註 161〕《清季外交史料》，卷二〇一，頁 19～20，湘撫岑春蓂致外部日商如抗繳認
　　　　　定之捐前許留船碼頭地段亦擬作廢電，光緒三十三年二月二十一日；北京第
　　　　　一歷史檔案館藏，《外務部檔》，卷七〇一，英使照會一件，請將長沙抽收碼
　　　　　頭捐停止，光緒三十三年四月十二日。

〔註 162〕《約章成案匯覽》，乙篇，卷十上，頁 116～120，又收入王鐵崖編，《中外舊
　　　　　約章匯編》，第一冊，頁 271。

〔註 163〕王鐵崖編，《中外舊約章匯編》，頁 927～928，岳州城陵磯租地章程。顧維鈞
　　　　　首先注意到三都澳徵收碼頭稅是一項重要的個案，並以之來描述自開商埠的
　　　　　特點，顧氏並且描述早在光緒二十四年（1899）各國駐北京公使團，即曾致
　　　　　函總理衙門，表示反對三都澳徵收碼頭稅，見 Wellington Koo, *The Status of
　　　　　Aliens in China*, p.p.373-374.

是由於湖南紳商的集體反對，清廷乃湖南地方官乃始終沒有表示屈服。〔註164〕不過，在實際上，洋人在租地界限以外租地，仍時有所聞。〔註165〕而長沙碼頭稅問題則直到清亡仍未解決。〔註166〕

（三）濟南、濰縣、周村

光緒三十年三月十六日，直隸總督袁世凱、山東巡撫周馥以上年呂海寰等廣開商場的奏摺已爲清廷所接受，而當時膠濟鐵路已修至濟南，此後津浦鐵路也將通過濟南，於是袁、周乃請援照秦皇島、三都澳、岳州成案，於濟南城外自開商埠。此外濰縣及長山縣所屬之周村爲膠濟鐵路要站。袁、周亦請將此兩處一併開作商埠，作爲濟南分關。〔註167〕四月一日外務部在議覆時贊成袁、周的意見，經硃批：「依議，欽此。」〔註168〕外務部依照袁、周的提議，先行於四月初三日照會各國公使，〔註169〕於是濟南、濰縣、周村的開埠成爲定局。

濟南等地的開放在自開商埠發展過程裡，是項重要的里程碑，不只是由於濟南本身省會的地位，更是因爲濟南、濰縣、周村等地均有鐵路經過，且都不濱江靠海，正是以前陳其璋所謂「鐵路口岸」的體現。袁世凱等雖曾援引秦皇島等先例作爲理由，但實際上以前的先例並不適用於濟南等地。總稅務司赫德首先注意到上述情形，他認爲陸路商埠雖各不相同，訂立章程不如水路容易，但仍有相通之處，他主張憑此相通之處，擬一通行章程，嗣後即由各處隨各地不同情形自行另訂分章，至於此通行章程內容，他提出居住、貿易、自辦郵政三事。〔註170〕五月，北洋大臣袁世凱向外務部提出濟南等處

〔註164〕關於湖南紳商反對洋人在界外租地，台北中央研究院近史所藏，《外務部檔》，02-11，16-（3），湖南巡撫文，附湘紳公呈，光緒三十二年十二月初四日。

〔註165〕楊世驥，《辛亥革命前後湖南史事》，頁17。

〔註166〕至民國以後，長沙徵收碼頭捐一事仍未徹底解決，不時引起中外交涉，見台北中央研究院近史所藏，《外交部檔》，03-19，10-（1），（2），（3），長沙關徵收碼頭捐案。

〔註167〕《清季外交史料》，卷一八二，頁13～14。

〔註168〕《約章成案匯覽》，乙篇，卷七下，頁10～11；《清實錄》，卷五二八，頁15。

〔註169〕台北中央研究院近史所藏，《外務部檔》，02-13，53-（1），光緒三十年四月初三日，外務部發各國駐京公使照會。

〔註170〕關於居住，赫德主張擇地定界，洋商即准在界內建築房屋行棧，界內之地應訂租會並應交錢糧若干，每屆何時交納，同時亦應設華人居住場所；由省憲即總督或巡撫派委員管理一切；又應設巡捕，隨地酌派洋員管帶，凡犯法華人交地方官、洋人交最近領事官辦理，若遇華洋按案，應由委員即請最近領

商埠應辦事宜節略，其內容即本赫德原則而稍加引申推廣。

　　光緒三十年七月十二日濟南商埠總局正式成立，稍後訂由濟東泰武臨道就近監督。〔註171〕至遲至光緒三十一年正月，由袁世凱及前後任山東巡撫周馥、胡廷幹決定以濟南西關外膠濟鐵路迤南，東起十王殿，西至北大槐樹，南沿長清大道，北以鐵路為限，計東西不足五里，南北約可二里，共地四千餘畝，作為自開商埠所在地（參見附圖 4-4-3），開放華洋商人任便往來租地設棧、居住貿易。袁世凱等並先擬開辦章程九條作為初步大綱，綜括其主要內容如下：

　　（一）畫定商埠界限：准有約各國在商埠設立領事；准各國商民任便往
　　　　　來居住貿易，與華商一律；商埠定界以外，洋商不得租賃房屋，
　　　　　設立行棧。

　　（二）濟東泰武臨道就近監督商埠事宜：商埠應辦工程局、巡警局、發
　　　　　審局。

　　（三）商埠開辦經費：如購買地畝、舉辦工程，及常年經費如辦事人員
　　　　　薪水，一切因公雜項等應先行奏撥專款，隨時動支。

　　（四）先測量商埠土地：依重要性先後，規畫修築馬路、溝渠、建衙署、
　　　　　押所、市場、開井泉、種樹木等都市公共建設。

　　（五）設立郵政、電報、電話，並嚴立限制，不得由外人開設。

　　（六）暫不設立稅關章程，應抽之房舖大小車輛各項捐稅，查看情形，
　　　　　照各埠通例依次抽收。〔註172〕

二月初二日，外務部將上述開辦章程照會各國公使。〔註173〕

　　　　事前來會審。關於貿易，赫德不主立即設關抽稅，他以為按現行辦法辦理即
　　　　可，不必因設立商埠而徵收重稅，他認為不妨先於開辦後兩三年後，先行查
　　　　看各埠情形，再行定奪。除居住、貿易兩事之外，赫德更提出郵政應由中國
　　　　自辦，不得由外人開設。《約章成案匯覽》，乙篇，卷七下，頁 24～26，總稅
　　　　務司赫申復山東添開商埠預為籌畫應辦事宜文，光緒三十年。

〔註171〕台北中央研究院近史所藏，《外務部檔》，02-13，53-（1），光緒三十年七月
　　　　二十七日，山東巡撫文。

〔註172〕《光緒乙巳（三十一年）年交涉要覽》，上篇，卷一，頁 13～15，北洋大臣
　　　　袁等會奏濟南自開商埠先擬開辦章程摺。

〔註173〕台北中央研究院近史所藏，《外務部檔》，02-13，53-（2），光緒三十一年二
　　　　月初二日發英國公使薩道義照會，同日行法、俄、美、日等十四國公使照會
　　　　同上。

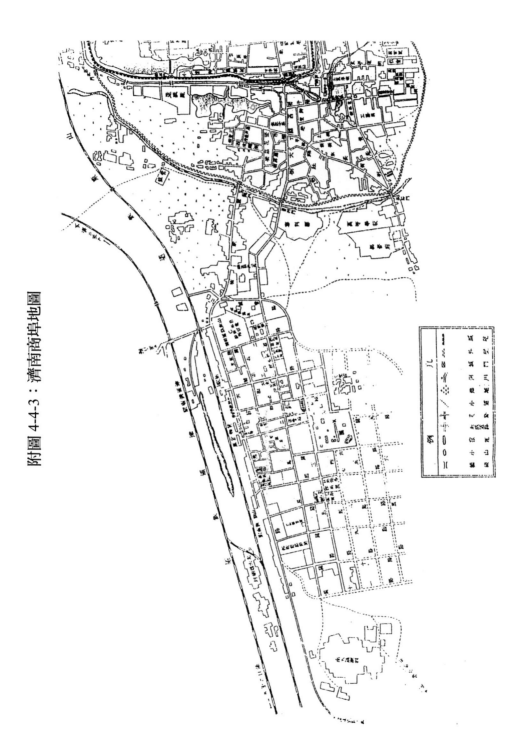

附圖 4-4-3：濟南商埠地圖

取材自《支那省別全誌》山東省，按估計該圖當係民國二年（1913）至民國七年（1918）所繪。

　　除了開辦章程，同年十一月又由商埠局員擬定濟南商埠租建章程十五條、巡警章程十四條，經袁世凱及新任山東巡撫楊士驤同意於十二月十六日開埠試辦，並咨請外務部將租建、巡警章程分送各國公使查照。〔註174〕

　　英人首先表示對濟南開辦章程不滿，光緒三十一年二月（1905年3月），英公使照會外務部，反對英商受濟南開埠章程限，反對中國官吏干預商埠租地事務，且以蘇州、杭州、岳州、吳淞等商埠爲例，說明開埠章程限制過多影響商業興旺。〔註175〕在濟南訂定租建及巡警章程後，三月，英公使又飭濟南英領事照會山東巡撫，表達英國對濟南商埠章程的不滿。〔註176〕英使認爲：「濟南商埠所擬新章，雖然未有顯明違悖約章之處，然此章已出，則中國官員干預外人之事權，較往日過重多矣，應當概不照准。」〔註177〕一位當時駐北京的美國外交官在他撰寫的備忘錄裡，表示從光緒二十二年（1896）蘇州、杭州開埠章程到十年後的濟南章程，中國對限制外人在居留地（settlement）內所享特權予以限制一事表現出很大的進步（great advance）。〔註178〕平心而論，濟南章程對於保存中國主權，確是所有自開商埠中最佳的模式。它對租地程序的嚴格管理，使得外人以往在租界的特權受到抑制，它對郵政、電報、電話、瓦斯等事亦堅持中國自有利權；此外，它對都市建設的規畫，較之前此各自開商埠更是有過之而無不及。〔註179〕

　　開辦濟南商埠，最大的困難在於經費。山東地方官爲經費的籌措幾至傷透腦筋。濟南商埠經費依其用途可分爲開辦經費和常年經費，如上述開辦章程主要內容第三條。經費來源最早由籌款局墊借庫平銀三萬兩；後來陸續從膠州海關關稅撥解三十九萬一千五百兩作爲開辦經費，此外自光緒三十一年

〔註174〕《光緒乙巳（三十一年）年交涉要覽》，上篇，卷一，頁52，北洋大臣袁等咨濟南定期開埠請將租建巡警章程分送國公使查照文。

〔註175〕台北中央研究院近史所藏，《外務部檔》，02-13，53-（2），光緒三十一年二月十八日收英國公使薩道義照會。

〔註176〕北京第一歷史檔案館藏，《外務部檔》，卷六二八，光緒三十一年三月英國濟南領事給山東地方官信。

〔註177〕同上註。

〔註178〕*Foreign Reletions of the United States*, 1906, p.p.292～293.
Rockhill to the Secretary of State, Inclosure I, "Foreign Settlement at the Open Port of China".

〔註179〕除了以往曾規畫馬路、溝渠、衙署外，濟南甚至還建造有公園這種休閒設施，見《光緒乙巳（三十一）年交涉要覽》，上篇，卷一，頁15～19，濟南租建章程，第三節乙項、第九節；David D. *Buck, Urban Change in China*. P.53.

（1905）年起每年商埠局收有零星房租作爲常年經費（見表 4-4-1）。然而由於建設耗費頗鉅，在開辦經費方面，雖可由膠州海關稅獲得接濟，但須獲得戶部和海關總稅務司的同意，而戶部又堅持不許將膠州關稅每年撥解部分作爲開埠之用，〔註 180〕如光緒三十二年（1906）竟無開辦經費收入。在常年經費方面，僅有二百至一千餘兩等房租收入，戶部亦拒絕提撥膠州關稅支持常年經費。因此，濟南商埠局的財政在光緒三十二年（1906），開始出現支出大於收入情況。由於經費的困難，山東地方官甚至挪用先前爲提倡實業而招集商股之銀十五萬二千兩，來支付開辦經費。〔註 181〕但直到光緒三十四年（1908），因商埠常年經費始終沒有固定可靠來源，當時直隸總督楊士驤和山東巡撫袁樹勛乃奏請在商埠設關，「專抽火車所運貨物稅捐」，以留作商埠常年經費。但外務部以「商埠商務尚未興旺」爲由，仍主張暫緩設關徵稅，於是乃至商埠內舖房捐也遲遲未收。〔註 182〕不過根據 David D.Buck 的著作，中外商人仍須在濟南支付釐金。〔註 183〕

濟南在開埠以後，由於膠濟、津浦兩鐵路相繼通車，以及外城（圩子）的修建，再加上山東地方官雖在經費限制下仍盡力建設商埠，於是許多中外商店相繼遷至商埠，商埠人口大量增加，商埠的都市發展較濟南城內更快，最後商埠區竟成爲濟南最重要的商業區。〔註 184〕在民國成立以後，商埠的經營方式逐漸爲濟南城內所接受，學者以此認爲由於濟南商埠爲中國人所控制，因此其所造成衝擊尤大。〔註 185〕從另一方面來看，正是由於濟南商埠由中國自開自管，其經營方式爲其他中國內地模仿的可能性遂大於其他約開口岸。在往後自開商埠的發展過程裡，濟南模式是中國主政者心中最爲理想的一個範例。

〔註 180〕台北中央研究院近史所藏，《外務部檔》，02-13，53-（2），光緒三十一年四月初八日收戶部文；同年六月收戶部片；《光緒丁未（三十三）年交涉要覽》，下篇，卷一，頁 56～57，度支那等會奏山東濟南等處商埠經費請由膠關洋稅項下再撥銀十萬兩其常年所需仍應由捐項內籌措摺。

〔註 181〕《歷史檔案》，一九八八年第三期，頁 42～43，山東巡撫孫寶琦等會陳濟埠經費歸商股本息奏摺，宣統二年五月十五日。

〔註 182〕《光緒朝東華錄》，頁 5851～5852；《清實錄》，卷五八七，頁 16；《濟南簡史》，（濟南，濟魯書社，1986 年），頁 382～383。

〔註 183〕David D. Buck, *Urban Change in China*. p.p.52～53.

〔註 184〕《濟南簡史》，頁 383。

〔註 185〕David D. Buck, *Urban Change in China*. p.p.52.

　　除了濟南之外，濰縣和周村也是同時宣布自行開放的商埠。在光緒三十一年（1905）據說濰縣、周村都曾分別勘定商埠地點，但開埠後辦理情形不得而知。〔註186〕

　　除了上述宣布開放之商埠外，本期亦有其他請開口岸事例。

　　在光緒廿九年（1903）七月清廷同意商約大臣呂海寰、伍廷芳奏請廣闢商場意見後，由外務部分咨各省，如有適當地點可以自開口岸，隨時奏明辦理。清廷的諭令或許造成了一種鼓勵自開口岸的印象。同年九月，翰林院待詔趙宣，輾轉上書商部，請將秦皇島西南之金山嘴，由商部自開口岸，他以為藉此則「與他處毫無牽混，不受外人挾制」，可以避免稅款皆為海關抽收，於是「款歸公家，可以藉充庫儲」。他又主張以此新口岸便利之交通地位，必可便利商民。惟商部不敢擅專，仍咨外務部；外務部再轉咨北洋大臣袁世凱，以徵詢他的意見。十月，袁世凱回文認為金山嘴開關口岸，費用將較秦皇島更多，現已經費困難，故金山嘴開口岸事，「請無庸置議」。因袁世凱的反對，金山嘴自開口岸只有作罷。〔註187〕

　　光緒三十年八月（1904年9月）浙江在籍紳士沈守廉上稟外務部、商部、浙江巡撫，請將浙江乍浦自開商埠，沈以收利權為言，於經費來源則主張招集華股或由商人稟借地方公款，分年興修，商借商還。外務部對於集股開埠辦法，表示不可行，但仍徵求浙江巡撫態度。浙撫收文後，轉飭嘉興知府詳查，經調查結果，乍浦自上海通迴後，貿易萎縮，地勢灘堅水淺，不便行輪。光緒三十一年十一月，浙撫咨復外務部，以「庫帑支絀，籌辦萬難」，又不能集股開埠，而「地勢所限，亦屬無利可圖，似不虞外人覬覦」，因此浙撫主張乍浦開埠暫從緩議。〔註188〕

〔註186〕張玉法先生根據《順天時報》，得知濰縣、周村確曾畫定商埠區域，而民國三十年出版的《濰縣志》，卻記載濰縣商埠「迄未實行」，此處暫時對濰縣、周村開埠情形存疑。以上見張玉法，《中國現代化的區域研究——山東省（1860～1916）》，頁597；《濰縣志》（民國30年鉛印本），台北，學生書局，民國57年），卷三，通紀二，頁22b。

〔註187〕北京第一歷史檔案館藏，《外務部檔》，卷四八〇六，光緒二十九年九月十五日，商部咨外部；同年九月二十日，外部咨北洋大臣；同年十月十六日，北洋大臣咨復外部。

〔註188〕北京第一歷史檔案館藏，《外務部檔》，卷四八〇六，光緒三十年八月二十三日，浙紳沈守廉稟呈；同上，同年八月二十九日，外務部咨商部、浙江巡撫；同上，光緒三十一年十一月十九日，浙撫咨復外務部。

　　光緒三十年（1904）有德國駐青島軍官帶同商人前往掖縣勘察，德國領事正式照會中國要求開埠，但未獲允准。〔註189〕

表 4-4-1　濟南商埠收支清單

時間	光緒卅年（1904）	光緒卅一年（1905）	光緒卅二年（1906）	光緒卅三年（1907）
舊管		上年結存庫平銀 25,568.003 兩	上年結存庫平銀 116,922.672 兩	上年不敷庫平銀 48,006.786 兩
新收	收籌款局伯借款經費 300,000 兩	開辦經費：收膠海關撥解庫平銀 194,741.924 兩	開辦經費：無	開辦經費：收膠海關撥解庫平銀 100,000 兩
		常年經費：收五月至年底房租庫平銀 607.74 兩	常年經費：收本年房租庫平銀 1,073.04 兩	常年經費：收本年房租庫平銀 207 兩
支出	開辦經費：庫平銀 1,171.326 兩	開辦經費：庫平銀 42,773.083 兩	開辦經費：庫平銀 121,217.513 兩	開辦經費：庫平銀 3,895.018 兩
	常年經費：庫平銀 3,260.671	常年經費：庫平銀 31,221,912 兩	常年經費：庫平銀 44,784,985 兩	常年經費：庫平銀 49,943.947 兩
		借撥經費：支歸籌款局庫平銀 30,000 兩		
實計	實存庫平銀 25,568.003 兩	實存庫平銀 116,922.672 兩	實計不敷庫平銀 48,006.786 兩	實計不敷庫平銀 1,638.751 兩

（附註：以上資料見《歷史檔案》，1988 年第三期，頁 41～42。）

〔註189〕張玉法，《中國現代化的區域研究──山東省（1860～1916）》，頁 598。

第五章　自開商埠的實踐（三）定型時期（1905～1911）

日俄戰爭結束以後，列強在華勢力大致趨於穩定。日本和俄國於戰後訂立密約，將兩國在東北的利益予以畫分。在原則上，英、美所一貫主張的中國門戶開放政策，大致為各國所接受，即使日本大肆向中國東北侵略擴張時，也不敢公然反對門戶開放政策。總結日俄戰後至辛亥革命前之列強在華作為，英、法、德等國傾向保守既得利益；日、俄則多方侵略；美國雖主門戶開放政策，惟常感孤掌難鳴，仍不時要求中國擴大開放通商投資方面的種種限制。〔註1〕

日俄戰爭對中國來說，可說是非常重要的歷史事件，它使當時革命黨以外的中國，大部分朝野人士都達成一個共識——中國既可以、也應該走君主立憲的路來解決所面臨的危機。立憲運動成為應付變局的最後抉擇。與立憲運動同時勃興且關聯密切的收回利權運動，亦於此時開始蔚為風潮。此外，日俄戰爭更激起中國朝野對經營東北的重視，為了抵制日、俄對東北的侵略，中國將東三省對外大開門戶，對內則實行改制建省。

第一節　東三省大開門戶

自光緒二十六年（1900）俄人佔據東三省後，朝野開始主張將東三省開放通商，如第四章第一節所述。但當時清廷以俄人尚未交還東三省，時機未

〔註1〕傅啟學，《中國外交史》，上冊，頁221～226，郭廷以，《近代中國史綱》，頁354～355；張忠棟，〈門戶開放政策在中國的反應（1899～1906）〉，收入《中國近代現代史論集》，第十四編，清季對外交涉（一），英美法德，頁322～326。

至，不宜因空言先受實禍，拒絕開放通商的建議。〔註2〕

　　光緒二十八年三月（1902 年 4 月）中俄簽定東三省撤兵條約，可是次年三月（1903 年 4 月）俄國在第二次撤兵期限屆滿前，拒不履約，且謀佔東三省。隨之，俄國又向中國提出種種要求，其中之一即要求東三省不得開口通商；後來終經英、美等國施壓，迫使俄國修正它的立場，但直到光緒二十九年八月十八日（1903 年 10 月 8 日）即第三期撤兵期限屆滿，俄國不但無意撤兵，更於次月起又進佔原已撤兵之奉天，擺出不惜與日本一戰的強硬姿態。清廷至是始改變態度，於上述俄軍第三期撤兵期限屆滿同日，分別與美、日簽訂續訂商約；約中同意在簽約六個月之內，中國將奉天、安東（大東溝）自行開埠通商。清廷希望藉美、日兩國經濟力量的引進，以促使俄國撤兵。〔註3〕

　　光緒二十九年十二月（1904 年 2 月）日俄戰爭爆發，奉天、安東（大東溝）的開埠只得暫停。清廷雖在日俄戰爭期間採取局外中立的政策，但已有人開始爲戰後東北的主權地位感到憂慮，於是重提光緒二十六年東三省開放通商的主張。從光緒三十年正月（1904 年 3 月）至光緒三十一年四月（1905 年 5 月），朝野不斷奏請將東三省開放通商（見表 5-1-1）。其中出使法國兼西班牙大臣孫寶琦甚至主張在日俄戰後，除東三省外，連蒙古、新疆都開埠通商。〔註4〕五月，清廷以日俄戰爭已近尾聲，議和將要開始，乃就中國應如何因應及將來接收東三省應如何善後等事，徵求各地方督撫及駐外公使各抒所見。〔註5〕於是清朝內外官吏紛紛上奏，大部分的人都支持東三省門戶開放，理由仍不外乎以開放通商來防止日俄對東三省的覬覦，由我主動較勝於被動等（參見附表 5-1-2）。此外，值得注意的是，受到從日俄戰後開始中國朝野收回利權運動的影響，「利權」的觀念開始與開放通商相連結。〔註6〕而這時輿論界亦有認爲東三省終宜開放者。〔註7〕

　　八月七日（9 月 5 日）日俄訂立朴資茅斯（Portsmouth）條約。八月十八

〔註2〕張守眞，〈清季東三省的改制及其建設（1907～1911）〉，《中國近代現代史論集》，第十六編，清季立憲與改制（台北，商務，民國 75 年），頁 591。
〔註3〕同上註。
〔註4〕參見附表 5-1-1。
〔註5〕《清季外交史料》，卷一九○，頁 5，諭各督撫及各使日俄議和中國應如何因應著各抒所見電，5 月 24 日。
〔註6〕張守眞，前引文，頁 600。
〔註7〕〈論東三省終宜開放〉，光緒三十一年時報，載《東方雜誌》，卷二，第八期，頁 160～162。

日（9 月 16 日）商部奏東三省「亟應指定地界，多開場埠，推廣通商，期與有約各國，公共利益，並飭地方官舉辦各項實業，以興商務。」清廷即命外務部、商部會同北洋大臣袁世凱、盛京將軍趙爾巽等，籌議章程辦法具奏，候旨施行。〔註8〕於是前此東三省開放通商的主張，終於為清廷所接納。

日本對於朴資茅斯條約結果不感滿足，乃有「日本戰勝之報酬，不必逕取之於俄」的決策。光緒三十一年十月（1905 年 11 月）中日在北京會議東三省善後事宜，日本提出十一條大綱，除了要求中國追認其繼承俄國讓與的有關東北權利外，並將範圍擴大。〔註9〕其中大綱第五條即東北增開商埠十六處，日方所提大綱內容是：

> 第五款、中國政府按照中國已開商埠辦法，應在東三省將下開各地
> 方開作外國人貿易工作以及僑寓之地：
> 奉天省內之鳳凰城、遼陽、新民屯、鐵嶺、通江子、法庫門。
> 吉林省內之長春即寬城子、吉林省城、哈爾濱、寧古塔、琿春、三姓。
> 黑龍江省內之齊齊哈爾、海拉爾、愛琿、滿洲里。〔註10〕

在十月二十七日（11 月 23 日）第二次會議時，雙方全權大臣曾就大綱第五款進行討論。出席中方全權大臣是外務部尚書瞿鴻機、直隸總督袁世凱，外務部侍郎唐紹儀為會辦大臣，出席日方全權大臣是小村壽太郎和內田康哉。談判方式是由雙方先行提出對大綱條文擬增擬改意見，再於會議中進行討論。中方首先希望對上述大綱中「已開商埠」字樣改為「自開商埠」，這點獲得日方的同意。此外，中方針對日方擬改條文內註明開埠時間在日、俄兩國軍隊撤退之日起六個月之內，表示異議；中方以籌備開埠，需相當時間才能就備，六個月恐太過倉促為由，請刪去期限，日方也同意改為「俟日、俄兩國軍隊撤退後從速將下開各地方中國自行開埠通商」。最後，雙方終於碰到歧見較深的問題，那就是定立地界章程的權利。在日方提出擬改條文裡，日方主張：「在上開各地方訂定外國人合宜地界，並一切章程將來由中日兩國政府會商訂定。」中方表示開埠章程關係各國公共利益，不便由中日兩國會同商議。日方以前年所訂中日商約內新開奉天、大東溝兩處商埠，即規定訂界

〔註 8〕《清實錄》，卷五四八，頁 11；《東華錄》，頁 5379～5380。
〔註 9〕郭廷以，《近代中國史綱》，頁 354。
〔註10〕有關日本提出十一條大綱，見《清季外交史料》，卷一九三，頁 2～4；又見《清季中日韓關係史料》，頁 6172。

並一切章程將來由中日兩國政府會同商定，是此條已有先例。中方則聲稱中國商埠辦法向無定例，如最近濟南開埠即由中國自定章程，此次東三省新開商埠至十六處之多，處處情形不同，不能以前年奉天、大東溝開埠之例相比，故須由中國自定章程。日方終於同意將這部分條文刪去，但仍主張將開埠章程中國政府應與駐京日本國公使相商定奪之語存記會議節錄內。中方又要求一面將「由中國另訂開埠詳細章程」一段載入條約，一面將上述日方主張存記會議節錄。雙方全權大臣為此事辯駁很久，終於妥協決定上述由中國另訂開埠章程不必列入約款，但在會議節錄內存記：「開埠章程應由中國自定，但須與駐京日本公使妥商。」〔註11〕此外，對於已開之營口，暨雖允開埠尚未開辦之奉天、安東應如何畫定租界各辦法，中國政府希望增入條款，「由中國官員另行妥商釐定。」目的在於改正前年中日商約所定「將來由中日兩國政府會同商定」這一條款。日本全權大臣堅主按照已定條約及前次所議大綱第五款辦理，日方認為劃定營口及安東租界事宜因須由兩國政府商定，因此不須另行列入約款，經中方堅持之下，日僅允存記會議節錄內，其內容僅含糊聲明「至該等處應如何設立租界之處，當按照開埠條約辦理」。〔註12〕在稍後會議裡又將此款復行磋商，最後確定下列條文入約：

> 所有奉省已開辦商埠之營口暨雖允開埠尚未開辦之安東瀋陽（按後條約作奉天府）各地方，其畫定日本租界之辦法，應由中日兩國官員另行妥商釐定。〔註13〕

中國政府於此條款不但毫無所得，且較之中、日商約反而退步。蓋中日商約尚寫明奉天、大東溝由中國自行開埠通商，而此次條約竟提及劃定日本租界，違反自開商埠不欲畫定任何一國專管租界的初衷。此外，中日商約內開埠地點為大東溝，此次條約將之改為中美商約一樣之安東縣；而畫定租界辦法更於約內明定由中日兩國官員另行妥商釐定，這將為以後各開埠地點辦理開埠增加困難。

光緒三十一年十一月二十六日（1905年12月22日）中日訂立東三省事宜善後條約，此後日本不但繼承了俄國在南滿利權，而且自中國獲取了許多

〔註11〕以上見《清季外交史料》，卷一九三，頁6～14；《清季中日韓關係史料》，頁6174～6175、6177、6179、6181。
〔註12〕《清季外交史料》，卷一九四，頁4～5。
〔註13〕同上註，卷一九四，頁13。

額外權益。從此日本勢力從朝鮮延伸進入東三省，爲了確保並擴大在該地的權益，乃竭力推行其大陸政策，對東三省進行種種侵略。俄國雖失去南滿利權，但北滿仍在其勢力範圍內。日、俄爲了能在東三省鞏固各自的勢力範圍，乃於光緒三十三年（1907）、宣統二年（1910）分別訂立密約，於東三省協力排除第三者勢力。〔註14〕

　　清廷面對日、俄兩國在東三省的種種侵略，感到非力圖變革，不足以挽救危局，因此一改以往對東三省之消極閉關政策，撤除封禁，實行開放，積極經營東三省。所採措施諸如對內實行改制，移民實邊；對外則大開門戶實行開放政策，籌畫交通，募集外債，以爭取外援（特別是美國支持），來抵制日、俄的侵略。〔註15〕光緒三十三年三月（1907年4月）東三省改制，首任東三省總督徐世昌、奉天巡撫唐紹儀與當時直隸總督袁世凱關係密切，於是關內外合作推行聯美政策，亦即在東三省設法提供一些具充分誘惑性的利益（如鐵路）以便將美國勢力引進東三省。〔註16〕這仍是戊戌以來均勢外交政策的重視。而東三省的開放政策，從日俄戰後直到清亡成爲既定的政策，縱使袁、徐等人不在其位，依然沒有改變。〔註17〕

第二節　收回利權運動與各省自開商埠的關聯

　　日俄戰爭爆發後，中國官紳受到日本舉國團結對外並且戰勝強敵的刺激，於是中國的民族主義之內涵、目標和作用，逐漸加強其深度和廣度。〔註18〕學者李恩涵便認爲日俄戰爭是中國近代民族主義發展的重要轉捩點。〔註19〕也正是在日俄戰爭期間，經濟民族主義思潮轉化爲實際的行動，以眞正的組織且有相當規模的「半群眾性」的行動，著重利用必要的經濟手段（而不敢利用直接而強力的政治手段）以挽回既失的利權，並保持現在國家經濟的利權的完整。〔註20〕如抵制美貨運動（1905）、抵制日貨運動（1908），以及收回路礦權運動

〔註14〕張守眞，前引文，頁571～573。
〔註15〕郭廷以，前引書，頁355；張守眞，前引文，頁573。
〔註16〕張守眞，前引文，頁595。
〔註17〕同上註。
〔註18〕李恩涵，〈論清季中國的民族主義〉，收入李恩涵、張朋園等著，《近代中國——知識分子與自強運動》，（台北，食貨出版社，民國71年再版），頁183～184。
〔註19〕同上註，頁179、183～194。
〔註20〕李恩涵，〈晚清收回利權運動與立憲運動〉，收入《中國近代現代論集》，第十

（1904～1911）等，這些運動可以統稱爲「收回利權運動」。

　　收回利權運動就其目標而言，範圍相當廣泛，實際則注重在收回自甲午戰後所喪失的一些鐵路建築權與礦地開採權。這主要是因爲外人所控制的這些路礦權利，不只是包涵廣泛的經濟權益，也有其濃厚的政治意義。〔註21〕此外在從事消極性收回外人所據路、礦利權的同時，各省也積極進行自築鐵與自辦礦業的活動。這些自辦鐵路和礦業公司，有些只是想消極性的預占一些鐵路線路與面積廣大的礦區，以杜絕外人的可能要索；有些則是確實想發展一些我國自己投資、自己控制的交通路線和礦場，以加強國家經濟的發展與動力。李恩涵先生稱此種自辦鐵路、礦業活動的積極進行，「形成整個收回利權運動中具有積極意義的一環」。而主導收回利權運動乃至廣義的經濟民族主義運動的主體就是紳商階層。紳商階層是指一個社會群體，包括經商的官吏與士紳，擁有功名的商人，或是純粹的士人與商人的合稱。〔註22〕然而，紳商階層爲何參與種種收回利權的行動以及新式企業的經營；所謂經濟民族主義從思想層次轉化爲實踐性的運動的動力爲何？其性質又爲何？

　　阮忠仁認爲所謂經濟民族主義運動，〔註23〕並非如一般學者所認爲之愛國運動，紳商也未眞正「具有愛國的熱情」，縱有亦屬鳳毛麟角。他認爲此一運動從它的動力構造來看，是因「社會內部稀有資源的加速分配」導致「控制資源以追求財富、地位的可能性之增大」，所造成的紳商集團追求個人利益及運動。簡言之，個人利益才是紳商主要追求目標，所謂保守利權等愛國口號僅偶然發生作用，沒有持久性。紳商所以強調其反帝國主義的意識型態，主要有兩種功能：一、爲紳商集團的利益作合法化的辯護：二、以此來向清政府索取更多利益，並藉之威脅或欺哄人民來榨取利益。阮忠仁並指出紳商追求個人利益的手段具有雙元性，對外以談判妥協解決衝突來獲取利益，對內則採取殲滅方式以奪取或壓榨利益；因此，這個運動是以紳商階層在權力擴張基礎上爲了追求個人利益所展開的鬥爭爲第一義，反帝國主義鬥爭淪爲第二義。換言之，此乃一內部自相殘殺比抵抗外敵更爲慘烈的諷刺性之「經

六編，清季立憲與改制，頁187～189。

〔註21〕同上註，頁188。

〔註22〕此一定義是採用 Marianne Bastid-Bruguiere 的觀點，Marianne Bastid-Bruguiere 著，余敏玲譯，〈社會變遷的趨勢〉，收入《劍橋中國史》第十一冊，晚清篇1800～1911（下），（台北，南天，民國76年），頁623～624。

〔註23〕按阮忠仁所稱經濟民族主義運動，亦即一般所稱收回利權運動。

濟民族主義」。〔註24〕

　　在收回利權運動過程裡，由於自開商埠的經營權及其可能獲得之利益，亦可視爲「社會稀有資源」的一種，因此，如同其他新式企業一樣，紳商對於參與自開商埠及其相關建設，興趣日益濃厚。其次，由於自開商埠政策其政治上的考量原本已超過經濟上的考量，因此，中央機關的規劃和地方官吏的參與，自始至終都扮演舉足輕重的角色。紳商階層在試圖介入自開商埠相關事務時，便不得不與官方，特別是地方官吏有所交結，而在利益分配不均，甚至互相矛盾時，官紳之間甚至有爭執不休的情形。其實不只是官紳之間，如外國商人，甚至紳商階層自身，只要對於紳商的「新式利潤需求面」擴張有所妨礙，衝突即在所難免。〔註25〕紳商在參與自開商埠經營時，雖強調收回利權等愛國口號，但是，眞正促使紳商參與商埠事務的主要動力，仍爲個人利益的追求。〔註26〕

　　以往紳商參與商埠事務者極少，縱有亦爲消極、被動，且爲地方官所影響支配。如光緒二十四年（1898）吳淞辦理自開商埠時，即由官府密託商人出名認領土地，設立公司，處理土地買賣，表面類似官督商辦，其實仍爲官辦。〔註27〕最早紳商集資計畫自闢商場，實始自上海閘北。光緒二十六年（1900）地方紳商有鑒於上海租界將擴充界線及於閘北，乃計畫自闢商場，

〔註24〕阮忠仁，〈清季經濟民族主義運動之動力、性質及其極限的檢討（1903～11）〉，《師大歷史學報》，第十八期，頁301～303。

〔註25〕所謂新式利潤需求面，係借用自阮忠仁前引文。

〔註26〕關於紳商階層參與收回利權運動有關新式企業的動力部分。有的學者強調其民族主義精神，如李恩涵，《晚清的收回礦權運動》，（台北，中央研究所近代史研究所，民國67年再版），頁267～270；有人則認爲在紳商階層的價值體系裡只有利潤需求面具有永恆性，之所以標榜反帝的愛國主義，不過是紳商階層爲達到獲取個人利益之目的所玩弄的籌碼，見阮忠仁，前引文，頁302～303；也有學者採取調和的立場，如黃克武以爲商紳階層（按黃氏以「商紳」指正途出身而從事工商經營的士紳，與泛稱士紳和商人的「紳商」有別，但他也承認在清末士紳和商人已很難畫分清楚。上述李恩涵所使用的「士紳」、阮忠仁所用「紳商」、黃克武所用「商紳」，在觀念上容有些許出入，但揆諸實際，仍有其共通處），在理想和現實的交互影響下，他們既爲國家也爲自己而投身工商業，見黃克武，〈清季重商思想與商紳階層的興起〉，《思與言》，第二十一卷，第五期（1984年1月），頁494、500。本文不欲否定民族主義在收回利權運動中所佔地位，但仍認爲個人利益的追求實爲主要動力。

〔註27〕《劉忠誠公遺集》，奏疏，卷三十一，頁33～34，吳淞官地暫設公司召售摺，光緒二十五年七月十八日。

由紳商陳紹昌、祝承桂等籌集股款，興建橋梁、馬路等工程，並經兩江總督批准，聯合上海，寶山兩縣地方人士，共同組織成立「閘北工程總局」，惟該局後以資金困難，於光緒三十二年（1906）由紳辦改歸官辦。〔註 28〕惟閘北之自闢商場，究其本質實為防制外人租界勢力之擴張，觀其實際，則所建設不過修橋鋪路，不脫紳商參與傳統慈善事業範疇。

隨著紳商權力的不斷擴張，商埠事務也開始成為紳商關注的焦點，而這又與清末試辦地方自治與清政府開放商辦政策有關。自光緒二十四年（1898）以來，紳商參與地方自治最早可推至戊戌變法時期湖南的保衛局；日俄戰爭前後，南北各地紛紛試辦。至光緒三十四年（1908），由於清廷籌備立憲，辦理地方自治，紳商得以擴張其參政權，並且參與各項地方自治事務。〔註 29〕在經濟上，由於清廷自光緒二十九年（1903）後開放企業經營的特權，確立商辦政策，紳商得以運用其資本自力創辦各種新式企業。〔註 30〕在上述紳商權力擴張的過程裡，紳商階層開始積極進行商埠經營權的爭取，同時，由於直接間接利益的衝突，使得紳商與外人、地方官，甚至紳商彼此之間，發生種種緊張關係。

光緒三十一年（1905）後紳商爭取商埠經營權的方式，大致可分為消極與積極兩個方面。

在消極方面，為抵制外人在各商埠的勢力伸展，紳商乃聯合反對外人入城貿易。如長沙於光緒三十年（1904）發現洋商貝納賜入城開設洋行，即經多方交涉，終於光緒三十二年正月（1906 年 1 月），付給貝氏二萬五千兩，使之遷出城外結案。〔註 31〕然英公使及英駐長沙領事仍不斷要求准洋商進入長沙城內設立行棧，日本公使及日本駐長沙領事也乘機附和。〔註 32〕湘省紳商

〔註 28〕蔣愼吾，〈上海市政的分治時期〉，《上海通志館期刊》，第二卷，第四期，頁 1248～1250。

〔註 29〕沈懷玉，〈清末地方自治之萌芽（1898～1908）〉，《中央研究院近代史研究所集刊》，第九期，頁 292。

〔註 30〕阮忠仁，前引文，頁 274。

〔註 31〕張朋園，《中國現代化的區域研究：湖南省（1960～1916）》，（台北，中央研究院近代史研究所，民國 72 年），頁 113。

〔註 32〕《光緒丙午（三十二）年交涉要覽》，（台北，文海重印），下篇，卷二，頁 48，外務部咨日使請在湖南長沙城內開設行棧免納釐金業已援照商約駁覆文，11 月；北京第一歷史檔案館藏，《外務部檔》，卷九六三，中英會晤問答，光緒三十二年十月二十六日、光緒三十三年十一月二十日，英使朱爾典（J.N. Jordan）至外務部，兩次分別由聯方與瞿鴻機、唐紹儀與瞿鴻機接

聞訊大譁，乃由聶緝椝、王先謙等一百八十餘名紳商聯名上呈湘撫龐鴻書，
表示往年各約所開口岸並無在城內雜居條文，且長沙係載在中英商約第八款
第十二節，原以加稅爲開口條件，而「現在尙未加稅，長沙本不應開埠，中
國先行開口，實與自關無異，蓋照約若俟加稅再開，此時猶屬內地，洋商即
不能居住貿易，今中國體念商情，先行關埠，俾洋商早得在該埠所定界內開
設行棧，已屬多佔便宜，豈能轉肆要求。」湘省紳商又舉出三項理由反對洋
商入城開設行棧：

(1) 若長沙准其雜居，則各口皆得援例，此後洋商「將挾其雄厚之資以
行其壟斷之術」，而中國將無能抵制，「不至舉全體商民自有權利，
盡爲所奪不止」；

(2) 釐金及其他稅收將無從徵收；

(3) 中國治外法權尙未收回，恐增加華洋糾紛。〔註33〕

湘撫將紳商公呈電告北京，外務部乃據此堅拒英使，表示「長沙城內
開設行棧，萬作不到」，「體察湖南現在情形，實不相宜，可以暫從緩議」。
〔註34〕此後長沙洋商入城貿易事，因湘省紳商的反對，始終未經清政府明
文同意。〔註35〕除長沙之外，杭州於宣統二年（1910）亦曾發生紳商階層
聯合反對洋人入城貿易情形。〔註36〕

紳商階層亦曾因恐妨礙其既得利益，而抵制設置商埠地，如常德即是一
例。光緒三十一年六月（1905年7月）湖南巡撫端方奏請將常德、湘潭自開
商埠，經外務部議准，八月初六日（9月4日）清廷硃批：「依議，欽此」。
〔註37〕次年五月十一日（1906年7月2日）宣布開埠。〔註38〕

見：同上，《外務部檔》，卷六三〇，光緒三十三年二月初九日，湖南巡撫文
一件，續駁長沙城內開設洋棧事抄錄來往照會查核由；台北中研院近代史
所藏，《外務部檔》，02-11，16-（3），光緒三十二年十二月十三日收日本林
使照會。

〔註33〕 台北中央研究院近史所藏，《外務部檔》，02-11，16-（3），光緒三十二年十二
月初四日，湖南巡撫及長沙城內開設行棧與約章不符，湘紳具呈力爭，請切
實駁復，以符約章由附湘省紳商公呈一紙。

〔註34〕 北京第一歷史檔案館藏，《外務部檔》，卷九六三，中英會晤問答，光緒三十
二年十月二十六日、光緒三十三年十一月二十日。

〔註35〕 楊世驥，《辛亥革命前後湖南史事》，頁17。

〔註36〕 《辛亥革命浙江史料續輯》，（杭州，浙江人民出版社，1987年），頁36～46。

〔註37〕 《瑞忠敏公奏稿》，卷五，頁38～39，自開商埠籌辦情形摺，光緒三十一年六
月；《光緒乙巳（三十一）年交涉要覽》，下篇卷一，頁45～47，外務部奏常

　　常德開埠自光緒三十一年（1905）起，由岳常澧道兼岳州關監督韓慶雲負責籌備。韓慶雲先於光緒三十一年二月勘定常德郡城對岸善卷村為商埠。八月即有人賤價買地，而善卷村原係無主官荒，此時有人出面冒充地主立契私賣。至此地方紳民以善卷村開埠將導致北岸水災、妨害府城為由，分向湘撫、鄂督控訴。〔註39〕地方士紳並且轉致在京同鄉京官，由翰林院侍講學士周克寬等領銜具呈外務部，請求常德善卷村永不作商場租界。〔註40〕在地方士紳的強大壓力下，韓慶雲不得不放棄善卷村。光緒三十二年閏四月（1906年 5 月）韓擬用常德城外附近，上至下南門外仁智橋起，下至皇經閣止，前抵大河，後面上段抵城牆，下段於各街巷口豎立界石（參見附圖 5-2-1），並擬定租地章程二十一條。韓慶雲以新定商埠地本為常德城外繁盛商業區，全屬民業，絕無隙地，且地價昂，在目前財政困難情形下，不可能照以往自開口岸章程，將界內土地收買轉租，因此他主張除了海關需用土地外，其餘地段，任各國商人自向民間租賃。〔註41〕

　　但常德章程在上報北京後，立遭外務部批駁，認為其中有許多條款不妥，特別是有關土地部分，外務部要求湘撫轉飭韓慶雲做照濟南章程辦理。〔註42〕美公使柔克義（W.W. Rockhill）也對常德租地章程感到不滿，飭令美駐漢口總領事馬丁（W.M. Martin）向中國地方官表示異議。〔註43〕常德地方紳民以利益攸關而激烈反對新商埠設立地點，〔註44〕在北京由翰林院侍講學士周克寬

　　　　德湘潭自開商埠應准如所請摺，七月。

〔註38〕 *Foreign Relations of the United States*, 1906, p.204, Minister Rockhill to the Secretary of State, July 18, 1906.

〔註39〕 《張文襄公全集》，卷六八，奏議六九，頁 1～3，查覆關道參款暨勘定商場情形摺，光緒三十二年十月二十二日。

〔註40〕 台北，中央研究院近代史所藏，《外交部檔》，03-17，23-（1），光緒三十二年閏四月二十八日，外務部收侍講學士周克寬等呈一件，常德善卷村，請永不作商場租界，恩准立案，並轉咨鄂督湘撫由；《張文襄公全集》，卷一九六，電牘七五，頁 27，致長沙龐撫台，光緒三十二年六月二十五日丑刻發。

〔註41〕 台北，中央研究院近代史所藏，《外交部檔》，03-17，23-（1），光緒三十二年閏四月初八日，湖南巡撫文一件，據岳州關監督詳送常德府城外通商場租地章程並酌定開關日期等情咨請查核並所祈照會各公使由。

〔註42〕 同上註，後附一紙外務部對常德意程意見；又見《外務部檔》，02-11，20-（3），光緒三十二年開四月二十一日收到湖南巡撫電。

〔註43〕 同註 21，p.208, Mr. Rockhill to Mr. Martin, July 16, 1906.

〔註44〕 《張文襄公全集》，卷一〇九，公牘二四，頁 16～17，咨南撫院另勘常德商場，光緒三十二年六月三十日。

附圖 5-2-1：常德地圖

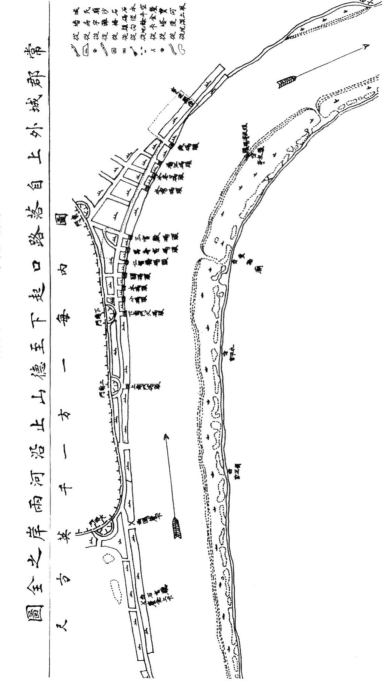

常郡城外上自路口起下至山德止沿河兩岸之全圖

尺寸每一方千米為本之尺

取材自台北中央研究院近代史研究所藏，《外務部檔案，02-11、16-（3），按該圖為光緒三十二年（1906）所繪。

奏參岳常澧道韓慶雲，清廷隨即命鄂督張之洞、湘撫龐鴻書查明具奏。〔註45〕
龐鴻書雖有意為韓慶雲緩頰，請旨將韓暫時留任，但清廷鑒於地方士紳的壓
力，堅持另覓官員。〔註46〕光緒三十二年十月，張之洞查覆具奏證實紳民的
意見，主張將韓慶雲以下一干官員革職懲處並追拿相關人員。〔註47〕十一月，
清廷照張之洞意見，發布處分。〔註48〕常德開埠所引發糾紛，至此告一段落。
後來雖然又勘定另一處商埠地點，但直到民國建立以後，仍未正式開埠，揆
其原因，當仍係顧慮地方人士之反對。〔註49〕湘潭也受常德連帶影響，或基
於同樣原因，始終未曾正式開埠。〔註50〕

　　至於紳商階層積極的爭取參與商埠經營權，甚至起而提倡自開商埠，及
其相關事務如碼頭、道路、橋梁、電力、郵政者，究其原因，或為預防外人
私占，或為與其他商埠競爭，但最主要還是基於紳商的私人利益，同時擴展
中國自有的經濟利權。紳商參與商埠經營計有三種方式：資本投入，提倡自
開商埠及興辦自開商埠內公共事務。以下分別加以敘述，或可略窺光緒三十
一年（1905）後紳商階層參與收回利權運動及自開商埠的始末。

　　由於清末政府財政收支不平衡，而清季新政迭興，練兵、學堂、巡警等
百端俱舉，無一不需巨額經費，更增財政的困紐。〔註51〕商埠的籌畫與建
設需要大量經費，而中央政府又常無力供給，而飭令地方自籌。當地如有海
關，則由往後所收海關稅款內撥補。但無論如何，地方須負責籌畫開埠初期
幾年全部的經費，然地方財政自洪楊亂事之後，由於軍費、賠款、新政等三
項支出過巨，已益形困難。〔註52〕在中央及地方財政窘困情形下，商埠建
設經費勢必另外開源，此時由官方向紳商「息借商款」不失為可行的辦法之
一。

〔註45〕《清實錄》，卷五六二，頁 2～3。

〔註46〕《清實錄》，卷五六六，頁 13～14。

〔註47〕同註39。

〔註48〕同註45。

〔註49〕台北，中央研究院近代史所藏，《外交部檔》，03-17，23-（1），照錄稅務處幫
　　　　辦劉次源長沙關監督朱彭壽詳文，民國四年四月七日到。

〔註50〕嚴中平等，《中國近代經濟史統計資料選輯》，頁 48。

〔註51〕阮忠仁，《清末民初農工商機構的設立 —— 政府與經濟現代化關係之檢討
　　　　（1903～1916）》，（台北，台灣師大史研所，民國 77 年），頁 72。

〔註52〕據阮忠仁歸納結果：「總之，各省財政皆患在一個窮字。」同上註，頁 188～
　　　　189。

　　光緒三十年（1904）濟南開埠後，地方官即曾向紳商籌實業基金，後加上利息分十年攤還。〔註53〕又如光緒三十一年（1905）海州、光緒三十二年（1906）天生港自開商埠亦皆由地方督撫奏准，再息借商款興建各項工程。〔註54〕所謂由官「息借商款」，即官方運用紳商資本的開始，當地方官對紳商資本的依賴愈來愈深，紳商參與商埠經辦權的程度也隨之深化。於是官督商辦、官商合辦的形式也開始出現在自開商埠的經營上，如光緒三十二年（1906）之哈爾濱、長春，光緒三十三年（1907）吉林開埠，都曾一度成立商埠公司，由官督商辦，招集華股以為資本，〔註55〕此外，上述海州、天生港開埠亦可視為官商合辦的型態。〔註56〕

　　當紳商資本投入程度加深，如同其他新式企業，紳商階層最終期望仍是獲得經營的自主權，擺脫官吏的牽制，亦即「商辦」。〔註57〕光緒二十六年（1900）上海閘北曾由紳商集資自開商場，但其目的在抵制租界越界築路，終因經費困難，僅修築部分橋梁馬路，稍後轉歸官辦。〔註58〕宣統元年（1909）出現了由紳商自行提倡，自行經營圖利的「商辦」自開商埠——香洲，〔註59〕

〔註53〕葉志如編選，〈清末濟南濰縣及周村開闢商埠史料〉，《歷史檔案》，1988 年，第三期，頁 42，山東巡撫孫寶琦等會陳濟埠經費歸還商股本息奏摺，宣統三年五月十五日。

〔註54〕《光緒乙巳（三十一年）交涉要覽》，卷一，頁 43～35，外務部等會奏海州自開商埠暨行駛小輪均應照准摺九月；《清實錄》，卷五五七，頁 10。

〔註55〕《清實錄》，卷五七一，頁 4；《東方雜誌》，四卷四期，商務，頁 61；徐世昌等，《東三省政略》，（吉林，吉林文史出版社，1989 年），卷三，商埠交涉篇，頁 12、20～26。

〔註56〕海州紳商請以行輪所納稅項留作建築等費，並願自行息借銀兩湊用，隨後由官歸還；天生港則由張謇等紳商集股所成立之大達輪船公司自行息借商款十萬兩興建，後由江海關常稅項下撥還，所需土地，照原值劃撥歸官，官認地值。從以上二者情形皆單純之官辦或商辦，又不似官督商辦，姑且歸為官商合辦。以上見《光緒乙巳（三十一）年交涉要覽》，卷一，頁 43～45，外務部等會奏海州自開商埠暨行駛小輪均應照准摺，九月；《光緒丙午（三十二）年交涉要覽》，下篇，卷一，頁 35～36，外務部等會奏通州天生港商埠應准借商款營造工程摺，六月；《光緒朝東華錄》，頁 5801。

〔註57〕阮忠仁，〈清季經濟民族主義運動之動力，性質及其極限（1903～11）〉《台灣師範大學歷史學報》，第十八期，頁 282～283。

〔註58〕蔣慎吾，〈上海市政的分治時期〉，《上海通志館期刊》，二卷，四期，頁 1247～1249。

〔註59〕《清宣統朝外交史料》，卷三，頁 33～34，粵督張人駿奏香山縣紳商擇地自開商埠情形摺。

以及稍後廣東計畫開關之諸商場。就紳商資本投入商埠經營程度而言，最早僅以「息借商款」方式輔助官辦，稍後則出現「官督商辦」、「官商合辦」，最後終於出現「商辦」的形式，至此紳商始獲得完全自主之商埠經營權。

由於自開商埠的籌畫辦理涉及外人居住貿易等相關事務，帶有濃厚政治性，故清廷始終主張地方官就地負責與管理，自光緒二十四年至光緒三十年（1898～1904）所設之自開商埠也幾乎全為官辦。至光緒三十一年（1905）前後，紳商階層由於種種因素，熱衷投入收回利權運動以爭取其經濟利益，在政治上亦熱衷於立憲運動，以爭取其政治權利。再加上此時清廷面對各種壓力，亦不得不開放政治、社會、經濟各方面的權力給予紳商階層。在這樣的背景下，紳商開始對許多事物，積極的表示自己的意見並實際參與，提倡自開商埠，厥為其注意焦點之一。

中國紳商最早集資辦理之自開商埠為上海閘北，位置緊鄰上海租界，其政治性質濃厚。其後又有人提議在直隸之金山嘴、浙江之乍浦自開商埠，後遭地方官反對而作罷。自光緒三十一年（1905）後，各省紳商在參與收回利權運動同時，也時有聯合提倡自開商埠者，如上述海州、天生港，該二處係官商合辦，作為輪船上下貨處所，與以往自開商埠形態略為不同。又如雲南紳士翰林院編修陳榮昌等人以滇越鐵路行將通車，乃提議援照山東、湖南成案，在昆明南門外靠近火車站處自開商埠，經雲貴總督同意並上奏北京，獲得外務部、政務處、商部等會奏認可，後來昆明經由地方官籌辦，於光緒三十四年（1908）正式開埠。〔註60〕紳商積極提倡開關商埠，當以廣東風氣最盛，這與廣東較早接觸外人，以及華僑回國投資實業的風潮有密切的關連。自光緒三十一年（1905）至清亡，廣東地區紳商主動爭取開關商埠或商場，有案可稽者約十起（參見表5-2-1）。其倡議者身分有經商的官吏、士紳，或本身即為商人者；商人部分除廣東本地商人外，亦有閩商、港商。歸納以上，大致符合本文對於紳商階層的描述。其資本除了原有的紳商外，有的還企圖吸收僑資。地點的選擇則大致取其交通方便，經濟前景看好。廣東地區紳商爭取自開商埠，與以往所有自開商埠截然不同的一點，是首先考量開埠的經濟效益，對於紳商而言，必須有利可圖，才能促使他們投入商埠的經營。除

〔註60〕台北，中央研究院近代史所藏，《外務部檔》，02-13，53-（2），光緒三十一年三月十六日收軍機處抄摺稱雲貴總督丁振鐸奏請雲南省城開設商埠；《光緒朝東華錄》，頁5370～5371；嚴中平，前引書，頁46。

了廣東外，宣統二年，江寧地區紳商以浦口居南北要衝，為津浦鐵路南段終點，將來商業必大興，成為沿江巨埠，於是乃公舉翰林院侍讀學士黃思永總理自闢市場事宜。〔註61〕江寧紳商提出商埠可分民埠、國埠、租埠三種，國埠「官有者也，庫款所辦也」，租埠是「外國有者也，洋商所辦者也」，民埠是「民有者也，商股所辦者也。」他們主張浦口應由地方商民招股募資，收買沿江土地，舉辦各項實業，設置碼頭貨棧以及其他種種公共設施，使浦口商埠具有獨立自治的性質。〔註62〕江寧紳商的主張，首將商業繁榮和地方自治兩項目的結合起來。

除上述之外，在進行收回利權運動同時，清末紳商也積極參與商埠、口岸各項都市建設如，道路、橋梁、碼頭、電力、自來水、電話等等，範圍較前更為廣泛。〔註63〕此外亦有紳商看好商埠有利可圖，乃積極收購土地〔註64〕或於商埠內開設旅店、酒館、票號甚至妓院。〔註65〕

綜上所述，清末紳商政治、社會權力在種種背景下均有擴張，並具體表現在參與收回利權運動及立憲運動上。特別是收回利權運動，各省紳商在各種不同實業上，為了抵制外人、繁榮地方乃至私人利益，作出各種程度不等的參與。而商埠經營正如種種實業一般，屬於社會稀有資源之一，被認為極

〔註61〕 王樹槐，《中國現代化的區域研究，江蘇省（1806～1916）》，（台北，中央研究院近代史研究所，民國73年）頁85。

〔註62〕 《南京港史》，（北京，人民交通出版社，1989年），頁148～149。

〔註63〕 張玉法，《中國現代化的區域研究，山東省（1860～1916）》，（台北中央研究院近代史研究所，民國76年再版），頁478、506；王樹槐，前引書，頁505～507；張朋園，前引書，頁385～386；《東方雜誌》，四卷，九期，商務，頁97；同上，四卷，十一期，商務，頁172～173。

〔註64〕 宣布開闢商埠後，一般人預期地價飛漲心理濃厚，乃有商人先行購進商埠土地以利土地投機，甚至假洋人之名，以為護符，根據時人觀察，這種土地投機現象，相當普遍。見孫寶瑄，《忘山廬日記》，（上海，上海古籍出版社，1983），上冊，頁197～198；台北中央研究院近史所藏，《外務部檔》02-11，20-（2）光緒二十九年開五月十二日收軍機處交出楊兆鋆鈔片；北京第一歷史檔案館藏，《軍機處檔》，來文，五五二包，宣統三年二月二十二日，度支部奏摺。

〔註65〕 以濟南商埠為例，在商埠開闢以後，到宣統三年（1911）為止，共開設了三十四家客棧或酒店（inns），以及一○六家妓院。又如在日俄戰爭期間，有商人看好後東三省必大開口岸，乃欲往東三省開設票號。以上見David D. Buck, *Urban Change in China.* p.53；李宏齡，《同舟忠告》，（太原，山西人民出版社，1989），（按該書與李燧所著，《晉游日記》；李宏齡，《山西票商成敗記》等共三書合為一冊），頁113、133。

有獲利的機會；再加上同時期各地地方自治的發展，於是各省紳商以不同方式紛紛投入以往全為官辦之商埠經營。其次，許多案例證明，紳商若想順利取得經營商埠的合法資格，則必須取得所屬地方上至督撫、下至州縣等官吏的支持，由此再進而爭取中央政府的承認，這是由於清政府在面對有關開埠問題時，一向尊重地方督撫的意見。金山嘴、乍浦的例證表明了地方督撫的反對足以阻止新商埠的開闢，而廣州及廣東踴躍請開商埠的例證，則說明地方督撫的支持足以主導一時風潮。和其他官辦商埠一樣，紳辦商埠的成立與否，地方官特別是地方督撫的意見，亦足以支配全局。紳商與地方官在商埠事務上，固然時常需要結合雙方的利益，但偶而也會由於利益的互相矛盾，而引起官紳之間的糾紛，如常德即是一例。而紳商彼此之間亦會因為利益衝突，而發生爭執，如廣東大沙頭。〔註66〕總之，紳商在排外，繁榮地方甚至利益結合等方面容易和地方官取得一致共識和立場，並使其順利參與商埠事務，而當利益有所矛盾，又無法獲得解決時，紳商與地方官、紳商與紳商之間的衝突也是在所難免。

第三節　此期自開商埠的辦理情形

　　從光緒三十一年至宣統三年（1905年至1911年），先後開放了二十八個自開商埠，其中以東三省開放數目最多。早期之中美、中日商約，增開瀋陽、安東、大東溝。宣統元年（1909）訂立圖們江中韓界務條款，又增開吉林東南龍井村、局子街、頭道溝、百草溝四地為商埠。〔註67〕稍後清廷外務部與日本公使曾交換照會，申明「商埠地段及埠內工程巡警衛生等事，由中國政府自行辦理，其章程亦由中國自定，擬定後與駐該處領事協商，以期接洽。」〔註68〕統計自日俄戰後至宣統遜位。東三省共計開埠二十三處。見列表5-3-1。

　　除了東三省之外，此段期間內地至少有五處自開商興辦，依時間先後，分別是廣西南寧、雲南昆明（雲南府）、浙江象山港、廣東公益埠、廣東香洲（本期所開商埠參見附圖5-3-1）。以下試分別敘述之：

〔註66〕北京第一歷史檔案館藏，《會議政務處檔》，卷八三五，宣統二年八月初一日，
　　　　農工商部奏摺。
〔註67〕《清宣統朝外交史料》，卷八，頁43～44。
〔註68〕同上註，卷八，頁46。

附圖 5-3-1：1905～1911 年中國自開商埠圖

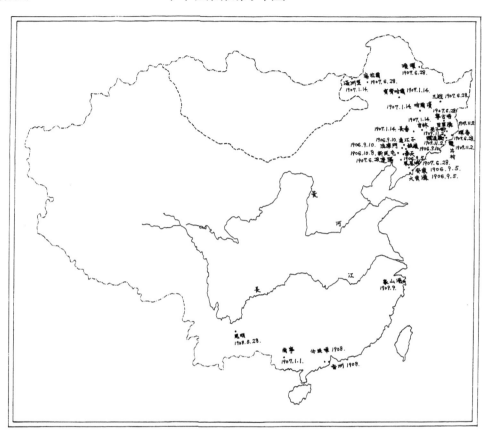

　　1. 廣西南寧：光緒二十四年（1898）廣西巡撫黃槐森奏請於南寧設立自開商埠獲准，後來卻以盜匪作亂為由，延期辦理開埠設關等事。〔註69〕光緒二十七年（1901）年黃槐森有意恢復興辦，並建議由梧州關撥款接濟，後來梧州關稅務司也確實曾至南寧協助商辦，〔註70〕但不知為何，南寧開埠時間始終沒宣布。光緒三十一年八月（1905 年 9 月）英國公使薩道義（Ernest M. Satow）照會外務部，以南寧開埠已經光緒二十四年總署照會，並已奉旨允准，現在廣西省既已平靜，催請速行開辦。〔註71〕在英使的壓力下，中國地方官

〔註69〕台北，中央研究院近史所藏，《外務部檔》，02-13，53-（2），光緒三十一年八月十九日發廣西巡撫電。

〔註70〕《清實錄》，卷四八三，頁 12；台北中央研究院近史所藏，《外務部檔》，02-13，11-（1），光緒二十九年八月初六日發總稅務司赫德函。

〔註71〕台北中央研究院近史所藏，《外務部檔》，02-13，53-（2），光緒三十一年八月十六日，收英薩使信。

始較積極籌備開埠諸事，如勘地、設局、設關、立章程等。〔註72〕光緒三十二年十一月，兩廣總督電告外務部：「商埠工程將次告竣，定定在本年十一月十七日開關。」稍後由外務部照會各國公使，十一月十七日（1907 年 1 月 1 日）南寧商埠宣布對外開放通商〔註73〕（參見附圖 5-3-2）。觀察南寧租地章程，係模仿岳州章程辦理（參見附圖 7）。光緒三十三年四月，英國公使朱爾典以章程規定商埠界外即為內地，於商務將有妨礙，朱使乃要求由地方官會同英國領事，改訂南寧章程。五月，外務部拒絕英使要求，堅持南寧商埠應由官自訂章程，無庸會商領事。十二月，朱使再三要求修改章程，外務部始終堅持原議，不稍退讓，並聲明外務部認為已將南寧實行開放。〔註74〕由於外務部的堅持立場，使得南寧商埠的管理，始終由地方官設立之商埠總局來負責。南寧商埠也順利承繼了自岳州、濟南以來自開商埠的典範。

    2. 雲南昆明：其為省城所在地，久為外人所注意，又是滇越鐵路必經之處，於是滇紳陳榮昌等十二人聯名上稟雲貴總督，〔註75〕請將昆明南門外得

〔註72〕同上註，光緒三十一年八月十九日發廣西巡撫咨；《東方雜誌》，三卷，七期，商務，頁 83；同上，三卷，十一期，商務，頁 153。

〔註73〕北京第一歷史檔案館藏，《外務部檔》，卷四八一六，光緒三十二年十一月初九，外務部咨兩廣總督；《光緒丙午（三十二）年交涉要覽》，下篇，卷一，頁 48，外務部照會南寧自開商埠准於十一月十日開關文，十一月。

〔註74〕台北中央研究院近史所藏，《外務部檔》，02-13，53-（3），光緒三十三年四月二十八日收英使照會；同上，光緒三十三年十二月初三日收英使照會；同上，光緒三十三年十二月初六日發英朱使照會；同上，光緒三十三年十二月十三日發英朱使照會；同上，光緒三十三年十二月二十一日發英朱使照會；《光緒丁未（三十三）年交涉要覽》，下篇，卷一，頁 59～60，外務部照會南寧商埠應由官自訂章程無庸會商領事文，五月。

〔註75〕按倡議滇紳名單，《光緒朝東華錄》與《外務部檔案》稍有出入，經比對歸納後共得十三人：

姓　名	出　　身	姓　名	出　　身
陳榮昌	翰林院編修	李光翰	道員
羅瑞圖	翰林院庶吉士	王鴻圖	道員
李　坤	翰林院庶吉士	馬啓祥	道員
倪惟誠	翰林院主事	湯　曜	道員
張　忠	翰林院主事	解　和	道員
胡壽榮	翰林院主事	何紹堂	知府
徐秉和	道員		

以上見台北中央研究院近史所藏，《外務部檔》，02-13，53-（2），光緒三十一年三月十六日收軍機處交雲南總督丁振鐸抄摺；《光緒朝東華錄》，頁 5370～

勝橋地方，援照山東、湖南省成案，開爲商埠（參見附圖 5-3-3）。光緒三十一年三月（1905 年 4 月），雲貴總督丁振鐸將滇紳意見上奏，經外務部、商部議准，奉旨依議後，昆明始逐步籌備有關自開商埠諸事，〔註 76〕十一月，滇督報告已初步勘定商埠地點，並擬定商埠規條。光緒三十一年所定商埠規條，內容係仿照岳州、吳淞、濟南等地章程綜合而成，滇督在每項條文旁注明其仿自何處。〔註 77〕惟因經費困難、滇督請求戶部指撥銀三十萬兩，又遭戶部議駁，〔註 78〕以致雲南商埠的籌畫停滯不前，僅設商埠清查局，負責經理租賃房地等事。直到宣統二年時，雲貴總督李經羲才又重新展開商埠的規畫。李經羲先裁撤商埠清查局，改設商埠總局，遴委司道官員辦理，並與外務部反復交換意見，將原來商埠規條酌加修改，飭由雲南布政使沈秉堃，交涉使世增等會商埠總章分章（參見附錄八）。最後李經羲再次上奏請度支部仿照濟南成案借撥銀二十萬兩，且聲明「一俟徵有稅捐，仍陸續撥還」，終於獲得度支部同意由雲南蒙自、騰越、思茅各海關稅項下借撥銀五萬兩，由膠海關稅項下借撥銀十五萬，作爲開埠經費，至此昆明籌畫自開商埠始漸有頭緒。〔註 79〕外人又要求入昆明城雜居，相關埠章章，應送領事承認；中國則堅持外人不便入城雜居，交涉使世增表示承認埠章與否，無甚關係，於是直到民國以後，各國公使仍未承認昆明商埠總章。〔註 80〕

5371，丁振鐸奏。
〔註 76〕台北中央研究院近史所藏，《外務部檔》，02-13，53-（2），光緒三十一年三月十六日收軍機處交雲南總督丁振鐸抄摺；《光緒朝東華錄》，頁 5360～5361，外務部商部奏。
〔註 77〕台北中央研究院近史所藏，《外交部檔》，03-17，21-（1），光緒三十一年十一月初七日收軍機處交雲貴總督丁振鐸抄摺，附會議雲南商埠規清摺。
〔註 78〕同上註；北京第一歷史檔案館藏，《外務部檔》，卷四八一一，光緒三十一年十二月十八日，戶部咨呈外務部，夾單一紙。
〔註 79〕台北中央研究院近史所藏，《外務部檔》，02-13，22-（2），宣統二年八月二十一日，雲南省城外自設商埠酌擬總章奏摺，又附奏雲南省城開辦商埠需用經費請飭部先爲借撥片；《清宣統朝外交史料》，卷一七，頁 45～46，度支那奏議覆滇督奏請撥省城開埠經費擬照准摺，宣統二年十月初一日。
〔註 80〕台北中央研究院近史所藏，《外交部檔》，03-17，21-（1），宣統二年七月十一日，收滇督電；同上，民國三年四月二十八日，收雲南交涉員呈；同上，民國六年四月二十八日，收內務部咨。

附圖 5-3-2：南寧商埠地圖

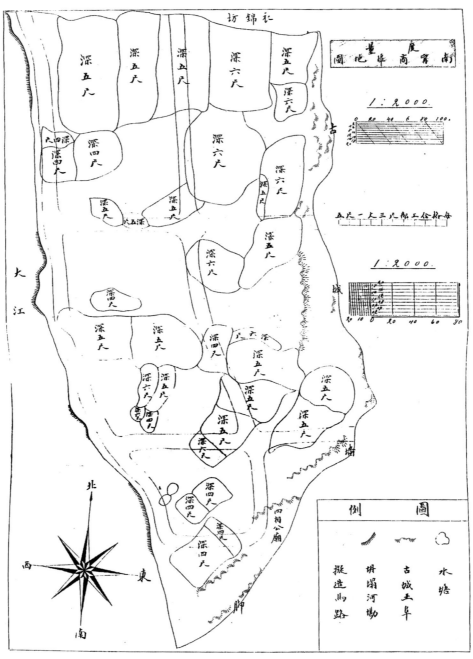

取材自台北中央研究院近代史研究所藏，《外務部檔案》，03-17，21-（2），廣
西南寧埠案，按該圖爲光緒三十二年（1906）所繪。

附圖 5-3-3：昆明商埠圖

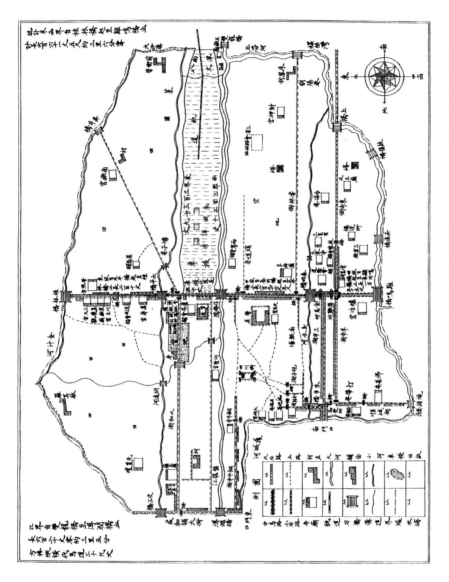

取材自台北中央研究院近代史研究所藏，《外務部檔案》，03-17，21-（1），雲南開埠案，按該圖爲光緒三十一年（1905）所繪。

3. 浙江象山港：浙江自寧波、溫州、杭州相繼開埠後，外人的覬覦並不因此稍息。光緒二十五年（1899）意大利曾要求租借三門灣，後遭清廷堅拒。乍科給事中張嘉祿奏請開浙江三門灣為自開商埠，〔註81〕當時適值戊戌政變之後，故此項建議並未受到重視。光緒二十九年（1903）意大利又擬索佔象山港，仍未得手。〔註82〕但浙江紳民對人圖佔口岸感到憂心忡忡。光緒三十一年（1905）工部學習主事陳黼上奏稱：「三門灣為南田一隅，南田環象山半面，地為南五省樞紐，請經理南田，安內靖外。」此時正是日俄戰後，清廷開始決心立憲，力圖振作，於是清廷令閩浙總督崇善、浙江巡撫張曾敭就陳黼所陳察看情形，妥籌辦理。〔註83〕光緒三十二年六月（1906年8月）崇善、張曾敭曾奏：「臣等以為目前之計，莫若聲言象山港自作軍港，而定海南田為犄角，使外人知其地為我所注意，庶幾雄心少戢，而折衝收效於無形。」〔註84〕崇善等人的意見獲得北京會議政務處的贊成，〔註85〕於是宣統元年七月（1909年9月）象山港正式開港。〔註86〕惟清亡以前，象山港並未發現實際的建設，蓋正如崇善等人的原意，僅以聲言自作軍港，使外人知其地為我所注意，便已足夠。

4. 廣東公益埠、香洲：自光緒三十一年（1905）以後，廣東華僑、紳商在熱衷投資興辦實業之外，也掀起一股開闢商埠商場的風潮，然而大多數並未實際開辦，有跡可尋者僅公益埠、香洲兩處。公益埠位於廣東新寧縣，據說是華僑伍于政返鄉所開辦，〔註87〕光緒三十二年（1906）聞已興工奠定基址，公定章程四十條，擬次第興辦隄岸、公園巡警、藏書樓等多項建設。

〔註81〕 許國英，《清鑑易知錄》，（台北，台灣文鴻書局重印，民國70年），下冊，正編二五，頁18。

〔註82〕 傅啓學，《中國外交史》，上冊，頁159；《清季外交史料》，卷一七三，頁10，直督袁世凱致外部，意國又擬索佔象山港祈堅拒電，六月初二日。

〔註83〕 《清實錄》，卷五五〇，頁13；《東方雜誌》，三卷，五期，內務，頁139～140。

〔註84〕 《光緒朝東華錄》，頁5536～5537；《清實錄》，卷五六一，頁5；《東方雜誌》，三卷，十期，軍事，頁159～161。

〔註85〕 《光緒朝東華錄》，頁5545；《東方雜誌》，三卷，十二期，軍事，頁189～190。

〔註86〕 象山開港這件事不見於官私記載，我在北京發現兩件電文分別是閩浙總督、浙江巡撫向北京報告象山開港禮成，將於某日返回福州、杭州。北京第一歷史檔案館藏，《外務部檔》，卷四八〇九，宣統元年七月二十三日，閩督致樞電一件；同上，同日，浙撫電一件。

〔註87〕 何志毅，〈香洲開埠及其盛衰〉，《廣東文史資料》，第四六輯，頁88。

〔註 88〕光緒三十四年（1908）開埠。〔註 89〕香洲開埠爲香山縣紳商王詵、戴國安、馮憲章及伍于政所倡議，先獲得廣東勸業道陳望曾的支持，後來經過中人引介，又得到兩廣總督張人駿的贊同，終於光緒三十四年正式開埠。香洲本無其名，自王詵等租得香山縣屬吉大、山場兩鄉交界一片荒地擬闢爲商埠，廣東勸業道陳望曾以該地介於香山場和九洲環之間，乃各取一字，合爲「香洲」。王詵等人爲吸引更多商人前來投資，進而與附近的香港、澳門競爭，在開埠之初，於獲得粵督張人駿的准許後，以「無稅商埠」爲號召，果然一時吸引了許多海外華僑和地方人士前來投資。初步建設完成了碼頭和十幾條街道、一千多間房屋，於是吸引許多外地人口遷入香洲，在香洲碼頭停泊的漁船也越來越多，一時欵間，香洲呈現一片欣欣向榮。〔註 90〕可是，以香洲爲無稅口岸的建議，經宣統元年（1909）張人駿上奏，卻遲遲未獲清政府的批准。〔註 91〕自由港的觀念雖然在香港已有先例，但對於清政府而言，開放一個完全免稅的商埠，確是前所未有的事。再加上牽涉部門涵蓋外務部、農工商部、度支部、稅務處，公文往返，曠日廢時。而九龍稅務司夏立士〔註 92〕又以商埠之盛衰，視地勢之相宜與否，非關有稅無稅，反對香洲作爲無稅口岸。〔註 93〕在清政府遲延未決時，香洲及廣東方面局勢發生變化。宣統二年（1910）七月，香洲發生一場大火災，因當時消防設施簡陋，無力搶救，災情慘重，據說造成數千災民流離失所。事後又缺乏有效的善後措施，於是這些災民只好紛紛離開，這件事打擊了外來就業人口原先對香洲

〔註 88〕《東方雜誌》，三卷，六期，商務，頁 57。
〔註 89〕關於公益埠設埠時間，嚴中平等編，《中國近代經濟史統計資料選輯》提出爲一九〇八年粵督張人駿批准開辦，而早年出版的的《申報年鑑》、《中國年鑑》、《外交大辭典》都認爲公益埠是「民國元年省署批准開辦」，惟各書均未註明資料根據，從有限資料揣測公益埠應於清末已經開辦，故姑且以嚴中平等人的著作爲準。嚴中平等，《中國近代經濟史統計資料選輯》，頁 46；《申報年鑑》，（台北，中國文獻出版社重印，民國 55 年），頁 28；《中國年鑑》，（台北天一出版社影印，民國 62 年），第一回（下），頁 1617；《外交大辭典》，（上海，中華書局，民國 62 年），頁 839。
〔註 90〕何志毅，前引文，頁 88～91。
〔註 91〕《清宣統朝外交史料》，卷三，頁 33～34，粵督張人駿奏香山縣紳商擇地自開商埠摺。
〔註 92〕按即光緒二十九年辦理長沙商埠的岳州關稅務司（Alfred H. Harris）。
〔註 93〕關於九龍關稅務司的反對意見，後由署兩廣總督增祺連同其他文件咨呈外務部，北京第一歷史檔案館藏，《外務部檔》，卷四八一三，宣統二年十二月二十五日，外務部收粵督文一件。

的期望和信心。九月，新任兩廣總督袁樹勛一反前任總督張人駿的作風，轉而反對香洲商埠無稅的主張。這使得一些商人開始觀望，逐漸使得投資意願冷卻下來，香洲的商店紛紛倒閉，店舖轉作民房居住，據說房屋出租價格比原來下跌十倍。〔註 94〕創辦人王詵等仍力圖振作，再三陳情。當袁樹勛調任後，宣統二年十二月廣州將軍兼署兩廣總督增祺上奏，請將香洲作為無稅口，並先行立案，免稅章程及防弊辦法由九龍關稅務司再行妥籌，終於獲得清政府的同意。〔註 95〕於是香洲自宣統三年四月初三日（1911 年 5 月 1 日）起，成為免稅的自由港。王詵等人又擬定香洲商埠章程十二條，主要是以優惠的價格及其他措施，希望鼓勵商人的投資意願，〔註 96〕此外，王詵等人企圖將香洲商埠內的房地產向外國銀行貸款。〔註 97〕不幸所有的措施都無濟於事，王詵等創辦人終於被迫放棄香洲商埠的經營，使得香洲徒擁自由港的虛名，直到民國初年，依然沒有什麼發展。〔註 98〕

除了上述之外，本時期（1905～1911）亦有其他自開商埠籌議，如前述常德、湘潭，但後來並未成功。在光緒二十四年（1898）時，御史陳其璋等奏請自闢鐵路口，但未為清廷所接受。自光緒三十年（1904）濟南、濰縣、周村以膠濟鐵路將通為由，經地方督撫奏請自開商埠獲准後，交通地位的演變才逐漸成為地方官紳倡議自開商埠的理由。而這與同期各省收回利權動，特別是收回路權運動，亦息息相關。如上述之昆明，地方紳商在爭取昆明自開商埠同時，同一群人爭取興辦以昆明為起點的滇蜀鐵路。〔註 99〕又如公益埠即位於新寧鐵路的終點。〔註 100〕此外本時期又有地方官倡議將京張鐵路終點之張家口、京漢鐵路開洛支路（由開封至洛陽）交點之鄭州，仿效濟南先例，設立自開商埠，後來由於外務部及北洋大臣袁世凱的反對而作罷；〔註 101〕

〔註 94〕何志毅，前引文，頁 91～92。

〔註 95〕《大清宣統政統》，卷四七，頁 4～6；台北中央研究院近史所藏，《外務部檔》，02-13，55-（3），宣統二年十二月二十五日，粵督文一件。

〔註 96〕《兩廣官報》，第三期，頁 585～598。

〔註 97〕何志毅，前引文，頁 92。

〔註 98〕同上註，頁 92～93。

〔註 99〕宓汝成編，《中國近代鐵路史資料》，（北京，中華書局，1984 年），頁 1098～1099。

〔註 100〕同上註，頁 951～955。

〔註 101〕北京第一歷史檔案館藏，《會議政務處檔》，卷一八○，光緒三四年五月二十一日，察哈爾都統文一件；《清季外交史料》，卷二一五，頁 10～12，外部奏議覆察哈爾都統誠勳奏請開闢埠摺；台北中央研究院近史所藏，《外務部檔》，

作爲津浦鐵路終點的浦口，在外人提出要求後，其開埠的辦理方式曾引起很多爭論，後仍於民國元年（1912）自行開放。〔註102〕除了陸路交通外，水路交通的便利與否，亦成爲官紳考慮自開商埠地點的重要依據，如前述之香洲。〔註103〕而水陸交通的聯繫，也開始有人加以思考，如僑商張誠勳在籌辦廣廈鐵路的同時，也請在黃埔建築碼頭，作爲自闢商場；〔註104〕又如東三省總督錫良籌開葫蘆島爲商埠，除了葫蘆島本身地理條件，實著眼於其可與京奉鐵路相接，錫良更主張葫蘆島開港工程宜與錦璦鐵路一併籌畫。〔註105〕總之，交通地位的重要性在本時期逐漸普遍爲地方官紳所注意，並將它列入考量開埠地點的重要因素。他們體會到交通的便利，對於經濟的發展有正面的影響，在交通便利地點自開商埠，將可以獲取一些利益。其次，交通的便利如鐵路的修築，有時意味著外人勢力的侵入，爲了保守固有利權，自開商埠成爲地方官紳所採行的方法之一。

此外，一些以往訂約開放的口岸，有始終未曾開闢租界者，如汕頭（潮州府）、瓊州，此時由外務部或地方官倡議自闢商場，〔註106〕其用意即在取法自開商埠精神，主動劃定商場界限，並由地方官加以經營、建設，以保守主權，甚至求取利益。新近約開口岸如西藏江孜，其辦理方式亦經外務部建議駐藏大臣「查照內地自開商埠章程，妥商開辦」。〔註107〕自開商埠模式甚至引用在約開口岸上，可以視爲其影響力的擴張，而地方官在約開口岸積極參與商埠的規畫與建設，亦爲較前進步的現象。

　　02-13，53-（2），光緒三十一年六月初九日收河南巡撫信。

〔註102〕《南京港史》，頁147～149。

〔註103〕《清宣統朝外交史料》，卷三，頁33～34。

〔註104〕宓汝成編，《中國近代鐵路資料》，頁956～957。

〔註105〕台北中央研究院近史所藏，外務部檔，02-13，55-（2），宣統二年三月二十二日，東督奉撫信一件；《錫良遺稿》，（台北，文海），頁1259～1260，葫蘆島建築海堤派員籌辦購地開工情形摺，宣統二年十一月三十日。

〔註106〕北京第一歷史檔案館藏，《宮中檔》，電報電旨，卷一五七，收署兩廣總督岑春煊致外務部電，六月二十八日（按當爲光緒三十一年）；《東方雜誌》，四卷，一期，商務，頁31。

〔註107〕北京第一歷史檔案館藏，《宮中檔》，電報電旨，卷一六〇，發駐藏大臣有泰電，九月初一日（按當爲光緒三十一年）；《清宣統朝外交史料》，卷一五，頁47～48，英使麻致外部英駐江孜商務委員租地建房事希飭地方官迅結照會，宣統二年六月二十八日；同上，卷一六，頁17～18，駐藏大臣聯豫致外部江孜租地事已結請覆英使電，宣統二年七月二十日。

表 5-1-1　清朝官吏奏請東三省開放通商表

光緒三十年正月～三十一年四月（1904，2～1905，5）

職銜姓名	上奏時間	主　　張
江督魏光燾、粵督岑春煊、署鄂督端方、商約大臣呂海寰等	光緒三十年正月	「……臣等愚見，似宜乘彼布告之後，迅速特簡親重大臣，以考求新政為名，歷聘歐美有約盟邦，面遞國書，以維均之勢立說，東三省開通商埠利益均霑為宗旨，懇派使臣，設會評議，其中要義約有數端，……四、會議既定，戰事既息，中國允以東三省遍開商埠及廠棧路礦諸項利益，以為酬勞，惟公同認定於中國土地主權，不得稍有妨礙，……。」
給事中謝希銓	光緒三十年四月初四日	「……，而戊戌之約必不宜再留，捨此戰局，不求廢約，以後更無機會，果能將旅順一口准作各國泊船修船之港，而青泥漥一口准作各國通商之港，則東方禍根，由此可除，……。」
出使法國兼西班牙大臣孫寶琦	光緒三十年五月十一日，同年七月十六日到	「……，臣查日本因素在東三省之工商利益，致與俄開戰，將來戰罷，日必求遂其大欲，而尤慮俄人之不得志於東，求逞志於西，如果一俟兩國停戰有期，由我宣布將東三省、蒙古、新疆等處開門通商，未始非計，……。」
黑龍江將軍達桂，齊齊哈爾副統程德全	光緒三十年十一月十五日	「……竊觀此次戰禍之興，英美實陰有所圖，所以不顯然干預者，以有礙中立故耳，我若於此時因勢利導，將東三省開為商埠，許以利益，英美一經首肯，則各國樂得均沾，必出而共為保持，不至互相猜忌，否則我不自開商埠，微特利權盡失，勢須聽人指授，即使將東三省交還，亦恐有名無實，興言及此，憤恨填膺，奴才等查近來山東之開濟南灘縣，湖南之開長沙岳州，皆以先發制人為勝算獨操之計，況東三省時局非山東湖南可比，若不預佔地步，恐我無立足之地矣，……。」
監察御史黃昌年	光緒三十一年三月二十二日	「……，至開放口岸一層，尤當相時而動，……。」

以上資料出處：

1. 《愚齋存稿》，卷十，頁 3～4。
2. 北京中國第一歷史檔案館藏，《外務部檔》，卷四四三九；同上，《軍機處錄副奏摺》，帝國主義侵略類，卷四七四。
3. 《清光緒朝中日交涉史料》，卷六八，頁 25；同上，卷六九，頁 11。

表 5-1-2　清朝官吏奏請東三省開放通商表

光緒三十一年五月～六月（1905，6～1905，7）

職銜姓名	上奏時間	主　　　張
署江督周馥	光緒三十一年五月二十五日	……，擬請旨繕備國書，飭駐美使臣逕達美廷，申明前說，中國願以東三省為各國公共通商之地，……。
出使美國大臣梁誠	光緒三十一年五月三十日	……東三省接收後，非廣開門戶，不足以饜列強之願望，制一國之把持，然治外之權未復，喧賓奪主之事可虞，應請酌查情形，先行添開商埠數處，一面布告各國，俟修律事竣期若干年，收回治外法權，即將三省全行開放，各國商民同享利益，……。
貴州巡撫林紹年	光緒三十一年五月三十日	……彼雖直接開議，我亦應派人到美與聞其間，明存地主之名，隱行挽回之計，若必不許干預，我亦必先將東三省開放之說，自行遍宜，使此議由我而發，即師彼眾口之計，亦必早定，以免受挾而復為之，……。
署閩浙總督崇善	光緒三十一年六月初一日	……竊維日俄媾和，出自美國調停，雖名日兩國直接開議，而美隱以調人自居，一切約款，美當預悉，我宜利用美人密與提議，示以東三省開通口岸，以溥商利，美之志在通商，當必助我，而勸日踐歸還土地之言，各國為均勢平權，亦必暗中干涉，……，惟目前接收切要之圖，則以安置難民、撫戢鬍匪、廣開商埠，先杜外人覬覦，然後得以從容佈置，……。
陝西巡撫曹鴻勛	光緒三十一年六月初一日	……善後辦法，須在接受之時，與日人嚴定權限，將來遼東鐵路必為日人獨得之利益，或將奉天開為萬國通商公地，使利益均霑，互相防守，尤為有益，……。
江蘇巡撫陸元鼎	光緒三十一年六月初五日	……彼如允我熟商，則收回東三省善後各條，可以措手開辦……一、議開東省沿海口岸，……。
廣東巡撫張人駿	光緒三十一年六月初六日	……逆計彼之要求，我當因應者，約有三端，一曰鐵路屯兵；二曰東三省開放通商；三曰讓租旅順。通商為各國公利，美廷本有此請，似宜允予開放，以聯各國之歡，藉收維持之益，……。
出使英國大臣張德彝	光緒三十一年六月初七日	……至東三省善後辦法，頭緒紛繁，欲詳訂整頓，非深知該知情形不可，若僅就外交一節而籌之，其要有三，……。一曰廣關商口也，該省交

		還後，凡可開作商口之處，務須作速實力開闢，日俄啓釁之前，英美日已有洞開滿洲之議，今我若自開辦，與各國共享商務利益則一二雄國，即不得肆其狡謀，以行其囊括之志，此籌邊之勝算而不可少緩者也，……。
出使德國大臣蔭昌	光緒三十一年六月初七日	……開商埠以杜鄰國強佔利權，……。
署兩廣總督岑春煊	光緒三十一年六月初十日	……此時辦法，應一面決計預先聲明，一面實行我主權內所應行之事，何謂主權內應行之事？如籌備駐防也。……實行開放也。……至於開放一事，尤東三省結局之總義，而非改易政體，則開放亦有所難行，查美國早有請我開放東三省之議，日本宣戰時亦言戰後必開放滿洲，德懼日本之強，愈忌日本在東三省勢力之盛，亦必要求開放，均霑利益，是我雖不欲開放，各國亦將迫我開放也，即使不迫，試思日本此後在東三省之勢力，豈我所能抗衡，與其任一國獨肆其權力，而我莫可如何，何如聯各國通商，互相牽制，而我轉可收保全之效，特恐日本欲由彼開放以取悅於各國，不欲由我開放以限制其利權，臣是以為事似應由外務部密商各國公使，但得兩三國贊成，即不必問日本之意如何明降諭旨，酌定期限，全行開放，……。
廣東巡撫張人駿	光緒三十一年六月初十一日	……又滿洲通商，應由我開放，不能由日俄開放，侵我主權，旅順應由我議租與日，不得由俄、日私相授受自行轉租，……。
湖廣總督張之洞	光緒三十一年六月二十二日	……至於善後之法，約有五條，一曰遍地開放，查從前俄據東三省時，日本人即力勸我以遍地開放為抵制俄人之策，今日俄去日來，在我仍無以易此，蓋非此無以慰各國均霑之望，亦無以杜強鄰吞併之謀，惟遍地開放辦法，其中條目差別不同，塵請飭令此次遊歷大臣至美國詳細考查，期於中國情形行之無弊，……。

以上資料出處：

1. 《秋浦周尚書（玉山）全集》，電稿一卷，頁 2。

2. 北京中國第一歷史檔案館藏，《宮中檔》，電報電旨，卷一五八。

3. 《清季外交史料》，卷一九〇，頁 13～14。

表 5-2-1　廣東紳商擬開闢商埠表

倡議者	出身	時　　間	擬開埠地點
黃景霖	士紳	光緒三十一年五月初七日（1905.6.9）	廣州芳村一帶
伍于政等	僑商	光緒三十二年五月（1906.6～9）	公益埠（新寧縣）
胡國廉	閩商	光緒三十三年四月（1907.5～6）	香山新安兩屬之大虎等處
董夢虹等	紳商	光緒三十三年五月（1907.10～11）	封川縣江口
王詵	紳商	光緒三十四年三月初三日（1908.4.3）	香山縣香洲
伍于政等			
胡國廉	閩商	光緒三十四年七月（1908.7～8）	海南島
韋廷俊	港商	宣統二年十二月（1911.1）	番禺縣大沙頭
邵緝卿等			
黃景棠等	士紳	宣統三年正月十二月（1911.2.10）	廣州
張誠勳	僑商	宣統三年（1911）	廣洲黃埔
劉鶴齡等	商人	宣統三年（1911）	新安縣平湖鄉

以上資料出處：

北京中國第一歷史檔案館藏，《外務部檔》，卷四八一三，光緒三十一年五月初五日，商部片呈外務部；同上，《會議政務處檔》，卷八三五，宣統二年八月初一日，農工商部奏摺；同上，《會議政務處檔》，卷九一九，宣統二年十一月二十二日；農工商部文；《大清宣統政紀》，卷四十八，頁 9；《光緒朝東華錄》，頁 5951～5952；《兩廣官報》，第十三期，頁 88～89；同上，第十四期，頁 109；《東方雜誌》，四卷，四期，商務，頁 65；同上，四卷，九期，商務，頁 120；《廣東文史資料》，第四十六輯，頁 88。

表 5-3-1　東三省自開商埠表

光緒三十二年～宣統三年（1906～1911）

開　埠　時　間	開　放　商　埠		設　埠　經　過
1906 年 9 月 5 日（光緒三十二年七月十七日）	瀋陽（奉天府） 安東 大東溝	遼寧省	光緒二十九年中美商約第十二款約定奉天府及安東縣二處由中國自行開埠通商，同年中日商約第十款則約定奉天府及大東溝二處由中國自行開埠通商。按大東溝即屬安東縣管轄，但中美、中日二約分列二處，即分別設埠。三處於日俄戰後，由於劃界及章程談判，遲遲未定開埠時間，日本雖於光緒三十二年三月片面向中國及各國照會宣布於西曆五月一日開放安東及大東溝、元月一日開放奉天府，但中國並未承認此一開埠時間。稍後七月十七日在中國外務部照會美國公使柔克義（W.W. Rockhill），告知外部已飭北洋大臣及盛京將軍從事有關奉天府等三處開埠必要的安排，以及安東、大東溝設立海關等時，美使柔克義即認此即爲中國同意開放奉天府、安東及大東溝三處之憑據，今即以此照會時間作爲奉天府等三處開埠時間。
1906 年 9 月 10 日（光緒三十二年七月二十二日）	鐵嶺 通江子 法庫門	遼寧省	原列爲中日會議東三省事宜條約（1905 年 12 月 22 日）附約第一款，於日軍撤退後，由外務部照會各國駐京公使，將上列地點「照約自行開埠」。
1906 年 10 月 8 日（光緒三十二年八月二十一日）	新民屯	遼寧省	同上
1907 年 1 月 14 日（光緒三十二年十二月一日）	長春 哈爾濱 滿州里 齊齊哈爾	吉林省 吉林省 黑龍江省	同上
1907 年 5 月 18 日（光緒三十二年七月二十二日）	鳳凰城 遼陽 寧古塔 琿春 三姓 海拉爾 璦琿	遼寧省 遼寧省 吉林省 吉林省 吉林省 黑龍江省	原列爲中日會議東三省事宜條約（1905 年 12 月 22 日）附約第一款，於日、俄軍隊撤退後，由外務部照會各國駐京公使宣布照案先行開放，但聲明洋商租地須俟中國訂有租建專章方可開辦。

1906 年 11 月 3 日（宣統元年九月二十日）	龍井村 局子街 頭道溝 百草溝	吉林省	原列爲中日圖們江界務條約（1909 年 9 月 4 日）第一款，後由外務部照會駐京各國公使，宣布於十一月二日各埠一律開放。

以上資料出處：

1. 北京第一歷史檔案館藏，《外務部檔案》，卷二五○三，光緒三十二年四月初二日，照復日本内田使，奉天等處開埠，俟勘地估工辦有頭緒，擬妥章程，即會商定期開辦；Foreign Relations of the United States, 1906. p.p. 222～223。Minister Rockhill to the Secretary of State, September 12, 1906.。

2. 台北中央研究院近史所藏，《外務部檔》，02-13，54-（1），光緒三十二年七月二十二日外務部致各國駐京公使照會。

3. 同上，光緒三十二年八月二十一日，外務部致各國駐京公使。

4. 北京第一歷史檔案館藏，《外務部檔》，卷四八一二，光緒三十二年十一月初九日，外務部咨吉林、盛京、黑龍江將軍、南北洋大臣、吉林省長春等四處暨齊齊哈爾定期開放鈔錄照會咨行查照由。

5. 《光緒丁未（三十三）年交涉要覽》下篇卷一，頁 60，外務部照會奉奉天之鳳凰城、遼陽、吉林之寧古塔、三姓，黑龍江之海拉爾、愛琿商埠照案宣布開放文，五月。

6. 台北中央研究院近史所藏，《外務部檔》，02-13，54-（2），宣統元年九月初六日照會各使知照龍井村等處開敦日期由。

第六章　自開商埠的意義、影響與局限

　　自開商埠的出現，在中國近代史的發展過程裡，標誌著若干重大的改變，自然有其歷史意義存在；由以上各章的敘述，可以歸納出政治外交、經濟財政、社會組織等值得探討的層面。其次自開商埠的設立和運作過程，導致若干具體影響，也有其內在限制和不足之處。在回顧清末自開商埠發展的歷史後，對當時政治、社會、外交、經濟各層面，相信能獲得更進一步的了解。

第一節　政治及外交上的意義

　　自開商埠最早的動機之一，即為避免外人的侵占，可謂主要是出於政治及外交方面的考量。由以上各章的敘述，在自開商埠發展的過程裡，更具體展現了政治、外交層面的意義。在政治方面，約有以下三點：（1）主權意識的貫徹；（2）地域主義的興起；（3）商埠行政部門的現代化。在外交方面，亦約有三點：（1）表現中國實行門戶開放政策的誠意；（2）均勢政策的實踐；（3）遏止租界的擴張，維護中國主權。

　　茲先將自開商埠在政治方面的意義分別說明如下：

　　（1）主權意識的貫徹，在探討自開商埠成立的背景時，曾經指出甲午戰後主權意識的提昇與實踐是一個重要的因素；黃遵憲所提出的「商埠議案」及光緒二十二年（1896）蘇杭開埠章程的實施，都為光緒二十四年（1898）自開商埠的成立提供了有利的基礎。而自開商埠成立的近因之一，是為了避免外人侵占。在自開商埠成立之後，各地對於商埠主權的維護，更是不遺餘力。從自開商埠於光緒二十四年（1898）開始設立以後，負責籌備開埠的各

地地方官博採中外經驗，如日本外人居留地辦法、寧波官辦巡捕、蘇杭開埠章程，甚至上海租界章程也納入模仿參考的對象。當時負責主其事者都有一個共識，就是自開商埠必須和以往設立租界的通商口岸有所區別；〔註1〕方法就是由中國自劃商埠界限、自訂章程、自籌經費、自辦相關工程、自行管理商埠內各項事務等入手，完全自行規畫建設自開商埠，此外並堅持自開商埠內不劃租界，以避免重蹈以往租界的覆轍。相對於以往地方官的疏忽、放任，自開商埠的設立、籌畫、建設等過程，在在顯示出一種進步的精神。此後清政府不論中央或地方，甚至紳商階層，都明確了解，為了避免租界的弊害、保守主權，只有主動參與商埠事務的經營。自開商埠也逐漸顯示出它是在清末國勢陵夷的情況下，對於中國較為有利可行的模式。而由自開商埠模式逐漸廣為朝野接受並且採行的情形來看，正代表了主權意識的具體貫徹。

（2）地域主義的興起，地域主義的興起，應從晚清督撫權的變化說起。有關清末中央與地方關係，以及督撫權力變化等，學者有不同的意見。〔註2〕但可以確定的是晚清由於地方督撫漸漸獲得軍權和一部分地方財權（如釐金），從而使得督撫權上升；而光緒三十二年（1906）後由於各省行新政，更增加了督撫的權力。〔註3〕自開商埠的興辦，亦可視為清末新政的一部分。觀察自開商埠發展的過程，地方督撫的態度，不但直接影響自開商埠的設立，更對自開商埠的發展，有絕對的關係。在理論上，一個自開商埠的開辦，需經總署（後改為外務部）的同意，再由皇帝認可，清政府擁有最後的決定權。但是許多個案證明，事實上清政府都會尊重地方督撫的意見，極少出現清政府批駁地方督撫對於開埠事務的看法與作法；除非是由於原來地方督撫卸任，以致既定施政不能貫徹，清廷因此遲延不決，如廣東香洲；或者是由於其他更為位高權重地方督撫的反對，如北洋大臣袁世凱反對河南鄭州開埠，又如湖廣總督張之洞反對湖南常德開埠章程。

在自開商埠事務上，督撫權重具體的表現在地方督撫主動請求在其轄區

〔註1〕《約章成案匯覽》，卷七下，頁23～24；《張文襄公全集》，卷一百五十五，電牘三十四，頁33。

〔註2〕劉廣京〈晚清督撫權力問題商榷〉，收入《中國近代現代史論集》，（台北，商務，民國74年），第六篇，自強運動（一）通商，頁341～386；劉紀曜，〈預備立憲時期的督撫與士紳——清季地方主義的再檢討〉，頁235～255，台灣師範大學歷史研究所碩士論文。

〔註3〕張玉法，《中國現代史》（台北，東華，民國71年4版），頁174～175。

內自開商埠,如山東濟南、濰縣、周村、江蘇吳淞,雲南昆明等都是由地方督撫請求開放。不但如此,督撫在自開商埠各項事務如劃界、籌措經費、定立章程甚至海關的設立與否等,都有其直接的責任。由於商埠事務往往涉及外人,有時引起交涉,由督撫獨任其責有時可以方便清政府推卸責任,逃避外人的壓力。〔註4〕地域主義的興起除了表現在督撫權力上升之外,地方紳商在各項公共事務及實業參與程度加深也是一個重要的現象,在商埠事務亦然。不論如何,地域主義的興起在自開商埠過程中,實占據非常重要的地位。

（3）商埠行政部門的現代化,中國近代地方行政開始模仿外法,大約是戊戌變法時期,最初進行的相當遲緩,直至光緒末年實行預備立憲,始開始大舉改革,從此立巡警、設學校、建審判廳等新政始日漸趨於具體,雖然其成就未必盡合理想,但仍有許多可觀成果。〔註5〕自開商埠行政部門的發展最早是模仿租界工部局。自光緒二十四年（1898）設立岳州等四商埠始,即設立工程局,管理土地清丈租賃、相關工程建設等事,由當地道員負責督辦。至光緒三十年（1904）濟南開埠時設立商埠總局,下轄工程、巡警、發審三局,管理範圍較前增加,負責官員即商埠局長也不再由道員兼任,而另委專人,商埠行政也獨立於原有地方行政體系之外。有西方學者認為通商口岸（treaty port）代表西方制度,與傳統中國制度分立,彼此不相關聯,中國制度也無意改革。〔註6〕濟南商埠的個案否定了這種說法,由於濟南商埠行政的進步完善,在宣統三年（1911）以後,逐漸促使濟南舊城區接受商埠區行政的技巧與形式。〔註7〕而濟南商埠行政的模式,在清末時也為昆明、南寧等商埠所接受。總之自開商埠行政部門的演化,在近代中國地方行政現代化過程裡,確有其重要意義。

其次將自開商埠在外交方面的意義說明如下:

（1）表達中國實行門戶開放政策的誠意,自十六世紀歐洲人大量至東方

〔註4〕 如英使為長沙外人進城貿易事,向外務部施壓,外務部則藉口地方官與領事交涉,外務部不能遙制。北京第一歷史檔案館藏,《外務部檔》,卷九六三,中英會晤問答,光緒三十二年十一月二十日。

〔註5〕 王家儉,〈晚清地方行政現代化的探討〉,收入《中國近化現代史論集》,第十六編,清季立憲與改制,頁109～110、172。

〔註6〕 Rhoads Murphey "the Treaty Ports and China's Madernization" in Mark Elvin and William Skinner edited., *The Chinese City between Two Worlds*（Stanford, California: Stanford University Press, 1974） p.57.

〔註7〕 David D. Buck, *Urban Change in China*, p.52.

通商貿易後，中西間爲通商問題曾不斷引起糾紛，鴉片戰爭的爆發代表了中西對於通商問題歧見的激化。鴉片戰後，中國因戰敗被迫簽訂南京條約，並開放上海等五口通商。然而外人並不以此爲滿足，爲了獲取更多的商業利益，此後外人透過種種條約逼迫中國開放更多的通商口岸，在華外商和領事也藉著條約特權在各口岸擴張他們利益。清末中國知識分子在面對外人索開口岸和擴張口岸權利時，心中的感覺既複雜又微妙，有人基於文化本位而自憐自責，有人以「添口勝過割地」的理念視開放口岸爲妥協的手段之一，有人警覺保守國家主權的重要，亦有人主張以開放通商作爲爭取盟邦的交換利益。然而不論朝野都一致反對開放中國全部領土，准許外人任意往來居住貿易。於是中外之間逐漸形成一進一退的惡性循環，外人藉著各種機會要求中國開放更多口岸，以擴張外人在華勢力，達成開放全中國的最終目的。而中國則因國勢衰頹，只有敷衍拖延，甚至討價還價，以期損害降至最低。

　　直到光緒光緒二十四年（1898）列強爭相租借中國沿海港灣，瓜分的危機迫在眉睫，在無可奈何之際，於是以避免侵占爲目的，振興商務爲藉口的自開商埠於焉成立。儘管振興商務並非最初自開商埠成立的主因，但不可否認的，由中國主動開放通商這件事實，畢竟可以解釋爲中國對外政策的善意作爲。而中國外交代表曾不只一次運用這項事實，作爲他們對外交涉的籌碼。光緒二十五年五月（1899 年 4 月）中國駐美公使伍廷芳在一場公開演講中聲明：中國歡迎所有國家的人來到她的海岸。他的港口是開放的，對各國一律平等看待，希望各國給予同等的看待。這篇演講與五個月以後美國國務卿海約翰所提出門戶開放政策內容大同小異，學者認爲伍氏的講詞，受到美國政府相當的重視。〔註8〕民國八年（1919）年中國代表在巴黎和會舉行期間，曾提案請各國歸還租界，其論點重要根據之一即中國向來採鼓勵國際商務政策，除各約開口岸外，更在內地自開商埠，以便外國通商，而如濟南等處自開商埠，辦理過程不但無何弊病，各商埠外人來者日多，漸成繁榮商區。中國代表據此證明租界制度並非不可廢。〔註9〕由上可知，自開商埠的設立與發展，確切表達中國對外開放通商的誠意；同時在領事裁判權尚未廢除情形下，自開商埠的作法也避免了中國全面對外開放所可能發生的弊病；而中國外交代表曾運用自開商埠幫助其對外交涉，更具體說明了自開商埠在外交上的意

〔註 8〕 張雲樵，《伍廷芳與清末政治改革》，頁 338～343。
〔註 9〕 徐公肅、丘瑾璋《上海公共租界制度》，頁 232～235。

義。

（2）均勢政策的執行，在西方東漸以後，隨著外人侵略的加強，清政府的外交政策，由最初的以夷制夷，到甲午戰後趨向以維持列強在華均勢來避免瓜分，這就是所謂均勢政策，或稱之爲保全政策。其具體作法即維持中國對外開放通商，在一些列強關切的地點，主動設立自開商埠，以便取得一種類似國際保證（quasiinternational quarantee）地位的保護。〔註10〕清末以來中國的知識分子和現在的學者都同意中國政府在此時已失去主動能力，僅能消極被動的接受門戶開放政策，有人甚至予以強烈批評。〔註11〕但部分學者也對於當時中國政府或個人能適應國際局勢的演變，採取新的因應措施，抱持同情的瞭解，有人甚至認爲較之以往的因陳不變，此時期均勢政策的採行似較爲高明。〔註12〕自開商埠的設立與發展，正代表了清末因應國際局勢，採行均勢政策的最佳典範。

（3）遏止租界的擴張，維護中國主權，自鴉片戰爭結束以後，至宣統三年（1911）爲止，列強在中國總共設立了三十一處租界，這些租界地點都是在各約開口岸。〔註13〕租界的弊害大致說來有以下四點：（1）土地的侵奪；（2）自行設立行政事務部門；（3）獨立的警察系統；（4）獨立的司法系統。清末中國知識分子對於租界妨害中國主權已有一定程度的認知，〔註14〕如曾紀澤即主張以條約方式解決租界問題，但因中國國力不振，無法實現。〔註15〕

既然企圖一舉解決租界問題在短時間內無法實現，於是乃有人希望從枝節的改革入手，如黃遵憲主張模仿日本經營居留地的模式，在他參與光緒二十二年（1896）蘇州開埠談判過程裡，即曾提出所謂「商埠議案」作爲蘇州開埠章程的基礎，後來他雖被迫去職，但蘇州、杭州的開埠首開以地方租地

〔註10〕H. B. Morse, *The International Relation of the Chinese Empire III*, p.157.

〔註11〕張忠棟，〈門戶開放政策在中國的反應〉，收入《中國近代現代史論集》，第十四編，清季對外交涉（一）英美法德，頁305～317；王爾敏，〈晚清外交思想的形成〉，收入氏著《晚清政治思想史論》，頁208～210；李國祁，《張之洞的外交政策》，頁297、327～329、347～350。

〔註12〕王爾敏，〈晚清外交思想的形成〉，前引書，頁208～210；李國祁，前引書，頁327～329。

〔註13〕袁繼成，《近代中國租界史稿》，頁111～115。

〔註14〕王爾敏，〈晚清外交思想的形成〉，收入王爾敏，《晚清政治思想史論》，頁196～198。

〔註15〕李恩涵，《曾紀澤的外交》，頁275、306～308。

章程約束外人在華特權的先例，同時地方官也開始參與商埠的規畫。然而從另一個角度來說，蘇州、杭州仍屬約開口岸，光緒二十二年（1896）所訂定的中日「通商口岸日本租界專條」更使得領事有權干預租界事務，日本得以在各約開口岸設立專管租界，這些都使租界對中國主權的侵害有擴大的可能。光緒二十四年（1898）列強在中國沿海強租港灣，更進一步威脅中國的生存。而光緒二十四年（1898）自開商埠的設立，主要正是爲了解決上述問題，由於自開商埠係由中國地方官自辦埠政，並拒絕任何國家設立租界，同時，列強也逐漸接受使中國門戶開放的政策，最遲在光緒三十一年（1905）日俄戰後，幾乎已無任何新租界在華設立。〔註16〕固然租界數量成長的趨於緩和，與國際情勢的演變有密切關係，但清政府和往後的民國政府，堅持以自開商埠爲對外通商唯一的方式，以及自開商埠本身利於保守主權的特質，亦功不可沒。

第二節　經濟及社會上的意義

自開商埠的設立與發展，除了政治及外交上的意義外，在經濟、財政及社會方面亦有其獨特的意義。在經濟方面，約有以下三點：（1）促進商業的發展；（2）商戰思想的體現；（3）經濟效益的注重。在財政方面的意義則是稅收的增加。在社會方面，可由下列兩個方面來探討：（1）都市化的推展；（2）紳商參與國事的強化。

首先在經濟方面，自開商埠的設立與發展，所體現的意義分別說明如下：

（1）促進商業的發展，Murphey 認爲通商口岸對中國的衝擊至少增進了對外貿易，並刺激出口產業的生產，他認爲這是更有效率、更集中的商業結構的興起。〔註17〕自開商埠的設立亦有類似但不完全相同的作用。由於在光緒二十四年（1898）以後所開放通商的地點，多半不具備直接對外貿易的潛力，或者說是由於上海、香港、天津、漢口等大城市在對外貿易方面優勢不易取代，於是大部分的自開商埠僅能藉著便利的交通運輸，而成爲範圍較小

〔註16〕最晚設立租界爲 1905 年設立營口、奉天、安東之地的日本租界，但袁繼成認爲這三個筐界「與軍事占領區沒多少區別，租界的特徵反倒不甚突出」，袁繼成，前引書，頁 113～115。

〔註17〕Rhoads Murphey, "The Treaty Ports and China's Modernization" in Mark Elvin and William Skinners edited., *The Chinese City between Two Worlds*., p.51

的區域性的或一省的商業貿易中心，如長沙、岳州、濟南等地。現有區域研究可以證明，當這些自開商埠開放通商後，由於配合交通的便利，使得這些地區貨物出入頻繁，商業較前更為發達。〔註 18〕而商埠區的設立與發展，往往意味著當地新商業區的興起，如濟南商埠即是一例。〔註 19〕

（2）商戰思想的體現，陳虬在光緒十八年（1892）提出「開新埠」與租界競爭的觀念，最初並未為人所注意。光緒二十六年（1900）上海閘北由紳商闢為商場，仍係基於防制外人擴張租界，談不上競爭的觀念，光緒二十九年（1903）商約大臣呂海寰等人奏請廣闢商場同時，亦主張先於上海租界外開闢通商場，仿照寧波等處章程，由官督商辦，上海辦有成效，再推至他處。外務部對此不表意見。直到光緒三十四年（1908）廣東紳商籌辦香洲商埠，明言其宗旨欲與香港、澳門爭，至此陳虬的觀點才得以落實。不過若就商戰觀念對外表達的意義——收回利權，亦即經濟民族主義而言，〔註 20〕自開商埠的成立，實已將之作具體的展現。而光緒三十一年（1905）以後各省地方官、紳商紛紛奏請設立自開商埠，亦可視為當時收回利權運動重要的一環。

（3）經濟效益的注意，以往中國對於通商口岸事務除了設立海關外，多採取忽視、放任的態度，從自開商埠出現以後，地方官及紳商逐漸開始參與商埠事務，同時在各項事務上也開始注重經濟效益的取得。以下分別從地點的選擇、經營的方式、人事的安排三個方面來加以探討。

外人在選擇通商口岸時，主要是考慮盡可能接近原來的商業中心。就口岸本身小區域的情況而論，中國允許外人設立租界的位置，每每著眼於與舊有城市及內地的隔離，常將江海邊的廢地或荒瘠之區予彼，以便於管理，和增加其成市的困難。而外人則著眼於其對外洋交通地位優越，對於是否在已繁盛的區域，並不堅持。結果由於十九世紀末中國水上交通結構轉變，以及外人經營得法，使得外人租界區或商業貿易區產生急劇都市化作用，以致取代舊有城區，成為通商口岸的經濟重心。〔註 21〕自開商埠的設立，原本即帶

〔註 18〕張玉法，《中國現代化的區域研究——山東省（1860～1916）》，頁 596～597；
張朋園，《中國現代化的區域研究——湖南省（1960～1916）》，頁 113～118。

〔註 19〕《濟南簡史》，頁 303。

〔註 20〕王爾敏，〈商戰觀念與重商思想〉，收入氏著《中國近代思想史論》，頁 266～296；阮忠仁，〈清季經濟民族主義運動之動力、性質及其極限的檢討 1903～11〉——以「紳商的新式企業利潤需求面」為中心〉，《國立台灣師範大學歷史學報》，第十八期，頁 265～266。

〔註 21〕李國祁，〈由上海，漢口與青島三都市的形成與發展論近代我國通商口岸的都

有濃厚政治意味，以致光緒二十四年～光緒二十五年（1898～1899）間設立的自開商埠，地點的選擇仍然著眼於隔離內地，不過已有重視交通便利與公共建設的趨向。至光緒二十六年（1900）以後，曾擬議或實際設立的自開商埠，開始注意商埠地點須鄰近鐵路車站，如武昌、濟南以及光緒三十一年（1905）後東三省各商埠，這正好符合廿世紀初年中國陸路結構的轉變，特別是鐵路的興修，逐漸成為都市化作用不可忽視的推動力。中國開始注重商埠地點的交通地位及其相關建設，正是從經濟角度考量商埠發展，以期獲取最大利益的明證。

在經營方式方面，隨著光緒三十一年（1905）後紳商參與的加強，自開商埠在經營方式上也益趨靈活。如光緒三十四年（1908）香洲商埠仿照香港成為免稅的自由港，而香洲商埠的經營更是以求利為最大目標，首先由經營者租賃取得商埠全部土地，再投資興建所有住宅，店舖以及碼頭、道路等設施，最後再向其他商人或投資者推銷，甚至以各種折扣優惠來促銷。〔註 22〕觀察香洲商埠的經營，實與今日房地產業者所為並無二致。

從人事的安排來看，光緒二十四年（1898）後自開商埠的辦理，似有注重具備開埠經驗人才的趨勢。如光緒二十四年（1898）岳州籌畫開埠時，鄂督張之洞即建議湘撫派人赴上海向同時正籌辦吳淞開埠的江海關道蔡鈞學習開埠經驗。〔註 23〕又如曾任岳州關道的韓慶雲，後來先後參與長沙、常德開埠的籌畫。〔註 24〕曾參與上海閘北市政的巡警總辦汪瑞闓，宣統年間又擔任長沙關道。〔註 25〕光緒三十三年（1907）曾任奉天交涉局長兼開埠局長的韓國鈞，宣統元年（1909）調署廣東勸業道，當時廣東香洲正開埠不久，宣統二年（1910）韓國鈞又奉派兼充葫蘆島商埠督辦。〔註 26〕注重開埠經驗的傳承，將使自開商埠的籌備更有效率。

市化作用〉，《國立台灣師範大學歷史學報》，第十期，頁 269～297。

〔註 22〕《兩廣官報》，第三期，頁 585～598。

〔註 23〕《張文襄公全集》，卷一百五十七，電牘三十六，頁 28～29，致長沙俞撫台，光緒二十四年十二月初五日亥刻發。

〔註 24〕北京第一歷史檔案館藏，《外務部檔》，卷四八〇七，光緒卅年三月十六日湖南巡撫咨送夏稅司擬辦長沙開埠章程請查照由；《張文襄公全集》，卷六十八，奏議六十八，頁 1～8，查覆關道參款暨勘定商場摺，光緒卅二年十月廿二日。

〔註 25〕台北中央研究院近史所藏，《外交部檔》，03-19，10-（2），民國 3 年 1 月 14 日，財政部函一件；《上海通志館期刊》，二卷四期，頁 125。

〔註 26〕韓國鈞，《止叟年譜》，頁 10～12。

　　在財政方面，自開商埠展現的意義為稅收的增加。甲午戰後，中國由於負擔鉅額賠款，不得不籌借外債，而外債的籌還造成了當時財政上嚴重的危機。清政府為了籌款，一方面由中央和地方分別攤派，一方面展開種種開源節流辦法。由於海關稅收是清政府主要歲入之一，於是為了增加稅收，乃增開通商口岸。黃俊彥認為光緒廿四年（1989）自開岳州、三都澳、秦皇島為口岸的舉動，是為籌還外債所迫，〔註27〕確實反映了當時的財政需求。光緒廿七年（1901）辛丑和約簽訂後，對外賠款鉅，清政府的財政壓力更大，或許這是造成光緒三十年（1904）後自開商埠紛紛設立的原因之一。自開商埠設立之後，僅有少數如濟南、濰縣、周村、香洲等地例外，其餘各地均設立海關，可以想見海關稅收必然有所增加。至於關稅的增加是否影響釐金徵收，影響程度如何，則尚待深入研究。而自開商埠的設立對於增加海關稅收，減輕清政府財政壓力有所助益，這點是無庸置疑的。

　　在社會方面，自開商埠的設立與發展，所體現的意義分別說明如下：

　　（1）都市化的推廣，自開商埠的設立，必然導致一定程度的都市化，這可由三方面來觀察：人口的快速增加、公共設施的日益齊備及商業的發展。以濟南為例，在商埠區設立以後，人口逐漸向商埠集中，民國成立以後，濟南商埠區人口更快速大量增加，如表5-2-1：

表6-2-1　濟南商埠人口

時　間	人　口	時　間	人　口
1914 年	11,159	1933 年	80,233
1919 年	32,304	1942 年	164,056

資料引目：David D. Buck, *Urban Change in China* p.p.230～232。

　　不但如此，濟南商埠設立以後，濟南舊市區口，亦大量的增加。〔註28〕在公共設施方面，濟南商埠北面即津浦、膠濟鐵路車站，商埠內有公園、商品陳列館、市場、貨倉、電政局，此外濟南商埠道路的修築亦稱整齊。〔註29〕濟南

〔註27〕黃俊彥，〈甲午戰後籌還外債與財政的變革〉，收入《中國近代現代史論集》，第十一編，中國甲午戰爭，頁 677～679、691～719。

〔註28〕David D. Buck., *Urban Change in China* p.p.230～232；《濟南簡史》，頁 303；張玉法，《中國現代化的區域研究——山東省（18600～1916）》，頁 702。

〔註29〕張玉法，前引書，頁 596～597；《支那省別全誌》，卷四，山東省，附濟南府城之圖。

商埠由於鄰近膠濟、津浦交會處，交通地位重要，故有許多外國商行、銀行甚至手工業者至商埠區營業，中國商人則開設戲園、酒館、妓院等。〔註30〕不論如何，自開商埠所造成都市化作用在各地或有程度不同，但必定是顯而易見的。

（2）紳商參與國事的強化，在光緒三十一年（1905）以後，紳商參與自開商埠經營的程度大為增加，關於這個部分，上一章第二節已經加以敘述，此處不加贅述。

第三節　影響與局限

自開商埠對近代中國的影響是多方面的，在上面兩節已經作了一些探討，此處只擬提出兩點，（1）在保守主權的大前提下，各自開商埠的辦理出現了若干和往截然不同的特色，從而大大的改變了以往通商口岸制度的內涵；（2）由於自開商埠係由中國主動自開，使得一般社會大眾對商埠所代表的新制度、新事物較能接受，有助於中國現代化的進行。

自開商埠設立的原因既是為了避免外人侵占，在設立之後，主要考慮即避免以往租界所造成的種種弊病。於是經由各自開商埠租地及其他章程規定，逐漸形成中國保守主權的有效方式。以下即擬針對自開商埠模式保守主權的特點加以敘述。

一、由中國採取主動，自開商埠的設立，其宣告即由中國主管外交部門主動照會各國公使，或逕由中國自行設埠。此外如中國自行劃定商埠界限，自訂章程、自籌經費、自辦警察及相關工程、自行管理商埠內各項事務等，即使後來遭遇列強藉口條約特權抵制，但由地方官主動參與商埠規畫建設，在自開商埠出現以後，成為理所當然而且非常普遍的事。這和以往地方官在租界地區所表現的忽視、放任態度截然不同。除了地方官之外，地方紳商後來也逐漸有參與商埠事務的意願和行動。這種由中國採取主動的趨勢，有助於將自開商埠與以往透過修約開放的約開口岸明白加以區別，使中國地方官得以在各自開商埠參與各項事務，進行各項措施，同時也避免了新租界在各自開商埠設立，使得自開商埠保守主權的內涵得以實踐。

二、自行設立地方行政事務部門，從上海租界開始設立工部局（Municipal Council）掌管各項行政事務，此後各租界紛紛效法，從而建立起一整套具備

〔註30〕David D. Buck., op.cit. p.53.

行政、立法、司法功能的機構，侵奪了中國在租界的行政權。工部局董事係由租界內有一定資產洋人選舉產生，有的租界工部局排斥華人參與，如一九二八年以前的上海；有的租界雖准許華人加入，仍為點綴性質，實權還是在洋董手裡。〔註31〕大部分的租界直接受當地領事及各該國公使監督。〔註32〕工部局管理事務範圍廣泛，舉凡警察、工程建設、徵稅、教育、衛生等無所不包，上海租界工部局甚至還擁有自己的軍隊。〔註33〕工部局權力越來越擴張的結果，簡直如同「國中之國」一般。〔註34〕自開商埠在設立之初，即仿照工部局形式，在岳州，三都澳、吳淞等地設立工程局。起初工程局的職掌較簡化，僅負責土地清丈、租賃和修築碼頭、道路等工程。光緒三十年（1904）濟南商埠設立商埠總局，下設工程局、巡警局、發審局，管理範圍較前更廣，並且相對的獨立於原有地方行政體系之外。光緒三十一年（1905）後南寧、昆明商埠紛仿照濟南辦理。同時期上海閘北華界亦設工巡總局，後改巡警總局。〔註35〕以上各例都是仿照租界工部局的組織形式，不過由於設立地點係自開商埠，因此，這些機構都是由各地方官出面組織而成，使商埠行政事務仍為我管轄。其次，商埠局組織的演化、功能的擴大、逐漸獨立於傳統行政體系之外，這些都可視為近代中國地方行政及至地方自治的進步。Buck 在研究濟南的都市發展時，發現在宣統三年（1911）以後，濟南舊城所代表的傳統地方行政部門逐漸接受了商埠所代表西方式地方行政部門的形式和技巧，他因此評論：「諷刺的是（Paradoxically），由於商埠是由中國人所控制，這使得它所導致的衝擊（impact）要來得更大些。」〔註36〕

〔註31〕　袁繼成，《近代中國租界史稿》，頁 32～33、132～133；徐公肅，丘瑾璋，《上海公共租界制度》（上海，上海人民出版社，1979 年重印），頁 144～145、150～153。

〔註32〕　特別是一國專管租界，受其本國支配程度尤深。袁繼成，前引書，頁 132～136；徐公肅，丘瑾璋，前引書，頁 149～150。

〔註33〕　徐公肅、丘瑾璋，前引書，頁 119～121。

〔註34〕　徐蔚南，〈公共租界沿革〉，收入《上海研究資料正集》，頁 134～235。

〔註35〕　席滌塵，〈吳淞自闢商埠的經過〉，收入《上海研究資料正集》，頁 88；《約章成案匯覽》，乙篇，卷十上，頁 93～95；《清季外交史料》，卷一六九，頁 1；《光緒乙巳（三十一）年交涉要覽》，上篇，卷一，頁 14、18～19，北京第一歷史檔案館藏，《外務部檔》，卷四八一六，光緒三十三年五月二十日；廣西巡撫文一件；台北中央研究院近史館藏，《外交部檔》，03-17，21-（1），宣統二年九月二十七日雲貴總督李經義奏摺，附雲南省城南關外商埠總章；《上海市通志館期刊》，二卷四期；頁 1248～1251。

〔註36〕　David D. Buck, *Urban Change in China*, p.52.

　　三、自行管理治安，除了普通行政事務外，各租界也以上海為師，建立了不受中國政府管轄的警察系統。同時亦有地方官在約開口岸參與甚至自行設立巡捕房，如浙江寧波。寧紹道於同治年間曾與英、法領事合辦巡捕，至光緒六年則改由寧紹道稟撥釐金設立巡捕房，並在巡捕章程中聲明從前一切章程現在作廢，可見至遲在光緒六年時，已有地方官在約開口岸承繼外人巡捕房的基礎，自行辦一理。〔註 37〕不過一般中國知識分子卻少有重視警察制度者，王家儉先生認為首倡警政的是康有為，但在戊戌變法期間，警政卻未見諸變法上諭之內。〔註 38〕全國各省僅湖南在按察使黃遵憲策劃下，倣照他在美日所見的警察局制度，並採借上海及各通商碼頭捕房成規，將保甲局改組而成為保衛局。保衛局的特色是由官紳商合辦，由紳商合議，巡捕執行，實隱寓地方自治精神，與現今全為政府權力之警察制度稍有不同，〔註 39〕亦與由官舉辦，僱募洋人管理之寧波巡捕房相異。在光緒二十四年（1898）自開商埠設立後，岳州、吳淞、三都澳各口都曾倡議自辦巡捕，以往上海租界、寧波、湖南保衛局等先例都被列為模仿對象。〔註 40〕惟初期自開商埠自辦警察情形，因資料缺乏，暫時置而不論。至遲在光緒三十年（1904）長沙、濟南籌辦開埠時，由於同時間正值山東、湖南兩省警政規模皆已確立，且漸圖推廣，〔註 41〕於是長沙、濟南兩地商埠在兩省警政發展基礎上，以明定章程方式確立兩商埠的警察制度。〔註 42〕觀察兩地作法，類似寧波模式，即由官

〔註37〕　《皇朝政典類纂》，卷四百九十八，外交三十四，頁 8～15，寧波江北岸倡巡捕各章程。

〔註38〕　王家儉，《清末民初我國警察制度現代化的歷程（1909～1928）》（台北，商務，民國 73 年）頁 21～23。

〔註39〕　林能士，《清季湖南的新政運動（1895～1898）》（台北，台大文學院，民國 61 年），頁 76～77。

〔註40〕　《約章成案匯覽》，乙篇，卷七上，頁 10～12；《張文襄公全集》，卷一百五十六，電牘三十五，頁 37～38；同上書，卷一百五十七，電牘三十六，頁 28～29；台北中央研究院近史所藏，《外務部檔》，02-13，55-（1），光緒二十五年七月初九日，吏部奏摺。

〔註41〕　王家儉，前引書，頁 59～60、80～82。

〔註42〕　濟南商埠定立巡警章程十四節，長沙通商租界曾定立四種章程以規範巡捕相關事務，分別是（1）華洋商民應遵章程；（2）設立巡捕總章程；（3）巡捕衙巡役應遵章程；（4）巡捕衙與地方官交涉公事詳細章程。以上見《光緒乙巳（三十一）年交涉要覽》，上篇，卷二，頁 5～10；台北中央研究院近史所藏，《外務部檔》，02-11，16-（1）光緒三十年十月十二日收湖南巡撫文附租界章程。

設立警察，〔註43〕僱用洋捕管理。長沙、濟南商埠的自辦警察，可說是寧波官辦巡捕的延伸，亦爲租界巡捕和警政現代化之間的過渡。光緒三十一年（1905）清政府在中央設立巡警部，次年又將巡警部擴大而爲民政部，於是警察制度逐漸確立並推廣至全國。〔註44〕此後商埠警察被納入全國警政體系，不必再以商埠章程作爲根據。不論如何，自開商埠自辦警察自行管理治安的理念與作法，在各口岸普遍採行上海租界巡捕模式，而中國警政又尚未步上正軌時，的確不失爲保守主權的因應辦法。

四、自行徵稅，租界爲人所詬病的一點，即工部局根據租界租地章程，得在界內徵稅，以供應一切行政經費的需要。其徵稅制度，各租界不同，有關稅則及徵稅方法的決定權，則視各租界自治程度，或由領事，或由工部局董事會決定。一般說來，租界例行的稅收計有房屋稅、碼頭稅、營業稅、所得稅及其他貨稅車捐等項；〔註45〕徵稅對象除了租界內洋人外，界內中國人亦須遵照租界租地章程納稅。如爲專管租界，遇界內有非專管國人民時，則仍以租界租地章程爲納稅根據。自光緒二十四年（1898）自開商埠設立以後，亦模仿租界訂立租地章程，明白規定界內華洋居民應繳納稅項。以岳州章程爲例，即規定界內每畝土地除每年應交租銀外，每年應完錢糧三元，其次規定凡華洋商人在繳納關稅之外，另納百分之二的碼頭捐，以爲修造碼頭、修理道路之用；此外又規定「通商埠內若有特動之工程，當按租戶派捐，一切事宜，歸三處會商辦理：一、監督與稅務司，二、各國領事官，三眾租戶公舉一人。」〔註46〕其中所謂碼頭稅其實是模仿上海、天津租界辦法，〔註47〕同時間除了岳州之外，三都澳亦抽收相同比例碼頭捐。〔註48〕英國公使對此立刻表示反對，稍後並獲得除德國之外各國駐華公使的同意，由公使團領袖西班牙公使代表向外務部致送照會，反對三都澳抽收碼頭稅。〔註49〕惟岳州、

〔註43〕同上註，濟南由商埠監督濟東泰武臨道及商埠總局會同辦理，長沙則由海關監督即鹽法長寶道及海關稅務司辦理。

〔註44〕王家儉，前引書，頁35～36。

〔註45〕劉彥，《被侵害之中國》。

〔註46〕《約章成案匯覽》，乙篇，卷十上，頁93～95，轉引自王鐵崖編，《中外舊約章匯編》第二冊：頁927～928。

〔註47〕Wellington Koo, *The Status of Aliens in China*, p.373.

〔註48〕H. B. Morse, *The Trade and Administration of the Chinese Empire* p.p.226～227：Wellington koo, op.cit. p.p.373.

〔註49〕台北中央研究院近史所藏，《外務部檔》，02-13，55-（1），光緒二十五年十月

三都澳兩地碼頭捐並未因各國公使的反對而停徵。不但如此，光緒三十年（1904）開埠的長沙亦依其租地章程開徵碼頭捐。此後部分約開口岸如南京、蕪湖、漢口也援例開徵碼頭捐來支應常年工程開銷。〔註 50〕碼頭稅的徵收，數量雖然不大，卻是中國收回租界徵稅權的重要象徵，並且對商埠公期工程的進行多少有些幫助。

五、對外人居住租賃的限制，以往外人到各通商口岸居留，中國地方官對於管理問題並不熱心，這是導致後來租界制度產生的原因之一。甲午戰爭以後，由於主權意識的高漲，在光緒二十二年（1896）開放蘇州、杭州時，地方官才開始採取新的辦法，在通商口岸劃定外人居住區，由中國地方官收購區內土地，然後分租外人，租期以三十年為限，三十年期滿，再辦續租手續。光緒三十四年（1898）中國宣布自開岳州、三都澳等口岸時，其租地章程亦模仿蘇、杭。光緒三十年（1904）清政府宣布開放濟南，在濟南租地章程中更訂下一些新的規定。如外人在濟南只能在商埠界內居住通商，商埠以外，視同內地；商埠土地為中國所有，外人租用必須按年繳付一定的租金和稅金，租期以三十年為限，三十年期滿得視情況增加租金。此外，中國政府並且保留權利，在租滿六十年時，以仲裁價格收買商埠地區的外人財產。光緒三十一年（1905）後新開口岸大致以濟南章程為範本。從蘇州、杭州章程到濟南章程，代表清政府對於外人在華居住通商，決心要加強管理，論者認為這是清廷對於中國門戶的開放開始有它自己的主張。〔註 51〕

自開商埠模式的出現，改變了光緒二十四年（1898）以後開放口岸的辦理方式，不僅由中國宣布開放的商埠應用上述五點原則以保守主權，甚至以往約開遲至光緒二十四年（1898）後才正式開放的口岸亦模仿自開商埠模式來辦理，如光緒二十五年（1899）開放的南京下關、光緒二十八年（1902）開放的蕪湖。〔註 52〕即使是光緒二十四年（1898）後所設立的租界，其章程

初二日，收日國公使照會。

〔註 50〕台北中央研究院近史所藏，《外務部檔》，02-11，18-（4），光緒三二年七月初九日收軍機處鈔署理兩江總督山東巡撫周馥奏摺；同上，02-11，20-（4），光緒三十年十二月二十七日收英國公使薩道美照會；王鐵崖編，《中外舊約章匯編》，第二冊，頁 271。

〔註 51〕張忠棟，〈門户開放政策在中國的反應〉，收入《中國近代現代史論集》，第十四編，清季對外交涉（一）英美法德，頁 322～323。

〔註 52〕《秋浦周尚書（玉山）全集》，奏稿三，頁 7～8，展築馬路開闢界摺，光緒三十一年二月初十日；《南京港史》，頁 106～111；袁繼成，《近近中國租界史稿》，

亦有莫依自開商埠精神者，地方官參與程度較前大爲增加，如鼓浪嶼。〔註53〕
自開商埠的出現，確實改變清末對外開放的理念與實際作爲。

部份學者認爲通商口岸制度和內地分別代表西方和中國傳統制度，二者
在許多地方各行其是。從西方的觀點看，商業、技術和制度上的改革，是其
制度中相當重要的一部分，但中國不覺得有改革的需要，自中國的觀點看，
沒有這些改革，傳統制度也一樣經營得很好。〔註54〕事實上，自開商埠出現
以後，因爲係由中國自行開放，使得中國朝野不似過去那般以排外心態加以
對待，其至有地方官、紳商加強他們對於商埠事務的參與。在這種情形下，
商埠及其所代表西方的經營方式、制度便在一定的程度上擴大其影響。部分
個案証明由中國經營的商埠對於內地所代表的中國傳統制度帶來衝擊，比以
往外人經營的通商口岸要大得多。〔註55〕我們可以推論自開商埠是扮演通商
口岸與內地之間中介的角色，亦即一方面自開商埠具備對外通商的功能，另
一方面，它是由中國政府主動經營、管理，在這樣的基礎上，商埠及其所代
表西方的經營方式、制度便可以較爲順利的爲中國社會所模仿、吸收，從而
有利於中國現代化的進展，而直到民國以後，許多重大歷史事件如日本提出
二十一條件、華盛頓會議、濟南慘案、九一八事變等都與自開商埠的地位息
息相關。

自開商埠在發展過程中，自然有其局限與不足之處，以下分四點來加以
探討。

（1）公使、領事的干預，這可以分兩部分來談，一是領事裁判權，一是
領事對於商埠事務的干預。所謂領事裁判權，即一國人民在他國領土內，不
受住在國法權管轄，而由其本國領事行使其裁判權。〔註56〕領事裁判權在中
國的確立，乃經過自道光二十三年（1843）中英虎門條約後中國與各國所締

頁 119～120。

〔註53〕〈廈門鼓浪嶼公地章程〉，收入王鐵崖編，《中外舊約章匯編》，第二冊，頁 12
～13。

〔註54〕Rhoads, Murphey, "The Treaty ports and China's Modernization" in Mark Elvin
and William Skinner edited., *The Chinese City between Two Worlds*, p.51；林維紅
譯 Rhoads Murphey 著〈通商口岸與中國現代化：走錯了那一步〉收入金耀基
著《中國現代化的歷程》（台北，時報，民國 69 年），頁 229。

〔註55〕如濟南。見 David D. Buck., *Urban Change in China*, p.50。

〔註56〕陳國璜，《領事裁判權在中國之形成與廢除》，收入嘉新水泥公司文化基金會
研究論文第二一〇種，頁 1。

結條約的規定，故自開商埠無法藉助開埠章程予以節制。在各商埠的外人一旦涉及違法案件，仍可不受中國法令管轄，而領事亦可藉其審查權，干擾中國對其人民的管轄權，故部分不肖華人，往往改入他國國籍，〔註57〕這對商埠的管理，實爲一大障礙。其次，由於外人在日俄戰爭前逐漸明瞭中國希望藉助自開商埠來限制外人在華居住貿易，〔註58〕於是在光緒二十九年（1903）中美、中日商約內，於奉天安東自行開埠條款的末尾，又註明「此二處通商場訂定外國人公共居住合宜地界並一切章程，將來由中美（中日）兩國政府會同商定」，〔註59〕這項條款給予領事甚至駐京公使干預商埠事務可乘之機。光緒三十一年（1905）中日東三省事宜修約之會議節錄，又規定「開埠章程應由中國自定，但須與駐京日本公使妥商」，〔註60〕這項條款條文較上述商約條文更進一步使日本公使得以杯葛東北各商埠的開埠章程，爲東三省的自開商埠預伏糾紛之源。

（2）官吏、紳商的認識不足，傳統中國的城市建設多偏重軍事、治安因素，明清以後，商業市鎮雖然越多越多，但中國官紳對於規畫城市建設的觀念仍乏善可陳，我們由許多商埠地圖可以發現，各商埠幾乎無所謂規畫，若有規畫，則多依中國傳統都城之棋盤式方格布局，其次，中國官紳商少有積極經營自開商埠者，若有，亦多是基於投機心態，希望抄作土地，以圖暴利，以致自開商埠的工業投資遠不如各租界來的豐富。其三，部份官吏不脫以往敷衍習氣，對於自開商埠的開放與經營，並不認眞辦理。凡此，皆直接對自開商埠的發展產生不利影響。

（3）資金不足，如同清末中國各項新式企業發展的弱點，自開商埠發展的內在局限即資金的不足。由於自開商埠的設立與建設，常須大量資金來應付收購土地、修築道路房屋碼頭甚至公園等公共設施，各項常設機構如商埠局、巡警局的維持等等費用。而清政府不可能撥款來支付這些開支，大致都須由地方當局自行籌措挪墊，以後再由海關稅款歸補。但地方當局往往無力負擔建設商埠所需經費，於是只好召募商股甚至洋股，但常常還是入不敷出。資金不足直接影響自開商埠的成立與發展，如秦皇島即因開平礦局招募洋股

〔註57〕 同上註，頁 71～73。
〔註58〕 *Foreign Relations of the United States*, 1906, China, p.p.290～293, Minister Rockhill to the Secretary of state December 18, 1906.
〔註59〕 《清季外交史料》，卷一七九，頁 21；卷一八〇，頁 9。
〔註60〕 《中日韓關係史料》，頁 6175。

後來隨著開平礦權一併賣與英人；〔註 61〕又如紳商所辦香洲商埠最後終因資金缺乏、週轉不靈而失敗。〔註 62〕此外，光緒二十九年（1903）以後清政府常以資金困難爲由駁回部分自開商埠的申請。〔註63〕

（4）土地投機，早在光緒二十四年（1898）以前，通商口岸特別是租界地區的土地投機現象即已存在。〔註 64〕由於租界開闢後，界內地價將大漲，投機客便趁機進行土地炒作，以圖暴利，特別是洋人得於租界內低價承租土地，使得投機風氣更盛，如上海著名富商哈同據說即由房地產投機而致暴富，〔註 65〕自開商埠成立之初，即有人預期商埠地價必將飛漲，〔註 66〕部分地方官更是希望藉由商埠土地投機，獲取公家或私人利益。〔註 67〕光緒三十四年（1908）香洲開埠，更代表紳商經營房地產的典型，香洲商埠從另一個角度來看，其實正是一個大型的房地產投資計劃，紳商運用種種折扣優惠，促進投資，一如今日臺灣房地產的經營方式。自開商埠的土地投機現象不同於以往的是，洋人的身分不如以往有利可圖，主要投機分子爲中國地方官及紳商階層，因其擁有土地、劃定商埠的權力和資訊。然而，土地投機畢竟有礙自開商埠的發展，原因是資金的投入與積累，多集中於土地的抄作，對於商埠內工業的投資，則甚少受到重視，這非常不利於商埠的長遠發展。此外，由於利益衝突，官吏、官商、紳商彼此之間，往往糾紛叢生，〔註 68〕消耗了許

〔註 61〕 王璽，《中英開平礦權交涉》，頁 40～43，63。
〔註 62〕 何志毅，〈香洲開埠及其盛衰〉，收入《廣東文史資料》，第四六輯，頁 92。
〔註 63〕 如金山嘴、乍浦。北京第一歷史檔案館藏，《外務部檔》，卷四八○六，光緒二十九年十月十六日，北洋大臣咨復外部；同上，卷四八○六，光緒三十一年十月十九日，浙撫咨外部。
〔註 64〕 姚公鶴，《上海閒話》，（上海，上海古籍出版社，1989 年），頁 9；袁繼成，前引書，頁 173～174）。
〔註 65〕 袁繼成，前引書，頁 173～174。
〔註 66〕 孫寶瑄，《忘山廬日記》，頁 198。
〔註 67〕 在光緒二十四年（1898）以後，鄂督張之洞、江督劉坤一都主張在岳州、吳淞進行土地投機，當時擔任鐵路督辦的盛宣懷，也藉口滬寧鐵路需用土地在吳淞商埠圈占土地。以上見《劉忠誠公遺集》，奏疏卷三十一，頁 33～34，吳淞官地暫設公司召售摺，光緒廿五年七月十八日；《張文襄公全集》，卷一百五十八，電牘三十七，頁 11，致長沙俞撫台，光緒廿五年正月十三日子刻發；《約章成案匯覽》，乙篇，卷七上，頁 19。
〔註 68〕 如盛宣懷以低價圈占吳淞官地，江督劉坤一以吳淞開埠需費浩繁，要求盛繳清地價；又如韓慶雲辦理常德開埠，因圈定商埠土地，與紳商有利益衝突，後終以此去職，其他官紳糾紛，參見第五章第二節。北京第一歷史檔案館藏，《外務部檔》卷七六二，光緒廿五年正月二十三日南洋大臣劉坤一文。

多原本可供商埠發展的資源。部分地方官甚至爲了怕捲入糾紛，視辦理自開商埠事務爲畏途。〔註69〕

〔註69〕沈瑜慶，《濤園集》，頁 227～229。

第七章　結　論

　　自開商埠自光緒二十四年（1898）設立以來，至宣統三年（1911）清亡止，共計開埠三十七處（參看圖 7-1）。從自開商埠設立時間來看，第一個時期光緒二十四年～光緒二十五年（1898～1899）開埠四處：江蘇吳淞、湖南岳州（岳陽）、福建三都澳、直隸秦皇島；第二個時期光緒二十六年～光緒三十年（1900～1904）開埠五處：江蘇上海閘北、湖南長沙、山東之濟南、周村、濰縣；第三個時期光緒三十一年～宣統三年（1905～1911）開埠二十八處：遼寧之瀋陽、安東、大東溝、新民屯、鐵嶺、通江子、法庫門、鳳凰城、遼陽、吉林之吉林、長春、哈爾濱、三姓、寧古塔、琿春、頭道溝、百草溝、局子街、龍井村、黑龍江之齊齊哈爾、滿洲里、海拉爾、璦琿、廣西南寧、雲南昆明、廣東之公益埠、香洲、浙江象山港；總結以第三個時期開埠數量最多，其中東三省開埠占了大部分。

　　從自開商埠設立地點及其地位來看，第一個時期光緒二十四年～光緒二十五年（1898～1899）所開商埠都在沿江沿海，所在地原來地方行政地位都不高。到了第二個時期光緒二十六年～光緒三十年（1900～1904），所開商埠開始出現在鐵路沿線，如山東之濟南、濰縣、周村，此外亦有省會開為商埠者，如湖南長沙、山東濟南。第三個時期光緒三十一年～宣統三年（1905～1911）所開商埠地點分布較較前更為廣泛，東三省、廣西、雲南等省省會皆開為商埠。由上可知自開商埠分布地區逐漸擴大，不限於最初沿江沿海口岸；而自光緒三十年（1904）後省會作為自開商埠的情形逐漸增加，則象徵清政府對自開商埠的信心逐漸增強，以致連以往最為排斥外人勢力的省會，也以自開商埠的形式開放通商。從交通地位來看，自光緒三十年（1904）後，所

開商埠有開始考量鐵路運輸便利的趨向，這正好符合二十世紀初世界交通結構轉向陸路運輸的趨勢。最後由辦理形式來看，三個時期自開迴埠大部分皆為官辦，江蘇吳淞、吉林之吉林、哈爾濱，一度由官督商辦，完全商辦自開商埠只有廣東之公益埠、香洲。

圖 7-1：1898～1911 年中國自開商埠圖

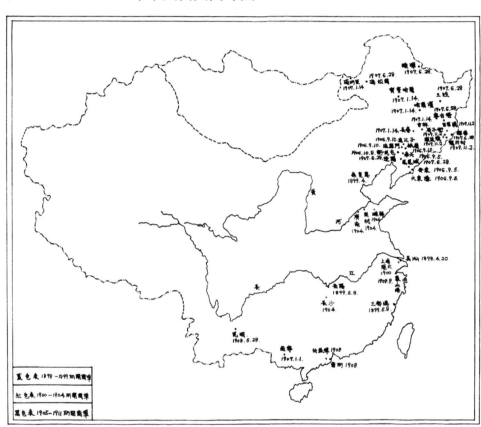

自開商埠的設立及其發展，由於客觀環境的變遷，因而使得其思想內涵、推進動力、追求目標、實施方法等，均表現出階段性的不同風貌與特徵，以下即按照自開商埠發展不同階段，分別加以敘述。

自開商埠形成的背景，除了光緒二十四年（1898）列強強佔中國沿海港灣形成瓜分危機外，至少有三點思想背景，一、投一羊以鬥眾虎的均勢思想。這是以夷制夷外交思想的演變。在中國國勢衰弱時，希望維持列強勢力的均衡，在商討對朝鮮、越南政策時，都曾有人提出類似主張。二、門戶開放思

想。中國原本便無所謂閉關政策，在西力入侵以後，部分負責外交人員逐漸形成「添口勝於割地」的觀念，又有部分外交人員體認開放口岸不見得有害；光緒十八年（1892）陳虬提出「開新埠」觀念，主動提倡自開新埠以作為商戰手段與外人競爭。三、主權意識的提昇。西力入侵以後，愈來愈多中國知識分子對於收回主權，提出種種解決方法，曾經派駐日本的黃遵憲，觀察日本藉著主動管理外人居留地，最後終於得以改正條約，於是他乃在參與蘇州開埠談判時，提出「商埠議案」，其要旨即由地方官加強參與租界事務。後來黃氏雖被迫去職，但蘇杭開埠大部分仍遵循黃氏理路，成為後來自開商埠的範例。基於以上因素，在光緒二十四年（1898）中國面臨瓜分危機時，又有許多主張聯英官紳提出自開口岸以避免外人強占之理念，再加上此時中國為籌還外債，亟思開源，於是自開商埠政策便於光緒二十四年（1898）為清政府所採用。

第一批自開商埠包括江蘇吳淞、湖南岳州、直隸秦皇島、福建三都澳，其中除吳淞是由兩江總督劉坤一奏請開埠外，其餘三處皆由總理衙門奏准設立。因此，可以說在自開商埠第一個時期裡，清中央政府是主要推動力量。自開商埠政策在百日維新期間受到光緒皇帝的支持，由皇帝直接諭令各地方督撫選擇適當地區廣闢口岸。不過在戊戌政變後，慈禧重掌政權，自開商埠政策為之逆轉。除以往已決定開埠者照常辦理外，任何新近申請開埠者一概不准，故此時期可視為自開商埠的萌芽時期。此時期商埠地點都在沿海沿江，其地方行政地位不是很高。

光緒二十六年（1900）庚子拳亂爆發，旋即引起八國聯軍，俄國趁機攻占東三省，在危急存亡之秋，東南督撫不但發起東南自保，更鼓吹東三省開放通商。此外中英、中美、中日商約的談判，也直接確定長沙、奉天、安東的開埠；在談判中，中國代表堅持由中國自辦商埠相關建設，也獲得外人同意。光緒三十年（1904）山東巡撫周馥奏准將山東濟南、周村、濰縣作為自開商埠，濟南開埠章程成為此後自開商埠章程的典範。大體說來，主導此時期自開商埠發展者，實以地方督撫為首，任何自開商埠的設立，須獲得當地督撫或有力者如袁世凱的同意。此時期自開商埠的地點有向內地擴張趨勢；此外如武昌、長沙、濟南等省會亦解禁，商埠地點也選擇交通便利者。

光緒三十一年（1905）前後的日俄戰爭是近代史上重要事件，對於自開商埠而言，至少有兩點影響。（1）東三省開放通商：中美、中日商約已決定

將奉天安東自行開埠通商。日俄戰後，清政府爲了在東北引進美國勢力，乃決定實施東三省開放通商，初步於光緒三十一年（1905）中日東三省事宜條約決定將十六處地點自行開埠通商，後又於宣統元年（1909）圖們江界務條約內決定自行開放吉林東南四處商埠。（2）收回利權運動：同時期各省盛行由紳商主導收回路礦利權的運動，由於紳商權力的擴張，商埠事務亦逐漸成爲紳商參與的對象。從投資官辦商埠到紳商主動辦理自開商埠，紳商參與程度越來越高，自開商埠的內涵也隨之轉變。以往自開商埠的設立是爲了避免外人侵占，在紳商擴大參與後，自開商埠逐漸開始注重經濟效益。從注重商埠地點的交通便利，到促使自開商埠成爲無稅的自由港，在在都顯示自開商埠向經濟理性轉變的趨勢。

在自開商埠的歷史意義方面，可分政治、外交、經濟、財政、社會等層面來探討。

在政治方面，當本文探討自開商埠成立的背景時，曾經指出甲午戰後主權意識的提昇與實踐是一個重要的因素。而自開商埠成立以後，由自開商埠模式逐漸廣爲朝野接受並且採行的情形來看，正代表了主權意識的具體貫徹。其次，晚清督撫權上升與紳商階層在各項公共事務及實業參與程度加強等現象，代表地域主義的興起，而在自開商埠開辦的過程裡，地域主義發揮了很大的力量。自開商埠行政部門從工程局到商埠總局，功能日益擴張，除了逐漸獨立於原有地方行政體係之外，更進而對傳統地方行政有所影響。

在外交方面，自開商埠的成立，可以表現中國實行門戶開放政策的誠意，增加中國駐外代表辦理交涉的籌碼，在收回領事裁判權以前，不失爲可行的方式。均勢思想原是自開商埠形成的思想背景之一，也是清末國勢衰頹之際，無可奈何的辦法，其理念即以種種利益爲餌，維持各國在華勢力均衡，使中國不至被瓜分；而自開商埠的成立正代表均勢政策的實踐。此外在自開商埠設立以後，由於開埠章程確實利於保守主權，使自開商埠模式廣爲朝野所接納。相形之下，以往實施曾有諸多弊病的租界制度，便逐漸爲自開商埠模式所取代，因此，租界數量在自開商埠出現以後明顯的減少。

在經濟方面，自開商埠如同以往的通商口岸，有促進商業發展的功能，不過由於以往上海，香港、天津、漢口等大城市在對外貿易方面的優勢不易取代，於是大部分的自開商埠只能藉著便利的交通運輸，成爲範圍較小的省內區域性的商業貿易中心。陳虯在光緒十八年（1892）提出「開新埠」與租

界競爭理念，雖爲自開商埠形成的思想背景之一，但最初並未爲人所注意，直到光緒三十四年（1908）廣東香洲商埠，明言其宗旨欲與香港、澳門競爭，至此陳虬的觀念才得以落實，自開商埠「商戰」的內涵也才得以體現。在自開商埠設立以後，不論主辦者係地方官或紳商，都有日益注重經濟效益的趨向；從商埠地點的選擇、經營的方式、人事的安排三方面都可以證明這一點。在財政方面，海關稅收是清末政府主要歲入之一，自開商埠的形成，一部分是爲了增加海關稅收，減輕外債壓力所致。隨著自開商埠的增加，海關稅收亦大幅成長，對於清末財政有很大的助益。

　　在社會方面，自開商埠的設立，必然導致一定程度的都市化作用，這可由人口的快速增加、公共設施的日益齊備、商業的發展三方面來加以觀察。紳商階層在光緒三十一年（1905）以後，參與自開商埠的程度大爲強化，這可以由紳商資本的投入，主動辦理商埠及其相關事務等方面獲得證明。

　　自開商埠對近代中國的具體影響，至少有二：一、在保守主權的大前提下，自開商埠由中國主動加以經營，以自行管理地方行政事務、自行管理治安、自行徵稅、限制外人居住租賃等作法，矯正以往租界的弊病。影響所及，其至部分約開口岸開埠章程亦模仿自開商埠模式辦理，可見它對保守主權確實有效。其次，自開商埠由於是中國自辦，使得中國朝野不再以過去對待約開口岸的排外心態和作法，加諸其身，於是商埠及其所代表的方經營方式、制度，得以擴大其影響力。部分個案證明由中國經營的商埠對於內地所代表的中國傳統制度所帶來的衝擊，比以往外人經營的通商口岸要大得多。因此，商埠及其所代表西方的經營方式、制度，便可以較爲順利的爲中國社會所模仿、吸收，從而有利於中國現代化的過程。

　　自開商埠亦有其局限與不足之處，首先由於領事裁判權直到清末仍無法廢除，使得商埠事務在牽涉到外人時，外人仍可不受中國法令管轄，而領事亦可藉其審查權，干預中國對該國人民的管理。其次，外人藉中美、中日商約和中日東三省事宜條約的條文，主張公使、領事對東三省各自開商埠章程、地點有干預權力。實際上，當外人不滿自開商埠章程，這多少限制了自開商埠的運作和發展。由於官、紳、商的認識不足，使得自開商埠在商埠的規畫、經營的策略、官僚心態方面都有偏差和不足，直接阻礙了商埠的發展。如同清末許多新式企業所面臨的困境，自開商埠亦常因資金困難，使得商埠事務常常無法順利開展。在自開商埠設立之前，各租界已有土地投機現象，自開

商埠成立以後，投機情況愈演愈烈。土地投機的惡劣影響即資金投入與積累，多集中於土地炒作，不利於商埠內工業化的進行。此外官紳商彼此之間或因土地糾紛，交相傾軋，亦消耗了許多原本可供商埠發展的資源。

本文只能算是自開商埠研究的開端，在大量的個案裡，本文僅能盡量求其「大同」，許多「小異」之處仍然值得深入探索，或可將之與區域研究相結合，如 David D. Buck 對於濟南的研究；亦可將同地區自開商埠加以整體的觀察，如東三省自開商埠即為一饒富興味主題；或可將自開商埠與鄰近租界互相比較，如上海閘北、吳淞與上海租界；或可藉助一些專題的探討，如自開商埠與紳商階層、自開商埠的都市化作用等來擴大對於自開商埠本身的了解，及其與現代化之間關聯程度的釐清；甚至可以接續本文之斷限，從事民國時期自開商埠的探討。相信自開商埠可供探索的問題還不止上述這些，希望本文的完成能刺激更多的思考方向。

總而言之，自開商埠的設立與發展，確有其時代意義，除了有效的保守主權外，特別是扮演代表西方的通商口岸制度和代表中國傳統的內地二者之間的中介轉化的角色，使中國人較願學習通商口岸甚至租界的經營方式，也較有意願參商埠的商業投資，就這個角度而言，自開商埠模式直接有利於中國現代化過程的進行。

附　錄

一、長崎地所規則

萬延元年庚申八月十五日（西暦千八百六十年第九月二十九日）調印

第一　地所を得る法の事

借地する外國人の爲め定めし場所の内にて地面を借受んと希ふ者は先書面を以て表立ち其コンツル又はコンツル手代へ願立へし但し若コンツルを置かさる時は和親國のコンツルへ願出へし尤其時は地面の在所並境界を成立委細に紀載し願出へし而してコンツル又はコンツル手代より右地所に先約其外の差支無之歟と地所役人並外コンツルへ問合すへし若右様の差支起り雙方借地人混合候節は最初願出し者へ相應の時日を免し借受の手數を爲さしむへし若其時日の中手數なき時は右地所借受の儀は次に願出し者へ讓るへし尤延引の譯無餘儀事に候へは先の者へ渡し不苦勿論無譯延引に及ひ候へは次へ讓るへき事。

第二　地面配分の事

地面は實に居住する者へのみ貸與へ有名無實の者へは貸渡すへからす依之地面借主は地券の日限より六箇月内に建物致すへし若し其儀を感候はは右地券を取上へし且建物の儀は海岸附の地面は百坪に付百五十ドルラル裡手の地所は百坪に付五十ドルラル以下の建物致すへからす．

第三　地所を得る落著並地券の事

前條通第一の地所願人極りし上コンツル手記調印の畫面を願人より地所役人へ渡し候へは地所役人無遲延其者一同其場所へ赴き地面の坪數を

量るへし。

　坪數測定の上ほ早速一箇年の地代を地所掛の上役へ差出すへし則ち上役は其坪數並境界を記載し三枚の請取書に翻譯を添へ借主へ遣すへし借主ほ右請取書の內二枚をコンツュルへ相渡コンツュルは其內一枚を奉行へ差出すへし且奉行よりは別紙談判濟の通三通の地券を出し內一通は奉行所へ預り一通はコンツュル預リ又一通は借主へ渡すへし但し奉行所より其地の坪數並境界を記載し外コンツュルへ右地券差出候趣を通達すへし。

第四　境界に石標を設る事

　地面借受の節コンツュルより差出たる役人地所掛役人又は地所掛役人の代人並借主の面前にて地所の番數を彫付たる境界石を据付へし尤右石標は道路並他の境界に不差障權樣に爲し又後日爭論不起樣可教致置事。

第五　市街道路暗渠波戶場の事

　市街道路等の儀は一般の公用に付借地の限內に不可組入諸般無故障樣致し置へし。

　新地所借受候はは其邊へ市街道路並波戶場取設の用意致すへき事。

　土地は日本政府の所有なれは市街道路並波戶場共常に日本政府にて之を整齊し溝渠必用の節は之を作り是か爲借主より運上を取立る事なし。

第六　地代を納むる期限の事

　都て外國人居留地內にて貸渡たる地所の地代は毎年日本十二月十日に來年の分前納致すへき事。

　奉行は諸コンツュルへ右期日より十日前何月何日何所誰へ地代可相納段爲相知コンツュルは其儀を借主共へ達し可申事地代受取方を任せられし役人は三枚の受取書を作り之に翻譯を添へ一枚は奉行所に預り一枚はコンツュル所に預り一枚は借主に渡すへし。

　借主若定日に地代を納る事を怠る時は奉行より其者を支配するコンツュル其趣を相達すへしコンツュルは其者早速納銀致し候樣急度取計可申事。

第七　地面讓渡の事

　地所の儀は其證書に名前有之者にて住居し常に規定て從て之を可所持假令地所讓受候共三人日內に證書へ書入不相濟に名前替不相成但何れの地

所も地券の日附より一箇年內は讓渡不相成候事右外國人居留場の內外國人
住家又は商場の近邊に火災の患と爲る程相接し日本人家或は小屋を新に取
建へからす若右樣の儀有之候はは奉行より其妨害を差止むへし或は妨害を
防く爲下條に定むる罰銀の法を以てコンツュル等許さされは日本人居留場
內へ遊興の場所を開くへからす。

第八　地面の制限並可守法則の事

　　稻葺の小屋竹或は板を以て作りたる家の類總て燃易き家屋は居留場內
へ取建へからす又其境界の中にて人命並に所有物の爲に危く或は健康は爲
に害ある職業は營むへからす右樣の妨害を爲す時は二十四時每に二十五ド
ルラルの過料を差出さしむへし火藥硝石硫黃或は多量の揮發酒精等總て人
命並所有物に危害ある禁制の品物は家地內に貯へ置へからす右を犯す者は
二十五ドルラルの過料を差出さしめ又右妨害を取除かさる間は三十四時每
は二十五ドルラルの過料を差出さしむへし右の職業を爲す場所又は右等の
品を貯置場所は他の家藏より遠く隔て諸危殆を防くへし右場所の儀は役人
評議の上之を定むへし。

　　公の道路に普請成就の後木閣又に材木を置き或は庇棚門入口の上り段
又は門口を張出し或は荷物を積累ね通行を妨る時は日本役人又はコンツュ
ル方より取拂の儀相達すへし其後之を怠る時は二十四時每に＋ドルラルの
過料を差出さしむへし溝道路に塵芥を積累ね或は火器を放發し或は不法に
騷き或は公の通道にて責馬致し或は煩擾の事を爲して諸人を妨害すへから
す是を犯す者は何れも＋ドルラルの過料を取立へし諸過料は其コンツュル
へ差出すへし若其港にコンツュル不居合時は日本の重役へ差出し重役より
之を外國世話役へ渡すへし但此世話役は此規則中第九條の趣意に從て任す
る者なり。

第九　燈明並番人の事

　　町マ燈明掃除番人の儀に付規則を定むる事要用なれはコンツュル等の
始に借地人を集會し右諸雜用の金を募るの法を議すへし每會借地人は其持
地建物に隨て波戶場稅の分割を定め且其節右外國人居留地に陸場する荷物
の高に隨て波戶場稅の分割をも取極むへし且右分割取主仕拂方は外國人三
人又は三人以上の世話役相立右集會にて議定せし方法に從て世話爲致可申
事故に若未納の者あらはコンツュル裁判にて世話役之を吟味すへし若其者

を支配するコンツュル官吏在港不致節は世話役より他國のコンツュルを以て長崎奉行へ願出奉行所より右分割金を取立世話役へ可相渡事前年分分割銀の勘定は世話役より毎年集會の節借地人の面前に出し許諾を受可由事。

コンツュル一同或は其一人にしも集會可致儀要用と思ふ事ある歟又は借地人より願出る事あらは何時にても集會する事差支ある事なし尤其節は銘銘其事を考する爲十日以前に集會致すへき事柄を知らせ可申但し右集會を願ふ書面は少なくも借地人五人以上連印し是を願へる十分の條理を記載すへし。

集會の節其事柄同意の者多き方に一決致し候時は其座に借地人不殘不揃共總人數の三分一以上居合候に於ては居留場借地人一同是に隨ふへし尤集會の節は老長のコンツュルを會長と爲すへし若コンツュル不居合時は借地人出席の内より入札を以て會長を選擧すへし集會の借地人共は既に會議に出せし事柄のみならす其外土地一體の利益に關する事を議定すへし右決議の趣は會長よりコンツュルへ報告しコンツュル一同の承諾を請へし右コンツュル一同承諾の旨公然沙汰あるに非れは右決議の趣は決て遵守すへき者と爲ささるへし。

第十　遊興所を開き酒類商買の事

居留場内にコンツュルの許なく外國人共酒類を賣り遊興所を開くへカラス又日本人も同樣奉行より許なく右の業を營むへからす且右樣の商買を爲すには騒離せさる樣定と受合を立へきなり。

第十一　犯法の事

コンツュルの内にて何時たり共犯法の者を見出し候歟又は外よりコンツュルへ爲知候歟又は日本役人より爲知候歟又は日本役人より爲知候ははコンツュル其犯人を呼出し吟味の上直に之を戒むへしコンツュルなき外國人法を犯し候ははは日本重役へ外コンツュルの内より申出規則を確守せしむる爲右犯人を戒へし。

第十二　豫備箇條

此後右規則を改革致度儀有之候歟の外規則相立度有之歟又は事柄に寄り疑敷儀有之候はは前同奉行とコンツュル公平に談決可致且コンツュルより日本に在る其目代人へ通達し之を確定すへし。

第十三　附錄

　　前八箇條九箇條十一箇條の中に奉行外國人を菱配する様の事あり是等は其所限りの儀にも無之公法に關する儀なれは奉行にて承諾相成兼候に付奉行よりは江戶重役へ伺ひコンツュルよりは在江戶ミニストルへ問合候間六十日の間見合せ彌彌江戶より相省き候様申來候はは右箇條の內第八箇第箇條第廿一箇條は之を除き其他は之を全守右廢除の趣錄に相記し可申事。

　　右規則中コンツュルと稱する者は日本と條約を取結たる國の各等のコンツュル（正に其職務を掌る者）を云ふ。

　　右證據として一千八百六十年九月二十九日日本萬延元八月十五日各其名を手記調印せし者也。

　　萬延元年申八月十五日

　　岡部部駿河守　花押

佛國領事

　　ケイ、アール、マケンジ　手記

英國領事

　　ジョージ、モリソソ　同

葡國領事

　　ジユー、エッチ、イヴエソス　同

瑞西國領事

　　エッチ、ジエー、ボウドウエソ　同

米國領事

　　ジョソ、ジイ、ウヲルス　同

孛國領事

　　リチアルド、リソドウ　同

白國領事

　　ジェリユス、アドリアソ　同

和蘭國代理副領事

　　ジエー、ビーメットマン　同

資料出處：《日本外交年表竝主要文書》，頁21～24。

二、日本蘇埠租界章程

第一條

清國允將蘇州盤門外，相王廟對岸青陽地，西自商務公司界起，東至水涤涇岸邊止，北自沿河十丈官路外起，南至採蓮涇岸邊止，即圖內紅線所劃之處，豎立界石，作爲日本租界。至沿河十丈地面，官路四丈在內，暫作懸案，但中國允日本人往來行走、上下客貨、繫泊船隻，並聲明不得在地面上有所建造，將來倘允別國將沿河地面列在居留地內，日本亦當一律辦理。

第二條

界內管理道路橋梁以及巡捕之權，由日本領事官管理。其道路橋梁合議日本領事官設法造修，與中國地方官無涉，但照圖內所劃應設道路橋梁之外，若另開道路，凡於彼此人民水利有關之處，須與地方官妥商辦理。

第三條

界內地墓祇准日本人租賃，但華人願在界內居住者，准其租屋自行貿易營生。至于品行不端無業遊民，曾經犯案不案本分之華人，及擾害租界行同無賴之日本人，概不准在界內居住，違者即行驅逐，不許逗留，倘再故違，由該國應管之管懲辦。其界內居住之華人，凡有詞訟案件及地方官應辦事宜，務照上海租界洋涇濱會審章程辦理。中國在界內設立會審公署。

第四條

界內地價每畝議定租價銀洋一百六十元，自議定之日起十年內不得漲賃，十年後則應照界內鄰近公平價值租貸，租主業主均不得阻撓抑勒。

第五條

界內地稅每畝每年應完納稅錢四千文，十年內三千，十年外永遠四千，其完稅日期每年限定華歷正月十六日至三十日止，此十五日內，各租主須將該年應完之稅如數措齊，照上海各國人完納之法辦理，但公用之道路橋梁並溝等處，不納地稅，亦不准一人一家租賃。

第六條

凡租地時須稟日本領事官，將承租人姓名，以及欲租地若干畝，照會中國地方官，派員會同踏勘該地有無窒礙，始能出租，並俟其交清租價及一年地苴，地方官應繕租契三紙，除一紙存案外，其餘二紙函送領事官蓋印，一

紙交該名收執，一紙存領事公署，以便查考後，妥令租主自立界石，再界內地段，每人至多祇能租六畝，至少亦須租二畝，倘有須租至六畝以上者，應先具情稟請領事官，領事官仍照會地方官核辦。

第七條

凡租地必須租主或代理人居住經管，若有不得已事故，非轉租不可之時，須先稟請日本領事官查明，照會中國地方官存案，方准換契轉契，以便查考。

第八條

凡租契以三十年為限，滿限後准其換契續租，以後永照三十年一換契之例，換契時租主應稟請日本領事官咨照地方官更換，不得再給租價，以及別項費用，倘滿限不報者，應由地方官通知領事官傳諭該名，倘逾兩月再不報，即將該契註銷，以便稽查而有限制。

第九條

界內房屋應當遷讓之時，中國地方官相助辦理。至於墳墓，地方官極力開導遷移，其於墳墓多處，則應由地方官築牆圍護，以免踐踏。再界內未經日本人民承租之地，應聽憑華人照常居住耕種，以免失業。

第十條

界內不准建造草房及板頂等房，致易引火，貽害他人，倘有違犯者立即禁止，勒令拆毀。

第十一條

界內不准收藏火藥、炸藥，以及一切有害人身家性命財產之物，倘有違犯者，各按本國例律辦理。倘若工作必須應用炸藥等物，須先開單呈報日本領事官，由領事官先行通知稅關，查驗明確，方准起岸，但起岸後應有一定收藏之所，並應速用完，不得任意貯藏各處，或久宕不用，若有此等事故，應由領事官責令該名遷移界外，以安閭閣。

第十二條

日本領事官應與中國地方官籌商界內一僻靜空曠與居民無礙之地，自行向民租賃，作為日本人葬墳之所，其地丈尺十畝為率，倘將來不敷，隨時與地方官妥商擴充。

第十三條

嗣後蘇州別國居留地，倘中國另予利益之處，日本租界人民亦須一體均

沾。

第十四條

其餘瑣碎事宜，未及備載章程者，彼此另行照會存案。

大清欽命監督江蘇州關兼辦通商事宜　爲給發出租契執照事今准照會內開茲據本國商民稟今於租界內請租　等地第　號半邊計　畝　分　釐　毫四址東至　西至　南至　北至　應繳地價計　並納本年內　簡月稅錢計　照數收訖送請發給租地執照等因合行發給出租地契執照交該商收領並議明該租商應行遵守以後所謂七款爲此照給該商收執須至執照者

右照給收執

計開通商租界租地章程列後

一、租界之地分爲上中下三段等，凡在界內東北兩邊沿運河，自官路界起，進深一方段，作爲上等地，每畝租價洋二百五十元；再進深一方段，作中等地，每畝租價洋一百六十元；其餘無所區別均作爲下等地，每畝租價洋一百元。自光緒二十三年七月初一日起十年內，每畝完納稅錢三千文，十年外，永遠每年每畝完納稅錢四千文，此外並無他項地租。所有稅錢託領事官於每年正月內向租戶照數代收，繳回中國地方官，由地方官給回收據。

二、凡租界內凡有約之國商民均可在此照章租地，遵約建造屋宇棧房，但欲租地必須稟明領事官，並備應完地租以及本年年應納稅錢，照會中國地方官收訖，由地方官履勘該處，即印發租契三紙，由領事官會印，一給租戶，一存領事衙門，一存中國地方官衙門，一經承租之地遵約照章歸租戶租用，惟每人祇能租六畝爲止。

三、所有租契應以三十年爲限，滿限後應准換契續租，以使永照三十年一換契之例辦理，限滿不報即行註銷，有限滿年次租戶報明，立即准其續租，租戶毋庸重納地筆，兩國官員均不得稍有限制阻撓，令租戶吃虧等情。

四、一經租給之地，只准租戶遵照條款定章租用，如有轉租事故，於轉租之前，必須稟明領事官查明核准後，照會中國地方官，接續租用，凡承接轉租之人，須立有和約之國商民方爲合例。

五、租界內不准搭蓋草屋及下等板屋，恐易引火，貽害他人。至火藥、炸藥及一切有害人身家財產之器物，概不准收藏夾帶運送，一經由官察出，或他人告訴，各照自國律例懲辦。設有工事必須應用炸藥等件，應先稟明領

事官作何用處，開明清單，稟報聽候查明，照開清單知照新關，由稅務司查明，方准起岸，起岸之後即須用去，不得久留貽害。

六、租界內所有橋梁溝渠碼頭道路等項，由中國地方官自辦建設完固，所有各項工程設在何處何方及修理之法，領事官可與中國地方官商議施設，所有修理費用，中國地方官與領事官會商章程，一體籌捐，以昭公允而期久遠。

七、所有商民在此界內往來僑寓，中國地方官自應按約保護，所有巡捕房事宜，由中國地方官會同稅務司設立管理。

蘇州通商場訂定租地章程

一編號。蘇州通商場已議定盤蔭門外空曠地處，黃道遵憲會同日領事荒川定有日商居住界繪圖一幅，關道督同洋務局委員定有各國居住界繪圖一幅，現當洋商議租之際，應先將該兩圖發交勘地公所紳董，按四址覆丈明確，用開方法以五畝或十畝爲一方，挨順編定字號，以便洋商按地租賃，不致重複錯亂。

一議租。洋商租賃地畝，稟由領事官照會關道後，即由道分別知會洋務局委員及勘地公所紳董，一面照覆領事官，飭令該商人赴公所報明擬租地段畝數字號，由員紳查無窒礙，訂定草據，兌收定洋，仍先報明關道核辦。

一會丈。白關道接到勘地公所員紳報丈後，即委員會同該員紳等三面覆丈準確，於圖內簽立字據，眼同該洋商於地內自行訂立界石，以昭信守。

一立契。會丈定妥後，由經辦各員紳填明華洋文合壁上中下板契三紙，送道核明無誤，於契內鈐蓋印信，除以中契一紙存案外，其餘上下二契，函送領事官加蓋印信，以一紙交租人收執，一紙存領事署備查，該契以三十年爲度，年滿另換新契執守。

一租價議定。無論何國商人，每人租地至多不得過六畝，至少亦須至二畝，日商租價以道路橋梁等費均自彼出，是以不分上中下等次，每畝一百六十元，各國商人租價仍照原議，上等每畝二百五十元，中等每畝一百六十元，下等每畝一百元。又不論何國商人續奉憲批核增之後，光緒二十三年二月二十五日，即東歷明治三十年三月二十七日，西歷一千八百九十七年三月二十七日起，十年之內，每年每畝繳年租錢三千文，十年以外每年每畝繳年租錢四千文。

一轉租。凡議租地畝，必須詢明實係該商自己租用，並非代他人出名租

用，方准立契租給，設承租後，有萬不得己之事，必須將該地轉租他人，應先稟明領事官照會關道查明註冊，另行換立新契，如有並不稟明，私相授受，自爲輾轉租賃者，一經查明，將此契作爲廢紙。

一墳墓。界內墳墓最多之處，議明由我國築牆圍護，如有洋商議租地畝，查係墳墓最多之處，應由公所紳士力勸留出，以免發掘之慘，其餘零星墳墓，查係勢難避讓者，方由錫類堂紳士代爲遷埋，設洋商在於所租地內開掘地基或溝渠，遇有骸骨，須速通知勘地公所或洋務局設法掩埋，不得任便抛棄，至洋商填築地基所需泥土，必須向遠處地方購取，不得在界內任便掘用，致啓爭端。

一收款。由公所紳士兌收地價後，即行稟解藩庫存儲，一面報明關道備查，俟收有成數，分別提還所墊建造官屋關署及築路等經費，仍於每千元內提出五十元，以爲勘地公所紳董暨洋務局會丈委員津貼辦公之用，歸各該員紳自行公議開支。

添築盤胥閶門馬路清查地基並出租餘地章程

一各紳原呈請自盤門外吳門橋起，添築馬路，直接閶門外，現奉照會，先由吳門橋起築至胥門日暉橋止，今擬將胥門至閶門馬路經過田地一併查勘丈量，以備估計工程，將來次第築造。

一經過各處田地，由各圖經造，逐一編查，造具戶名畝分辦糧清冊，呈縣飭承核對，縣中實徵冊無誤後，送交勘地公所，以憑查考。

一光緒二十一年以後新買田地，雖有縣照契串，仍飭令將上首業主交出光緒二十一年前單契以及糧串呈驗，方准給價，倘係地痞憑空盜賣，或冒領新照，僅書新契投稅，暨光緒二十一年後新立辦糧戶名，並無上首單契印串者，一律歸公，以杜朦混。

一閶胥門外如有經過會館公所堂局舊墓遺址，倘兵燹後契串無存，由縣查明確實無訛者，准其取具董事經保切結存案，照章給價歸公。

一工程局會同吳縣出示，限定月日，凡馬路經過之圖各業戶，應將單契於限內呈驗，倘逾限無人報驗者，即係絕產，應行備案歸入公地。

一熟田查明業戶，將田單契據呈驗勘地公所，照單步準每畝給價錢五十千文，內田底歸三十千，田面歸二十千，由業戶佃戶到局具領分給，其田單由勘地公所加戳彙齊，繳縣核銷。

一荒田本無田面，由業戶將田單契據呈交勘地公所驗明，照單步準具領，

每畝概給田底錢三十文。

一兵燹後田畝無主者，每由該處鄉農墾熟，依附堂局管業，既無方單，又無糧串，此項田畝查出後，每畝照給田面錢二十千文，其田底概不給錢文。

一田畝已種春花及雜糧者，查明每畝給工本錢二千文。

一墳墓由經保查明某姓墳地若干畝分，有主者知照原主，將契據田單或條漕版串呈驗勘地公所，按給地價每畝錢三十千文，即令擇期遷葬，酌送葬費錢文，如有石工磚料，盡其拆去，無去者，由錫類官堂遷葬義阡。

一義塚遷葬，每畝給價錢十五千文，貼補另行購地之資。

一屋宇由經保預爲知照，覓地遷居，將單契呈工程局查驗，丈準屋基，由勘地公所照熟田價每畝給錢五十千文，瓦屋每間給還工料錢五十千文，屋料仍歸原主，茆屋每間給拆費工料錢二十千文。

一劃界勘界由勘地公所會同工程局，督率清丈書及各圖經保，攜帶辦糧清冊，按坵切實勘丈，分別屋基地荒基地、熟田荒田、有主無主墳墓義塚等處，逐一詳細開列繪圖貼說，由縣出示曉諭，限期遷讓，一面令各業戶赴勘地公所開報，以便飭司事復勘核准，給價歸公，自第六條至此均參酌勘地公所前章辦理。

一經過墳墓義塚壇庫寺宇，及一切公所房屋即當衝要之處，應將馬路稍從紆曲盤繞而過，雖工程似乎稍費，而實則可省給價遷讓之資，並以慰幽魂而存遺跡。

一馬路經過閶門外地段，如在繁盛之區，已造市房，則身本既重，租息亦豐，勢不能照盤封門外田價給發，應俟勘定後，酌加地價，屆時另議，呈候憲定。

一凡馬路經過之地，倘中有人民田地基址，業戶該應先將紅契糧串送呈工程局查驗，若無錯誤，由工程局在該契邊幅上註明用去若干畝若干分釐毫，然後蓋戳，該名遂可持赴勘地公所領價，再由公所加用去若干畝分釐亮之戳，仍將契還該業戶以便自行呈縣核銷，換領餘賸田地若干畝分釐亮之印照，使得依舊管業。

一荒墓清出後，凡歸公者由工程局出名招租，由局將承租之人姓名及擬租地若干，用文知照勘地公所會丈，即由公所收價，呈請商局給照，以期妥速。

一公地無論前後左右，凡依馬路者見方丈五尺爲上等地，每畝年收租價庫平銀五十兩，又進深八丈五尺爲中等地，每畝年收租價銀三十兩，各加費

一成，三年後其費減半。

　　一租價先收一年，嗣後按年由正月十五日起至三十日止，由勘地公所向各租戶催收租銀，如逾限不繳者，當報捕房代為催收，倘逾兩月仍執不繳，即由捕房釘門，禁止出租貿易。

　　一公地租出後，承租者須於六箇月內動工建屋，倘逾限不興工者，其地應由勘地公所收回，另行出租。

　　一馬路經過之地內若有人民田土，倘一畝或數分被馬路用剩僅存二三分者，已屬不成片段，若與公地相連，應一併給價歸公，以免零星廢棄而昭體卹。

　　一仍在清嘉坊賓興局內設勘地公所，辦理公事，所有丈量給價等事，前在賓興局派撥司事兩人，現須經理通商場租地會丈繳價一切事宜，而於添築馬路清查盤胥等處荒地，勢難兼顧，當再添派司事兩人，其辛工伙食紙張油燭等項，仍照前章核實支用，工程局亦應設司事兩人，以便會同辦理，其辛工伙食紙張油燭等項，悉照勘地公所給發之數照給，以資辦公。

　　一以上章程如有增損及須變通辦理之處，當隨時會議呈請鑒核施行。

蘇州商務界內工程局章程

　　一工程局乃總辦與各紳董辦公議事之區，綜核捕捐審理同訟之所，其正房不得居住家眷，以免踐踏，俾得常時清潔，得垂悠遠。閶門捕房未經建成之間，洋副總巡可暫住局內辦公。

　　一平屋二十間聽憑總辦常住，眷屬或僕役居住均可。

　　一總辦須常住局內，各董事亦須逐日輪班到局，不可間斷，使商情不致隔閡，而詞訟亦得彼此推求公妥，不致稍有冤抑。

　　一本局每月所抽捕捐，除按月補修馬路，並總辦洋務總巡薪水，以及散捕司事局工等辛工暨茶捐，照數按月應付外，若尚須動用，應由總辦與各紳董商妥後，方能動支，倘未經眾議，擅行支付，雖是因公，亦不能作正開銷，應由擅支之人貼賠，以重公款而使涓滴得以歸公。

　　一每月所抽捕捐，除照前條所書各項按月應行支付外，所餘之款須概作建造工程局工料價銀，俟將工程局價銀四千數百餘兩，逐月提付清楚外，每月所剩若干，應概存仁和錢莊生息，使修造馬路之費得以逐漸歸還。

　　一每月所抽之費，按月須將捐戶捐數鈔一清單貼於局門，以昭信實，而免從中少生浮言枝節。

　　一每月所抽之捐，按月除申報撫憲商務局外，復將收支各項書於粉牌，掛於局內大門走道兩壁，俾眾咸知，每月掛牌一塊。一年計懸牌十二塊，歲終始行撤去，來年正月復照常書掛，逐月掛至年終，每年週而復始，不可間斷，使捐數年存若干，盡人得而知之，不必昭信而大信自昭也。

　　一捐款每門面一間上等月收洋銀一元，中等七角五分，下等二角五分，再次月抽二角，煙館除門面捐外，每床一張月抽洋銀五角，中等二角五分，下等一角五分。茶館分上中下三等，上等每檯一張月抽洋銀二角五分，中等一角五分，下等一角。酒館捐數與茶館同。槳戶除門面捐外，每名月抽洋銀一元。飯茶館則分為五等，一等月抽洋銀三元，二等一元，三等七角五分，四等五角，五等二角五分。以上各項捐數，因初開埠從寬，將來如生意興旺時再行酌加。

　　一本局應隨時督率夫役，清掃馬路以及一切污穢之物。

　　一本局經理案件隨到隨清，不可稍行押塞而免小人拖累。

　　一舉派各位總董，係為匡扶總辦心力之不逮，耳目之不週，倘有所見所聞，必須詳告總辦，和衷共濟，一切公事不得稍有貽誤，捕務必須不致廢弛，馬路得常清潔，則市面自可冀其日增月盛也。

　　一各位總董夫馬，俟捕捐每月抽至二千元時，每位每月提送夫馬洋三十元，嗣後捕捐如每月再多抽一千元，則每位應加夫馬十元，將來應照每千元每位十元之數遞加，捕捐每月抽至四千元時，則總辦薪水亦應照每千元十元之例遞加，以示鼓勵。

資料出處：《皇朝政典類纂》，卷四九三，頁 22～25。

三、日本杭埠塞德耳門原議租界章程

第一條

杭州武林門外拱宸橋北運河東岸，一帶自公橋起至拱宸橋止，作爲福連塞德耳門，於此地區內議分作日本商民居住之塞德耳門，繪圖二張，分存中國地方官署內，以便日商按照圖上四址號數丈尺租用。

第二條　經刪

日本商民在此界內往來僑寓，中國地方官自應按約保護，所有巡捕房事宜，由中國地方官會同稅務司設立管理，仍候兩國政府核定，惟約束商民章程，由日本領事官酌定，照會關道稟請撫憲鑒核，轉飭稅務司按照施行。

第三條　經刪

塞德耳門界內縱橫馬路及沿河縴路，均照現議第二條捕房事宜辦理，所有建造條理照第四條辦理，所有商民在碼頭起卸貨物，不妨暫置一傍，不得過兩日之限，並不得有礙走路接縴之人。

第四條　計七款經刪

一塞德耳門內所有橋梁溝渠碼頭道路等項，由中國地方官自辦建設完固。

一以上各項工程設在何處何方，及建設修理之法，日本領事官可與中國地方官商議施設。

一所有支河如有濬河工程，隨時由中國地方官籌辦修濬。

一所需修理橋梁溝渠道路各項工程，由中國地方官核實辦理，知照日本領事官，日本領事官隨時隨宜酌定章程，無論何國商民一律公平按戶徵收，以資修理，所有酌定籌費章程，隨時知照中國地方官，以昭公允。

一碼頭停泊之船，每次應捐若干，由中國地方官會商日本領事官定章徵收，以充修費。

一各項工程如遇非常災變，致有損壞流失，即由日本領事官照會中國地方官，另行趕辦，並由日本領事官向居住商民籌費貼補。

一所有公用井口溝渠道路，居住商民毋庸納稅，不得租給一家一人，致眾不便。

第五條

塞德耳門地基分上中下三等，定價租給，現議定上等每畝二百五十元，

中等每畝二百元，下等每畝一百五十元，每年每畝只繳完錢糧洋二元，不另
繳地，所有錢糧託日本領事官按期向租戶照數代收，繳回中國地方官，由地
方官給回糧串，設有意外不測之變，事定之後，仍由日本領事官補收補交。

第六條

　　塞德耳門界內凡日本商業工藝均可在此照章租地建造屋宇棧房，但欲租
地必須稟明日本領事官，並備應完地租以及一年錢糧，照會中國地方官收訖，
即由地方官履勘印發租契三本，由日本領事官會印，一給租戶，一存日本領
事衙門，一存中國地方官，一經承租之地，照章歸租戶租用，不准何國何人
強行退讓，所有租契式樣，由中國地方官照會日本領事官，商定租地每人只
十畝為止，若租至十畝以上，必須設立公司，及其事業非大地方不可者，方
准承租。

第七條

　　所有租契應以三十年為限，滿限後應准換契續租，屆時如或商務興旺，
應由中國地方官照商日本領事官，酌照彼時該地租賃時價起徵錢糧，酌量加
增，以後永照三十年一換契之例辦理，限滿不報，即行注銷，遇有換契年次，
逕准其換契續租，租戶毋庸重納地租，兩國官員不得稍有限制阻撓，令租戶
喫虧等情，設有意外事變，事定之後，報官換契。

第八條

　　中國無身家之人不得私在塞德耳門界內住家，或開設店鋪行棧，違者分
別懲辦，如實係殷實體面品行端正之人，方准在此界內居住營業，然該商民
等只准居住，不得租地，如有形跡可疑不安本分不奉章程之人，中國地方官
可知照日本領事官，日本領事官亦可知照中國地方官，會同查確，由地方官
罰辦，不得縱容包庇，以安商旅而昭公允。

第九條

　　如有外國體面人殷實人，願在界內居住者，祇能居住租地。

第十條

　　一經租給之地祇准出名承租之人居住，倘租戶有事不能親身在地居住，
須託親戚友人夥計同行等有身家之人代理管辦，如有不得已事故，非轉租不
可之時，仍於轉租之前，由日本領事官照會中國地方官，方能換給租契。

第十一條

塞德耳門地基由中國地方官向地主收買，照章租與日本國商民，其界內墳墓房屋拆遷等費項，不在原租價額之內，須由日本領事官與中國地方官商議，定數支給，將來如欲另擇地區或就附近之處，以設日本人墳墓，屆時由日本領事官照會中國地方官商辦。

第十二條

凡塞德耳門界內不准搭蓋草屋，及下等板屋恐易引火貽害他人，至火藥炸藥及一切有害人身家財產之物器，概不准收藏夾帶運送，一經由官察出，或他人告訴，各照自國律例懲辦，設有工事必須應用炸藥等件，應先稟明日本領事官作何用處，開明清單，稟報聽候查明，照開清單知照新關，由稅務司查明，方准起岸，起岸之後，即須用去，不得久留貽害。

第十三條　經刪

所有日本人民若犯章程，或他地犯罪，潛在此地界內，日本領事官派差捕拏，亦可知照捕房派捕協拏，照律懲辦。

第十四條

所有福建塞德耳門及將來設有開拓之福建塞德耳門施設事宜，如別有優處，日本商民居住之塞德耳門亦當一體均沾。

以上議立章程，繕漢文東文各二紙畫押蓋印，各存二紙，以昭信守。

大清光緒二十二年八月二十一日
欽合二品頂戴督辦杭州務總局浙江按察使司聶押

大日本明治二十九年九月二十七日
欽合駐紮杭州領事官小田切押

日本續議杭埠租界章程

第一條

一日本商民居住之塞德耳門，現既奉兩國政府立有新約作為專界專管，所有沿運河大馬路，按照前督辦洋務聶議定十四條時所交畫定界圖，內載西沿運河東岸等語，則此路當在界內，惟查此地係中國人民往來出入下接官塘必由之路，議仍作往來公共行走之路，應聽憑中國人任便上下行走繫泊船隻，不設限制，仍於界內設立會審公堂，設或中國人於此路上及縱橫馬路有滋事等情，按照上海公堂章程辦理，不得私行禁押凌虐欺侮。蓋專界者係以此處

專爲日本商民之界，專管者係日本領事官專管界內商民之事，而道路仍是中國道路，地土仍是中國地土，約義本是明白，誠恐中國人不明此義，動多驚疑，反生枝節，仍與中國地方官各行出示曉諭，俾眾咸知。

第二條

　　一界內所有馬路橋梁渠碼頭以及巡捕之權，由日本領事官管理，其馬路橋梁溝渠碼頭，今議由日本領事官設法修造，與中國地方官無涉，但照界內應設道路之外，若另開道路，凡於彼此人民水利有關之處，須與地方官妥商辦理。

第三條

　　一原議章程租價分爲上中下三等，每畝土地二百五十元，中地二百元，下地一百五十元，惟原議道路橋梁溝渠碼頭歸中國作造，今既議歸日本領事官自造，則租價亦應酌改，每畝上地一百七十元，中地一百六十五元，下地一百六十元，所有錢糧應照原議徵收，以昭公平。其道路橋梁溝渠碼頭公共所需之地，免納租價錢糧，其餘租地各事，仍聽中國地方官照章辦理。

第四條

　　一原圖界內所有地區既歸日本專界，中國地方官已造運河馬路所有已用過造路工費洋二萬三千元，已用過墳墓房屋拆遷費用洋一萬一千四百零八元，兩共洋三萬四千四百零八元，議於日本商民租地造屋貿易時，由日本領事官加徵償還。

第五條

　　一中國地方官與日本領事官商議於界內設立會審公堂，悉照上海章程辦理。

第六條

　　一原議之第二第三第四第十三條均應刪節，其餘條款均照原議施行，如有未盡事宜，仍由日本領事官與中國地方官和衷商辦。

　　以上續議章程，照繕漢文東文各二紙畫押蓋印各存二紙以昭信守。

日本杭埠通商場租地執照式并附章程

　　大清欽加鹽運使銜浙江補用道留署仁和縣正堂辦理通商洋務事宜伍爲先行發給租地執照事今准大某國領事官照會茲有某國商民某照約在通商場界內

租得等第　號基地　畝分照章應繳地價英洋　並一年錢糧　照數收訖合行發給執照俟兩箇月內租契刊刷成就再行將此照換給租契爲此照給該商民收執須至執照者

大清光緒二十二年　月　日福字第　號

計開通商場租地章程列後

一凡租界地基應分上中下三等，按照粘附繪圖號數，定價租給，現議定上等每畝英洋二百五十元，中等每畝英洋二百元，下等每畝英洋一百五十元，每年每畝只繳完錢糧洋二元，不另繳地租，所有錢糧託領事官按期向租戶照數代收，編回中國地方官，由地方官給回糧串。

一凡租界界內有約之國商民均可在此照章租地，遵約建造房宇棧房，但欲租地必須稟明領事官，並備應完地租以及一年錢糧照會中國地方官收訖，即由地方官履勘，印發租契三本，由領事官會印，一給租戶，一存領事衙，一存中國地方官衙門，一經承租之地，遵照約章歸租戶租用，惟每人只能租十畝爲止。

一所有租契應以三十年爲限，滿後應准換契續租，屆時如或商務興旺，應由中國地方官照商領事，酌照彼時該地租賃時價，起徵錢糧，酌量加增裁減，以後永照三十年一換契之例辦理，限滿不報即行注銷，遇有換契年次租戶報明，立即准其租，租戶無庸重納地租，兩國官員均不得稍有限制阻撓，令租戶吃虧等情。

一經租給之地，袛准租戶遵照條款，定章租用，如有轉租事故，於轉租之前，必須稟明領事官查明核准後，照會中國地方官，接續租用，凡承接轉租之人，須立有和約之國商民方爲合例。

一凡租界內不准搭蓋草屋及下等板屋，恐易引火貽害他人。至火藥炸藥及一切有害人身家財產之器物，概不准收藏夾帶運送，一經由官察出，或他人告訴，各照自國律例懲辦。設有工事必須應用炸藥等件，應先稟明領事官作何用處，開明清單，稟報聽候查明，照開清單知照新關，由稅務司查明，方准起岸，起岸之後即須用去，不得久留貽害。

右給照某國商某某收款

大清光緒二十二年　月　日給福字第　號

資料出處：《皇朝政典類纂》，卷四九三，頁 18～20。

四、岳州城陵租地章程

（1899 年 11 月 13 日，光緒二十五年十月十一日，岳州）

一、岳州城陵通商埠界，自紅山頭起至劉公廟止爲北段，自劉公廟起至華民保障止爲中段，以月蟾洲爲南段，三段均爲通商租界。

一、通商埠內地基分開上、中、下三等，租價上等每畝每年租銀一百元，中等每畝每年租銀八十元，下等每畝每年租銀五十元，並每畝每年應完錢糧三元，不另繳別項。所有各商應繳之租銀、錢糧，由岳州關稅務司按期向租戶照數代收，送交監督收訖，給回該官官收銀之印單、糧串。惟本年內之租銀並次年之錢糧，每逢西曆正月內一律完清。

一、通商埠內各國商業、工藝皆可照章租地，建造屋、棧房、但洋商租地，必須稟明領事官，華商租地，必須稟明岳州關稅務司，先備租地准價，並備自稟明之日起至西曆年底止應完之錢糧，由工程局請領准單，送請稅務司、領事官照會監督，將銀收訖，印發租契。洋商之租契發三本，照請領事官上畫押，一給租戶，一存領事署，一存監督衙門。華商只印發租契一本，由稅務司轉給租戶。至於租地，不得逾十畝，每畝定規七千二百六十英方尺，倘必須大地，應照章稟明面行。

一、凡租契當轉租之時，即由承租之華、洋商呈請稅務司、領事官照送監督，蓋印施行。

一、租契以三十年爲期，期滿換契，仍訂三十年爲限。當換契時，租銀不加，錢糧可與各國領事官酌加。如到限滿並期滿未換契，或過一人租銀、錢糧未繳清，則該號之租契即行註銷，產業歸中國。

一、買地、挪房及遷移墳墓等事，皆由岳州關監督作主，外人不得干預。

一、通商埠內不准搭蓋草屋及下等板屋，恐易引火致害別人。但凡蓋造房屋，必先請巡捕衙總保甲核准，方可興工。至於火藥、炸藥、一切有害人身家財產之物，概不准收藏、夾帶運送，倘敢有違，一經查出，各照自國律例懲辦。

一、各國商民在通商埠內僑寓，中國地方官自應按約保護，所有巡捕衙事宜，由監督會同稅務司設立管理，惟約束商民章程，由監督照請各國領事官酌定。

一、通商埠內工程由監督會同稅務司辦理，至於各商在本埠碼頭報關上

下之貨，應照已完正稅百兩者，捐收二成，以爲建造碼頭、修理道路之費。

　　一、通商埠內若有特動之工程，當按租戶派捐一切事宜，歸三處會商辦，一監督與稅務司，二各國領事官，三眾租戶公舉一人。

　　岳州關監督張，稅務司馬公訂。

光緒二十五年十月十一日

資料出處：《約章成案匯覽》，乙篇，卷十上，頁93～95。

五、長沙租界租地章程（1904 年，光緒三十年，長沙）

一、長沙通商租界定於省城北門外，所有應需地段，南以城爲界，東以定修之鐵路至新碼頭爲界，北以瀏渭河，西以湘江爲界。

二、通商界內地基分開等第，地價給租：一等地每畝每年租銀二十五元整；二等地每畝每年租銀十五元整；三等地每畝每年租銀十元整；並每年每畝應完錢糧二元，不分等第。凡此租地者不另完別項所有各商應繳之租銀、錢糧。由長沙關稅務司每逢西曆正月初一日起，向租戶照數代收，送交監督，即發官收之印單、糧串，轉給租戶，惟本年內之租銀並次年之錢糧必須於西曆正月內一律完清。再租界內各住戶非完地租者，亦均享租界章程之利益。每年應完工部局捐銀，按其所繳房租銀數每百捐四，分季由稅務司代收轉解。

三、通商界內各國商業、工藝皆可照租界暨工部局等各項章程租地建造屋宇、棧房。凡所租各地必須先由地方官收買後轉租，不准業戶與該商私相授受，但洋商租地應稟明領事官，華商租地應稟明稅務司，先備租地准價，一等地每畝准價銀二十五元，二等地每畝每准價銀十五元，三等地每畝准價銀十元，並備自稟明之日起至西曆年底止應完之錢糧，交由工部局核發准單。華、洋商領單，呈請稅務司、領事官照會監督，查照單開印發租契。洋商之租契三本，照請領事官登冊畫押，一給租戶，一存領事署，一存監督衙門。華商亦印發租契二本，一請稅務司轉給租戶，一存監督署。至於租地，每名不得逾十畝，每畝定規七千二百六十英方尺，倘必須大地，應照章稟明而行。

四、買地、挪房、遷移墳墓等事皆由監督作主，外人不得干預。

五、通商界內，凡起造屋必先請工部局核准，方可興工，惟各種製造、鎔鍊等廠不准在本租界西南段內設立，不准搭蓋草屋並下等房屋，恐易引火，致害別人，類如火藥、炸藥一切有害人身家、財產之物概不准收藏、夾帶運送。又，火油一物必照特准章程，方可囤集。又，工部局可隨時酌定規條曉諭，如屋要堅固，溝要潔淨，及各戶內有何污穢妨礙應即屛除等情，以期保護平安。再，各戶有何修造動工關繫公眾之事，必先在工部局請領准單，以免貽誤。

六、各國商民在通商界內僑寓，中國地方官自應按約保護。所有工程、巡捕各事宜暨各項章程，由本省大憲請稅務司興監督會商辦理，倘敢有違，一經查出，各照自國律例懲辦。惟約束商民章程，由監督照會領事官酌定。

七、通商界內工程由監督會同稅務司辦理，惟應修各官路、碼頭等處，隨時查明長沙通商口岸圖說，凡有礙官路等各房產，地方官自行照定章估價收買，該業戶等務必推讓遷移，以便公用。至於各商在本通商口岸碼頭報關、上下並過載、轉運等貨物，應照已完稅銀于兩者捐收二兩，以爲建造碼頭、修理官路之用。

八、通商界內若有特動之工程當按各項租戶派捐，一切事宜歸三處會商辦理：一、監督與稅務司；二、各國領事官內自舉一位；三、地租戶、房租戶公舉一人；惟房租戶每年捐銀在二十元以上者始可應舉。

九、租界以外沿河地段原不准租用，茲因長沙通商租界沿河一帶，目前於輪商貿易尚未便利，特議於關章所定起下貨物處之沿河地段，即自永州碼頭起下至西門魚碼頭止，准各輪商指明租用。惟此處既非租界，現有各民船碼頭概不准租用，並不准稍有妨礙民船灣泊、上下等情。凡毗連民船碼頭之一有華、洋商來租購或改造時，則該碼頭左右應各讓大不過一丈寬之地，由官收買，以便放寬碼頭走道等用，而利眾商。

十、凡租此沿河地段辦法准各商逐向業戶租用。每名所租，不得過二百五十英尺。惟所租之地，每畝每年應完銀十五元，以抵官定左近華民各項稅捐，此款照第二條內開由稅務司代收轉送，至租定時，洋商必須稟明領事官，華商必須稟明稅務司，以便轉知監督備案。

十一、此等沿河地段窄狹，茲所以准租者，專爲便利輪商之用。若各商以住宅暨製造、鎔鍊等廠，則應設於通商租界內。又，此沿河地段以城墻爲止，但沿河上原有之公共縴路、走道，租戶不得侵佔，至窄須留十五尺寬，庶幾彼此有益。

十二、凡沿河一帶租戶各項工程，如修碼頭、築礮岸等事，必須先稟明新關稅務司，轉請地方官核准，方可動工。

十三、凡租契當轉租之時即由承租之華、洋商將契呈請稅務司、領事官照送監督蓋印施行。

十四、租契以三十年爲期，期滿換契，仍定三十年爲限。當換契時，租銀不加，錢糧可與各國領事官酌加。如到限滿，仍可由地方官設法轉租，如期滿未換契，或過一年租銀、錢糧未繳清，除將該號租契註銷外，產業併歸中國。

十五、各國官民所需之養性園一處、義山一處由中國政府選定合式之地。

至辦理該二處之經費則應由本租界內各洋商自籌備辦。

十六、凡有益地方、暢興商務等各善法，中國政府甚願照辦。惟此等各善法，或由領事官，或由各商合請於監督暨稅務司，皆可隨時酌奪轉達施行。

再各國商民有於章程未出之先，先行租定各地立產業者，仍應遵守現定各章程。如有應改之處，由地方官照會領事官酌奪，務期一律，以照公允。

資料出處：《約章成案匯覽》，乙篇，卷十上，頁 116～120。本章程的訂立日期未查明。

六、濟南商埠租建章程

第一節　濟南西關外地方係奉准作爲自開商埠，與條約所載各處約開口岸情形不同，准各國洋商並華商於劃定界內租地雜居，一切事權皆歸中國自理，外人不得干預。

第二節　劃定濟南西關外，東起十王殿，西至北大槐樹，南沿長清大道，北抵膠濟鐵路，作爲華洋公共通商之埠，其四址均豎立界石爲憑，凡有約各國正經殷實商民均可在此界內照章租地建造屋宇棧房。

第三節　租地辦法凡商埠以內各地，先由地方官酌中定價收買後轉租，以杜彼此居奇抑勒諸弊，凡民間私相授者概行作廢。

甲、凡商埠以內地畝，繪有全圖，分作四等，以福祿壽喜等字分別編號，福字每畝每年租洋參拾陸元，祿字每畝每年租洋貳拾肆元，壽字每畝每年租洋拾陸元，喜字每畝每年租洋壹拾元。

乙、商埠界內除設關署設局以及菜市公園各公所外，華洋商民凡欲租地者，須先至工程處呈明掛號，願租某字某塊，並照所定等第，允繳租洋，酌留定洋約十成之一，然後由工程處丈量所租之地，由商埠總局知會監督衙門，若洋商租地，須由就近領事官照會監督，方可租給。

丙、所留定洋俟地畝租定之後，可在租價內扣除。

丁、租地每戶至多以十畝爲限，至少亦須二畝，如須設立公司或其事業非大地不可者，應先將情節聲明，由監督察核辦理。

戊、量地以官弓二百四十弓爲一畝計工部營造尺六千方尺。

第四節　租價以每畝每年計算，並每畝每年應完錢糧貳元，均由工程處按期向租戶照數代收，送交監督，掣給收洋之印單糧串，地畝租定後，先將自承租日起租洋及一年錢糧繳清，嗣後每年應繳租洋錢糧，均於中曆正月內一律完清，如租洋及錢糧至過一年仍未交清，即將該號租契註銷，未建造者將地充公，已建造者將地上產業拍賣，除扣還租洋及錢糧外，餘款仍歸租戶，如係洋商，會商該領事一律辦理。

第五節　地畝租定後由監督印發租契，由工程處轉給租戶，如係洋商，並由監潛備文照會就近領事官存案。

甲、租契如有損失須將情形具稟呈明，並覓妥保，及登報章三個月後方能補給。

乙、租定之地或願轉租別商，只能全地轉契，不能割租。

丙、承接轉租之人如係洋商，亦須有該管領事官照會，方爲合例。

丁、轉租地畝如係華人，須原租之戶承接之人同至工程處具稟簽字，呈繳舊契，換給新契。

戊、轉租年限自開辦之日算起，照後開第六條辦理。

己、租戶如係洋商，恐有回國及意外之事，須將承業之人或代理之人先行報明，並在領事處存案。

庚、租戶如將地畝及地上產業典押與人，無論華商洋商須呈報工程處入冊，如係洋商，會同該管領事官簽字辦理。

辛、地畝租定後，扣足三年內必須建造，倘屆期仍未建造，即係無財力之人，可將租契註銷，地即歸公，從前所納租價錢糧，概不退還，倘已建造而未完全，仍酌予限期責令完工。

第六節　租契以三十年爲期，滿期後換契仍定三十年爲限滿，當換契時如商務果能興旺，可察看情形，酌加租價，如期滿未換契，則將該號之租契註銷，產業充公，六十年限滿之後，所有界內產業，如中國國家購回，可請中人公平估定價值，全數購回，無論何國何人不能霸阻，倘不願購回，仍可商定續租。

第七節　商埠內不准搭蓋草屋並下等板屋，恐易引火致害別人，凡蓋造房屋必先請工程處並報巡警局核准，方可興工。至於火藥炸藥一切有害人身家財產及於衛生有礙等物，概不准收藏夾帶製造運送，違者一經查出，各照本國律例懲辦。

甲、租戶在地上建築樓房平屋棧房，均可任便起造，惟須屋圖先送工程處，察看有無違礙侵損公益及工料不堅之事，倘有以上情弊，由工程處酌改，該租戶均當遵辦。

乙、租戶呈報屋圖後，工程處應從速核定，俾可開工。

丙、開工後由工程處派人隨時赴工場察看，倘有不妥，須彼此和平商辦。

丁、租戶蓋造房屋填築地基，所需泥土，必須在遠處地方購取，不得在界內掘用。

戊、凡商埠內蓋造房屋或舊屋翻新，必須先築泄去污水之溝一條或數條，此溝須通至工程處所造之溝，以便宣泄積水。

己、所築之溝應用何法築造，需用何等物料，溝身之大小寬窄，與地面

相距之深淺，以及高低平側之勢，應如何接通大溝之處，均須逐一聲明，聽工程處指示該租戶遵辦，以期保護平安。

庚、工程處可隨時酌定規條，如屋要堅固，溝要潔淨，及各戶內有所污穢妨礙，應即屏除等情事，各戶均應遵辦，以期保護平安。

辛、各戶有何修造動土關繫公眾之事，必先在工程處請領准單。

壬、設因工作必須用火藥炸藥等物應先開單稟請監督核示，洋商稟明就近領事官，照會監督，函知商埠總局，方准擇妥慎之所收藏，並須速行用完，不准任意收放或久擱不用，違者由監督酌派員役，暨照會領事官，責令銷燬或遷移界外，以安閭閻。

癸、火油一物最易引火，必須照各埠章程辦理，不得任意屯積。

第八節　各國商民在通埠內僑寓，中國地方官自應按約保護，所有工程巡警等事，均由監督會同商埠總局，設立局所，派員管理。至設立稅關章程，俟日後察看情形，隨時會同稅務司酌量訂辦。所有馬路巡警路燈洒掃溝渠等事，現均先由中國籌款自辦，惟執照捐巡警捐房舖捐行車捐一切，皆為商埠界內應行抽收之捐，雖開埠伊始，暫不收捐，並應俟日後由監督商埠總局隨時察酌情形辦理。

第九節　通商埠內若有特動之工程，及建造公家花園，均當按租戶派捐，一切事宜歸三處會商辦理，一監督與商埠總局，二各國領事，三租戶公舉華洋商董各一人。

第十節　濟南城外既開商埠，所有洋商在此劃定界內可任便往來攜眷居住貿易，至城廂內外商務繁盛，原定界址不敷足用，可體察情形酌量展拓。

第十一節　將來在埠附近或另擇相宜之地，設立外國人墳塋一處，以便營葬，至界內中國人之墳墓，應由中國官極力勸諭遷移，如實有為難之處，由工程處察看情形，或准其自行圍一牆壁圈出，惟不能再行添葬，設洋商在所租地內開掘地基或溝渠，遇有骸骨，須速通知工程處，設法掩埋，不得任意拋棄。

第十二節　郵政電報均係中國利權，通商埠內自應由中國設立，無論何國不得開設，以昭劃一。至德律風電氣燈自來火，亦應由中國招商承辦，外人亦不得擾越。

第十三節　濰周村兩分埠均照此章程辦理，各事均歸濟埠統轄。

第十四節　以上各條及另定巡警章程，雖係暫行試辦，凡來租地者均須

簽字遵照，方能租給地畝。

　　第十五節　其餘一切瑣碎及未盡各事宜，可隨時續訂更改。

資料出處：《光緒乙巳（三十一）年交涉要覽》，上篇，卷一，頁 15～19。

七、南寧租界租地章程（1901 年，光緒二十七年，南寧）

一、南寧通商埠界，自某地起至某地止，均為通商租界。

二、通商埠內地基，除橫直各要路由工程局或洋務局擇定寬約英尺三丈之外，其餘各地，分作上、中、下三等，租價上等定若干，中等定若干，下等定若干，此價外每畝每年應完錢糧多少元，不另完別項銀兩。所有各商應繳租銀、錢糧，由南寧新關稅務司按期照數代收，送交監督收訖，給回收單糧串。查本年內之租銀並次年內之錢糧，每逢西曆某月內一律完清。開通商口岸之時，各地段商人如有爭先租賃者，應照拍賣之法辦理。

三、通商埠內各國商業、工藝，皆可照章租地，建造屋宇、棧房，先備租地准價，並備自稟明之日起至西曆年底止應完之錢糧，由工程局或洋務局請領准單。洋商必須稟明領事官，華商必須稟明南寧新關稅務司，照會監督，將銀收訖，印發租契。洋商租契三張，照請領事官上冊畫押，一張給租戶，一張存領事署處，一張存監督衙門。華商則印發租契一張，由稅務司轉交租戶。至於租地，各商不得逾十畝。倘欲多於十畝者，應照章稟明而行。查每畝定規七千二百六十英方尺。

四、凡租契當轉租之時，應由承租之華、洋商埠請稅務司領事官照會監督，蓋印施行。

五、租契以三十三年為期，期滿換契，仍訂三十三年為限。當換契時，租銀不加，錢糧可與各國領事官酌加。如限滿六十六年，該地或取回，或照新訂之價再租，聽中國之便。惟期滿未換契，或過一年租銀、錢糧未完清，則該號之租契，即可註銷，產業歸中國。

六、通商埠內買地、挪房、填塘及遷移墳墓等事，皆由南寧新關監督作主，外人不得干預。如該地段有墳墓，必先訂明遷移，方能出租。

七、通商埠內一切蓋造房屋，必先請租界巡捕衙管長核准，方可興工；惟不准蓋造草房及下等板房，恐易引火，致害別人。至於火藥、炸藥一切有害人身家、財產之物，概不准收藏、夾帶運送。倘未領准單而敢有違，一經查出，各照自國律例懲辦。火水油衹可存儲於特准之地，以備不虞。（註：原註：“此數語與原文稍為更易”。）

八、各國商民，在通商埠內僑寓，中國地方官自應按約保護。所有巡捕衙門事宜，由監督會同稅務司設立管理。惟約束各國商民章程，由監督照請

領事官酌定。

　　九、通商埠內一切工程，由監督會同稅務司辦理。至於修造碼頭、道路等事所需之費，亦於各商在本埠報關，上下之貨，應照已完正稅百兩者，捐收二成撥用。

　　十、通商埠內若有特動之工程，由監督會同辦理，一、監督與稅務司，二、各國領事官或領袖，三、眾租戶公舉一人。

　　以上試辦章程，乃係仿照湖南岳州光緒二十五年開辦通商章程辦理。惟章程所言租地或改爲買地，則由地方官自行商議。

附　註
1. 本章程見《約章成案匯覽》，乙篇，卷十上，頁 109～111。
2. 本章程的訂立日期未查明。

八、雲南省城南關外商埠總章

第一條　本埠係自行開設，仍屬內地，與因條約所開之通商口岸不同，埠內一切事權均由中國自主，並就本埠自設商埠總局專理其事。

第二條　本埠界址四周植立界碑，東起重關，西抵三級橋，南起雙龍橋，北抵東門外桃源口，並由官繪圖爲據。

第三條　凡有約各國商人如欲在本埠寄居貿易者，須先赴商埠總局呈明自願遵守埠章與華民無異，始准其租地居住，否則仍照內地條約辦理。

第四條　商埠總局綜理本埠一切行政事務，所訂章程規則，居住埠內之人均須遵守，違者由局照章懲罰，或勒令離埠，惟外國之人訴訟仍依條約分別核辦。

第五條　本埠內辦理一切有關公益權利等事，應由中國國家興辦，或由中國國家核准承辦。

第六條　凡因本埠公益應徵之通常或臨時各捐，居住埠內之人均有負擔義務，惟須由商埠總局將徵收之種類方法及數目，分別詳訂細則以便遵守。

第七條　本埠各項行政事件，應由商埠總局另訂專章辦理，不得援用他商埠章程，遇有各專章未載事件，仍由該局核辦，惟須即行補訂專章。

第八條　本章程經奏咨立案後即公布實行。

資料出處：台北中央研究院近代史研究所藏，《外務部檔案》，02-13，22-（2），宣統二年八月二十一日雲貴總督李經羲雲南省城外自設商埠的擬總章奏摺附件。

徵引書目

一、中日文部分

（一）檔案、官書

1. 《大清宣統政紀》，收入《近代中國史料叢刊三編》，第十八輯，台北，文海出版社。

2. 《大清德宗景（光緒）皇帝實錄》，台北，華聯書局，民國 59 年，影印本。

3. 《中美關係史料》，光緒朝五，台北，中央研究院近代史研究所，民國 79 年。

4. 《中華民國外交檔案》，台北中央研究院近代史研究所藏：

   03-17，11-（1）：淞滬開埠案

   03-17，21-（2）：廣西南寧開埠案

   03-17，21-（1）：雲南開埠案

   03-17，23-（1）：湖南常德籌劃開埠案

   03-17，26-（2）：開埠雜項

   03-19，10-（1）：長沙關徵收碼頭捐案（一）

   03-19，10-（2）：長沙關徵收碼頭捐案（二）

   03-19，10-（3）：長沙關徵收碼頭捐案（三）

5. 《中華民國海關華洋貿易總冊》，1903～1904 年，台北，國史館史料處，民國 71 年。

6. 《日本外交文書》，第三十六卷日本外務省編，東京，昭和三二年。

7. 《日本外交年表竝主要文書》，日本外務省編，東京，原書房，昭和五一年。

8. 《外務部檔案》，台北中央研究院近代史研究所藏：

　02-11，16-（1）：英日長沙租界案（一）

　02-11，16-（2）：英日長沙租界案（二）

　02-11，16-（3）：英日長沙租界案（三）

　02-11，18-（3）：上海工部局在閘北華界爭奪警權馬路事

　02-11，18-（4）：江蘇金陵關修築租界案

　02-11，18-（8）：上海租界外開闢華界市場案

　02-11，20-（2）：楊兆鋆奏陳洋人內地置產三弊

　02-11，20-（3）：湖南洋商租地辦法與常德租地章程

　02-11，20-（4）：湖北漢口修築碼岸抽捐

　02-11，20-（5）：湖南長沙租界章程及碼頭捐

　02-13，11-（1）：通商稅務雜項案

　02-13，22-（2）：商埠案

　02-13，35-（1）：英日兩使請停抽三都澳碼頭捐

　02-13，53-（1）：商埠案

　02-13，53-（2）：商埠案

　02-13，53-（3）：商埠案

　02-13，54-（1）：奉省開埠案

　02-13，54-（2）：吉林開埠案

　02-13，55-（1）：擬開瓊州為商埠港

　02-13，55-（3）：廣東香洲開埠作無稅口岸

　02-14，14-（3）：各項條陳

9. 《外務部檔案》，北京中國第一歷史檔案館藏，卷六二八、六三〇、六三一、七〇一、七六二、九六三、二五〇〇、二五〇三、三五八二、三九四七、四八〇六、四八〇七、四八〇九、四八一一、四八一二、四八一三、四八一六。

10. 《戊戌變法檔案史料》，明清檔案館編，北京，中華書局，1958 年。

11. 《四國新檔》，英國檔下，台北，中央研究院近代史研究所，民國 55 年。

12. 《光緒乙巳（三十一）年交涉要覽》，顏世清、楊毓輝、胡獻琳編，收入《近代中國史料叢刊續編》，第三十輯，台北，文海出版社》。

13. 《光緒乙巳（三十二）年交涉要覽》，王克敏、楊毓輝編，收入《近代中國史料叢刊續編》，第三十輯，台北，文海出版社》。

14. 《光緒乙巳（三十三）年交涉要覽》，王克敏、楊毓輝編，收入《近代中

國史料叢刊續編》，第三十輯，台北，文海出版社》。

15. 《光緒朝東華錄》，朱壽彭編，台北，文海出版社，民國 52 年，影印本。

16. 《兩廣官報》，收入《近代中國史料叢刊三編》，第五十輯第三期、第十三～十四期，台北，文海出版社。

17. 《軍機處檔案》，北京中國第一歷史檔案館藏，來文，第五五二包。
錄副奏摺，卷四七四、四七六。
光緒庚子辛丑電報，電六五五號，報五八號。

18. 《宮中各處檔案》，北京中國第一歷史檔案館藏，電報電旨，卷九四、一○九、一一五、一五七、一五八、一六○。

19. 《宮中檔光緒朝奏摺》，第十八輯，台北，國立故宮博物院，民國 63 年。

20. 《清光緒朝中日交涉史料》，北平，故宮博物院，民國 21 年，台北，文海出版社重印，民國 52 年。

21. 《清季中日韓關係史料》，台北，中央研究院近代史研究所，民國 61 年。

22. 《清季外交史料》，（光緒朝，宣統朝），王彥威、王亮編，收入《近代中國史料叢刊三編》，第二輯，台北，文海出版社。

23. 《清國事情》，第二輯，日本外務省編纂，明治四十年發行。

24. 《會議政務處檔案》，北京中國第一歷史檔案館藏，卷八、一八○、八三五、九一九。

25. 《總理各國事務衙門檔案》，台北中央研究院近代史研究所藏：
01-20，39-（1）：福建三都澳開埠案
01-20，39-（2）：湖南岳州開埠案

（二）資料彙編

1. 《中外舊約章匯編》，王鐵崖編，北京，三聯書店，1987 年。

2. 《中國年鑑》，台北，天一出版社，民國 62 年，影印本。

3. 《中國近代經濟史統計資料選輯》，嚴中平等編，北京，科學出版社，1955 年。

4. 《戊戌變法》，第一冊、第三冊，中國史學會編，上海，神州國光社，1953 年。

5. 《申報年鑑》，台北，中國文獻出版社重印，民國 55 年。

6. 《光緒二十四年中外大事彙記》，倚劍生輯，台北，華文書局，民國 58 年。

7. 《辛亥革命浙江史料續輯》，浙江省社會科學院歷史研究所、浙江圖書館編，杭州，浙江人民出版社，1987 年。

8. 《東方雜誌》，第二卷至第四卷，上海，商務印書館，台北商務印書館，民國 59 年影印。

9. 《河北礦務彙刊》，河北省礦務整理委員會編印，民國 19 年。

10. 《約章成案滙覽》，北洋洋務局纂輯，上海，光緒三十一年，台北，華文書店，民國五八年，影印本。

11. 《皇朝政典類纂》，台北，文海出版社，民國 71 年，影印本。

12. 《皇朝經世文統編》，邵之棠輯，收入《近代中國史料叢刊續編》，第七十二輯，台北，文海出版社，民國 69 年，影印本。

13. 《皇朝經世文新編》，麥仲華輯，收入《近代中國史料叢刊正編》，第七十八輯，台北，文海出版社，民國 61 年。

14. 《皇朝經世文續編》，盛康輯，武進盛氏思補樓刊本，光緒二十三年，台北，文海出版社。

15. 《皇朝蓄艾文編》，于驪莊編，台北，學生書局，民國 56 年，影印本。

16. 《清季中外使領年表》，北京，中華書局，1985 年。

17. 《湘報類纂》，光緒二十八年刊本，台北，大通書局影印。

18. 《萬國公報》，第九○卷，台北華文書局，影印本。

（三）遺稿、文集

1. 《弢園文錄外編》，王韜，上海，清光緒二十三年，弢園藏版刊，遯叟手校本。台北中央研究院郭廷以圖書館藏影印本。

2. 《濤園集》，沈瑜慶，收入《近代中國史料叢刊正編》，第六輯，台北，文海出版社。

3. 《榮祿存札》，杜春和等編，濟南，齊魯書社，1986 年。

4. 《同舟忠告》，李宏齡，太原，山西人民出版社，1989 年。

5. 《李文忠公全集》，李鴻章，台北，文海出版社，民國 57 年，影印本。

6. 《楊儒庚辛存稿》，佚名編，收入《近代中國史料叢刊三編》，第四輯，台北，文海出版社。

7. 《秋浦周尚書（玉山）》，周馥，收入《近代中國史料叢刊正編》，第九輯，台北，文海出版社，民國 56 年，影印本。

8. 《東三省政略》，徐世昌撰，吉林，吉林文史出版社，1989 年。

9. 《覺顛冥齋內言》，唐才常，長沙，光緒二十四年刊本，台北，成文出版社，民國 57 年，影印本。

10. 《中西紀事》，夏燮，收入《近代中國史料叢刊正編》，第十一輯，台北，文海出版社。

11. 《忘山廬日記》，孫寶瑄，上海，上海古籍出版社，1983 年。

12. 《康南海自編年譜》，康有為，台北，廣文書局重印，民國 60 年。

13. 《張文襄公全集》，張之洞，台北，文海出版社，民國 59 年，影印本。

14. 《愚齋存稿》，盛宣懷，收入《近代中國史料叢刊續編》第十三輯，台北，文海出版社，民國 64 年，影印本。

15. 《丁中丞（日昌）政書》，溫廷敬編，收入《近代中國史料叢刊續編》，第七十七輯，台北，文海出版社。

16. 《端忠敏公奏稿》，端方，收入《近代中國史料叢刊正編》，第十輯，台北，文海出版社，民國 56 年，影印本。

17. 《翁同龢日記排印本》，趙中孚編，台忠，成文出版社，1970 年。

18. 《盛世危言後編》，宣統元年刊本，台北，大通書局，民國 58 年。

19. 《劉忠誠公（坤一）遺集》，劉坤一，台北，文海出版社，民國 55 年，影印本。

20. 《錫清弼制軍奏稿》，錫良，台北，文海出版社，民國 68 年，影印本。

21. 《止叟年譜》，韓國鈞，收入《近代中國史料叢刊正編》，第一輯，台北，文海出版社。

22. 《海國圖志》，魏源，台北，珪庭出版社，民國 67 年。

（四）專　著

1. 《帝國主義侵華史》，丁名楠、張振鵾等，第二卷，北京，人民出版社，1986 年。

2. 《維新運動》，王栻，上海，人民出版社，1986 年。

3. 《清末民初我國警察制度現代化的歷程》（1901～1928），王家儉，台北，商務印書館，民國 73 年。

4. 《中國外交史（鴉片戰爭至辛亥革命時期 1840～1911）》，王紹坊，河南人民出版社，1988 年。

5. 《外人在華特權和利益》，Willoughby, W. W.著，王紹坊譯，北京，三聯書店，1957 年。

6. 《英國對華外交與門戶開放政策》，王曾才，台北，中國學術著作獎助委員會，民國 56 年。

7. 《外人與戊戌變法》，王樹槐，台北，中央研究院近代史研究所，民國 54 年。

8. 《中國現代化的區域研究——江蘇省（1860～1916）》，王樹槐，台北，中央研究院近代史研究所，民國 73 年。

9. 《中英開平礦權交涉》，王璽，台北，中央研究院近代史研究所，民國 51 年。

10. 《清廷的立憲運動（1905～1911）——處理變局的最後抉擇》，古偉瀛，台北，知音出版社，民國 78 年。

11. 《康有爲思想研究》，蕭公權著，汪榮祖譯，台北，聯經出版公司，民國 77 年。

12. 《曾紀澤的外交》，李恩涵，台北，中國學術著作獎助委員會，民國 55 年。

13. 《晚清的收回礦權運動》，李恩涵，台北，中央研究院代史研究所，民國 67 年再版。

14. 《張之洞的外交政策》，李國祁，台北，中央研究院近代史研究所，民國 59 年。

15. 《清末民初農工商機構的設立——政府與經濟現代化關係之檢討（1903～1916）》，阮忠仁，台北，台灣師範大學歷史研究所，民國 77 年。

16. 《晚清政治思想研究》，小野川秀美著，林明德、黃福慶譯，台北，時報出版公司，民國 71 年。

17. 《清季湖南的新政運動（1895～1898）》，林能士，台北，台灣大学人　　，民國 61 年。

18. 《黃公度（遵憲）先生傳稿》，吳天任，收入《近代中國史料叢刊續編》，第六十八輯，台北，文海出版社。

19. 《上海租界問題》，吳圳義編，吳圳義編，台北，正中書局，民國 69 年。

20. 《支那省別全誌》，東亞同文會編，山東省，東京，大正六年。

21. 《支那省別全誌》，東亞同文會編，浙江省，東京，大正八年。

22. 《支那省別全誌》，東亞同文會編，江蘇省，東京，大正九年。

23. 《戊戌維新——近代中國的一次改革》，范士華，北京，求實出版社，1987 年。

24. 《中國近代經濟思想史稿》，侯厚吉、吳其敬主編，哈爾濱，黑龍江人民出版社，1983 年。

25. 《南京港史》，南京史編審委員會，北京，人民交通出版社，1989 年。

26. 《盛宣懷傳》，夏東元，成都，四川人民出版社，1988 年。

27. 《上海公共租界制度》，徐公肅、丘瑾璋，上海，人民出版社，1979 年重印。

28. 《日本近代史綱》，徐先堯，台北，商務印書館，民國 71 年增訂二版。

29. 《近代中國租界史稿》，袁繼成，北京，中國財政經濟出版社，1988 年。

30. 《上海閒話》，姚公鶴，上海，上海古籍出版社，1989 年。

31. 《清鑑易知錄》，許國英，台北，台灣文鴻書局重印，民國 70 年。

32. 《近代中國史綱》，郭廷以，香港，中文大學，1980 年第二次印刷。

33. 《近代中國史事日誌》，郭廷以，第二冊，台北，民國 52 年。

34. 《飲冰室詩話》，梁啓超，北京，人民文學出版社，1959 年。

35. 《中國現代史》，張玉法，台北，東華書局，民國 71 年四版。

36. 《中國現代化的區域研究——山東省（1860～1916）》，台北，中央研究院近代史研究所，民國 76 年再版。

37. 《中國現代化的區域研究——湖南省（1860～1916）》，台北，中央研究院近代史研究所，民國 72 年。

38. 《伍廷芳與清末政治改革》，張雲樵，台北，聯經出版公司，民國 76 年。

39. 《領事裁判權在中國之形成與廢除》，陳國璜，收入嘉新水泥公司文化基金會研究論文第 210 種，台北，民國 60 年。

40. 《濰縣志》，陳鶴儕等編纂，民國 30 年鉛印本，台北，學生書局，民國 57 年，影印本。

41. 《戊戌變法人物傳稿》，湯志鈞，北京，中華書局，1982 年。

42. 《中國外交史》，傅啟學，台北，商務印書館，民國 76 年改訂五版。

43. 《康有為戊戌真奏議》，黃彰健編，台北，中央研究院歷史語言研究所，民國 63 年。

44. 《日本國志》，黃遵憲，收入《近代中國史料叢刊續編》，第十輯，台北，文海出版社。

45. 《在支列國權益概說》，植田捷雄，東京，嚴松堂書店，民國 71 年四版。

46. 《辛亥革命前後湖南史事》，楊世驥，長沙，湖南人民出版社，1958 年。

47. 《翁同龢與戊戌維新》，蕭公權著、楊肅獻譯，台北，聯經出版公司，民國 72 年。

48. 《清季臺灣開埠之研究》，葉振輝，台北，標準書局，民國 74 年。

49. 《黃遵憲與近代中國》，鄭海麟，北京，三聯書店，1988 年。

50. 《被侵害之中國》，劉彥，收入《近代中國史料叢刊三編》第二十五輯，台北，文海出版社，影印本。

51. 《濟南簡史》，濟南市社會科學研究所編纂，濟南、齊魯書社，1986 年。

52. 《梁誠的出使美國》，羅香林，香港，香港大學，民國 66 年。

53. 《租界與中國》，顧器重，收入《近代中國史料叢刊正編》，第七十四輯，台北，文海出版社。

（五）論　文

1. 〈文祥對於時局的認識及其自強思想〉，王家儉，收入《中國近代現史論集》，第六編，自強運動（一）通論，台北，商務印書館，民國 74 年。

2. 〈晚清地方行政現代化的探討〉，王家儉，收入《中國近代現代史論集》，第十六編，清季立憲與改制，台北，商務印書館，民國 75 年。

3. 〈外國勢力影響下之上海開關及其港埠都市之形成〉，王爾敏，收入《中

國近代現代史論集》，第二十八編，區域研究，台北，商務印書館，民國
75 年。

4. 〈廣州對外通商港埠地區之演變〉，王爾敏，《漢學研究》，第三卷，第二
期。

5. 〈廈門開關之港埠區畫〉，王爾敏，《食貨月刊復刊》，第四卷第六期，台
北，食貨月刊社，民國 63 年。

6. 〈商戰觀代與重商思想〉，王爾敏，收入氏著，《中國近代思想史論》，台
北，華世出版社，民國 66 年。

7. 〈十九世紀中國士大夫對中國關係之理解及衍生之新觀念〉，收入氏著，《中
國近代思想史論》，台北，華世出版社，民國 66 年。

8. 〈晚清外交思想的形成〉，王爾敏，收入氏著，《晚清政治思想史論》，台
北，學生書局，民國 58 年。

9. 〈道咸兩朝中國朝野的外交知識〉，王爾敏，收入氏著，《晚清政治思想史
論》，台北，學生書局，民國 58 年。

10. 〈十九世紀中國國際觀念之演變〉，王爾敏，收入《中國近代現代史論集》，
第七編，自強運動（二）外交，台北，商務印書館，民國 74 年。

11. 〈中國近代之工商致富論與商貿體制之西化〉，王爾敏，收入《中國近代
現代史論集》，第九編，自強運動（四）工商業，台北，商務印書館，民
國 74 年。

12. 〈清末地方自治之萌芽（1898～1908）〉，沈懷玉，《中央研究院近代史研
究所集刊》，第九期，台北，中央研究院近代史研究所，民國 67 年。

13. 〈香洲開埠及其盛衰〉，何志毅，《廣東文史資料》，第 46 輯，廣州，廣東
人民出版社，1985 年。

14. 〈清廷在中俄旅大租借交涉中的危機處理〉，何萍，未刊稿。

15. 〈社會變遷的趨勢〉，Marianne Bastid-Bruguiere 著，余敏玲譯，《劍橋中國
史》第十一冊，晚清篇 1800～1911（下），中譯本，台北，南天書局，民
國 76 年。

16. 〈論清季中國的民族主義〉，李恩涵，收入李恩涵、張朋園等著，《近代中
國──知識分子自強運動》，台北，食貨出版社，民國 71 年再版。

17. 〈晚清收回利權運動與立憲運動〉李恩涵，收入《中國近代現代史論集》，
第十六編，清季立憲與改制，台北，商務印書館，民國 75 年。

18. 〈一八九五年列強對中國償日戰債借款的競爭〉，李國祁，收入《中國近
代現代史論集》，第十六編，清季立憲與改制，台北，商務印書館，民國
75 年。

19. 〈由上海、漢口與青島三都市的形成與發展論近代我國通商口岸的都市化
作用〉，李國祁，《國立台灣師範大學歷史學報》，第十期，台北，國立台

灣師範大學歷史研究所（系），民國 70 年。

20. 〈清季經濟民族主義運動的動力、性質及其極限的檢討（1903～11）——以「紳商的新式企業利潤需求面」爲中心〉，阮忠仁，《國立台灣師範大學歷史學報》，第十八期，民國 79 年。

21. 〈戊戌政變的國際背景〉，吳相湘，收入氏著《晚清宮庭與人物》，第一冊，台北，傳記文學出版社，民國 59 年。

22. 〈通商口岸與中國現代化：走錯了那一步〉，Murphey, Rhoads 著，林維紅譯，收入金耀基等著，《中國現代化的歷程》，台北，時報出版公司，民國 69 年。

23. 〈吳淞自闢商埠之經過〉，席滌塵，收入《上海研究資料正集》，收入《近代中國史料叢刊三編》，第四十二輯，台北，文海出版社。

24. 〈公期租界沿革〉，徐蔚南，收入《上海研究資料正集》，同上。

25. 〈戊戌變法與維新派的對外態度〉，徐緒典，收入中國人民大學清史研究所編，《清史研究集》，成都，四川人民出版社，1984 年。

26. 〈清季東三省的改制及其建設（1907～1911）〉，張守眞，收入《中國近代現代史論集》，第十六編，清季立憲與改制，台北，商務印書館，民國 75 年。

27. 〈門戶開放政策在中國的反應〉，張忠棟，收入《中國近代現代史論集》，第十四編，清季對外交涉（一）英美法德，台北，商務印書館，民國 75 年。

28. 〈十六～十八世紀中國海貿思想的演進〉，張彬村，《中國海洋發展史論文集（二）》，台北，中央研究院三民主義研究所，民國 75 年。

29. 〈清代鴉片戰爭前之中西沿海通商〉，張德昌，收入包遵彭主編，《中國近代史論叢》，第一輯第三冊，台北，正中書局，民國 70 年。

30. 〈胡夏米貨船來華經過〉，張德昌，收入《中國近代現代史論集》，第一編，鴉片戰爭與英法聯軍，台北，商務印書館，民國 75 年。

31. 〈中國近代化的延悞——兼論早期中英關係的性質〉，郭廷以，氏著《近代中國的變局》，台北，聯經出版公司，民國 76 年。

32. 〈試論明太祖的海洋交通政策〉，曹永和，《中國海洋發展史論文集》，台北，中央研究院三民主義研究所，民國 73 年。

33. 〈近代日本大陸政策之研究——以滿洲爲中心〉，陳豐祥，國立台灣師範大學歷史研究所博士論文。

34. 〈中英五口通商沿革考〉，彭澤益，收入包遵彭主編，《中國近代史論叢》，第二輯第一冊，台北，正中書局，民國 71 年。

35. 〈清季重商思想與商紳階層的興起〉，黃克武，《思與》，第二一卷第五期，民國 73 年 1 月。

36. 〈拳亂後中俄交收東三省問題（1900～1902）〉，黃俊彥，收入《中國近代現代史論集》，第十五編，清季對外交涉（二）俄日，台北，商務印書館，民國 75 年。

37. 〈甲午戰後籌還外債與財政的變革〉，黃俊彥，收入《中國近代現代史論集》，第十一編，中日甲午戰爭，台北，商務印書館，民國 75 年。

38. 〈宣宗對禁煙及鴉戰各期的態度〉，雷家驥，收入《中國近代現代史論集》，第一編，鴉片戰爭與英法聯軍，台北，商務印書館，民國 75 年。

39. 〈庚子年中俄在東三省之衝突及其結束〉，楊紹震，收入《中國近代現代史論集》，第十五編，清季對外交涉（二）俄日，台北，商務印書館，民國 75 年。

40. 〈清末東三省改制的背景〉，趙中孚，收入《中國近代現代史論集》，第七編，自強運動（二）外交，台北，商務印書館，民國 74 年。

41. 〈鴉片戰爭期間中國朝野的天朝意象及其衍生的觀念、態度與行動（1839～1842）〉，劉紀曜，收入《中國近代現代史論集》，第一編，鴉片戰爭與英法聯軍，台北，商務印書館，民國 75 年。

42. 〈預備立憲時期的督撫與士紳——清季志枋主義的再檢討〉，劉紀曜，台灣師範大學歷史研究所碩士論文。

43. 〈晚清督撫權力問題商榷〉，劉廣京，收入《中國近代現代史論集》，第六編，自強運動（一）通論，台北，商務印書館，民國 74 年。

44. 〈上海市政的分治時期〉，蔣慎吾，《上海通志館期刊》，第二卷，第四期，收入《近代中國史料叢刊續編》，第三十九輯，台北，文海出版社，民國 66 年。

45. 〈中國與近代世界的大變局〉，蔣廷黻，氏著《中國近代史研究》，台北，里仁書局，民國 71 年。

46. 〈條約體制的建立〉，John K. Fairbank 著，韓慧玲譯，《劍橋中國史》第十冊，晚清篇 1800～1911（上），中譯本，台北，南天書局，民國 76 年。

二、英文部分

1. *British Parliamentary Papers*, China, 6, Commercial Reports 1854～66.

2. *British Parliamentary Papers*, China, 23, Correspondence Respecting Foreign Concessions in China 1898～99, Shannon Ireland, Irish University, 1971.

3. Buck, David D., *Urban Change in China: Politics and Development in Tsinan, Shantung, 1890～1949*, The university of Wisconsin Press, 1978.

4. *Foreign Relations of the United States*, 1903, 1906, published by the U.S. State Department.

5. Kamachi, Noriko., *Reform in China, Huang Tsun-Hsien and the Japaness Model*, Cambridge, Masschusetts, Harvard University Press, 1981.